올 댓 와인 Ⅱ

올댓와인 II
명작의 비밀

세상에서 가장 소중한 만남을 위한 단 하나의 와인

| 조정용 지음 |

| 일러두기 |

1. 이 책에서 제시하는 와인의 소비자 가격은 와인 판매점이나 빈티지에 따라 다를 수 있습니다.
2. 이 책의 각 와인에 대한 '맛' 평가에 대한 기준은 아래와 같습니다.

산도	거의 없다	조금 있다	보통	제법 있다	아주 많다
타닌	거의 없다	조금 있다	보통	제법 있다	아주 많다
단맛	거의 없다	조금 있다	보통	제법 있다	아주 많다
도수	10도 이하	12도 이하	13도 이하	14도 이하	14도 초과
가격	5만 원 이하	10만 원 이하	20만 원 이하	50만 원 이하	50만 원 초과
평가 방법	●○○○○	●●○○○	●●●○○	●●●●○	●●●●●

3. 이 책에 사용한 사진 중 별도의 저작권 표시가 없는 것은 모두 저자가 촬영한 것입니다.

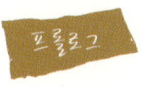

이 와인 한번 드셔 보실래요?

　최근에 다녀온 와인 기행의 목적지는 오스트리아의 스티리아이다. 주도 그라츠를 두고 있는 삼림지방으로 우리의 전남이나 경남에 해당하는 남부 지방이다. 그라츠는 대학시절부터 꼭 한 번 들러보고픈 도시였다. 이문열에 열중해 있던 시절 단번에 다 읽었던 『추락하는 것은 날개가 있다』의 공간적 배경이었기 때문이다. 우울했으나 꿈을 꾸며 살았던 1980년대 상상속의 그라츠를 이번 기행에서는 설렘으로 목도했다. 하지만 정작 그 도시의 느낌은 유럽의 여느 전통 도시와 별반 차이가 없었다. 마음속에서는 그라츠 판타지가 서서히 무너지고 있었지만, 스티리아산 화이트 와인을 맛보면서 새로운 기대가 조금씩 생겨나기 시작했다.
　1840년 합스부르크의 대공(大公) 요한은 스티리아 서부에 있는 슈타인츠 마을의 성을 구입하고, 이듬해 성 주변에 포도나무를 심었다. 토착 검은 포도 블라우어 빌바허는 껍질이 두꺼워 타닌이 많고, 산미까지 강하여 풍토상으로 농익히기 힘들었다. 이런 포도로는 레드 와인이 성공하기 힘들었다. 하지만 일단의 양조가들은 인상적인 신맛을 놓치지 않았다. 그들은 로제 와인을 만들어 상황을 타개해 나갔다. 오늘날 '쉴허'라고 불리는 로제 와인이 탄생한 배경이다. 오스트리아의 와인지《폴스타프》의 편집장 피터 모젤은 슈타인츠 성에서 열린 한 세미나에서 "쉴허는 마치 리피짜너 말과 같다"고 발표했다. "리피짜너가 태어날 때는 암갈색이지만, 성장하면 백마로 변하듯이, 쉴허 역시 검은 포도로 태어나지만, 로제로 성장한다"라는 설명도 덧붙였다.

『올 댓 와인』의 속편을 준비한 지 삼 년이 흘렀다. 그 동안 독자들의 호응과 격려가 큰 힘이 되었고, 애정 어린 질책은 자극이 되었다. 그사이 와인 시장도 많이 변모하였다. 물론 『올 댓 와인』에서 가장 비중을 많이 차지한 프랑스 와인은 여전히 수입금액 기준 40퍼센트에 육박하는 시장 점유율 1위를 차지하고 있다. 하지만 이탈리아 와인의 약진 또한 두드러졌다. 미국 와인을 제치고 당당히 3위를 꿰찼다.

『올 댓 와인 Ⅱ』에서는 시장의 변화에 따라 이탈리아 와인에 대한 비중을 크게 높였으며 칠레·미국·오스트리아·독일 등지도 두루 포함시켰다. 전작이 와인의 기본 내용과 관련 지식을 망라하려고 애썼다면, 이번에는 와인의 편식에서 벗어나 다양한 와인의 맛을 즐길 수 있도록 하는 데 중점을 두었다. 꼭지마다 흐르는 글의 본질은 연금술사처럼 와인의 본질을 갈고 다듬는 양조장을 소개하며, 그들만이 가진 비밀을 파헤쳐 보려고 하였다. 그러나 알려진 것처럼 와인 맛의 비밀은 정형화되어 있지 않으며, 어느 누구도 그 비법을 체계적으로 해석하지 못하고 있다. 다만 자신의 인생을 통해 또 자신만의 언어로 설명하려 할 뿐.

와인을 소개하는 일은 지극히 망설여지는 일이다. 부모에게 어떤 자녀가 가장 사랑스러운지 꼽아보라거나, 음악가에게 어떤 음이 가장 좋은지를 알려달라는 것과 비슷한 일이다. 그래도 질문이 끊이질 않으면 잘 익은 와인을 좋아한다고 말한다. 하지만 개운치는 않다. 왜냐하면 소비자 입장에서 국내에서 잘 익은 와인을 쇼핑한다거나, 소비자 스스로 쟁여놓은 와인을 꺼내 마시는 일은 실로 드물기 때문이다.

그럼에도 펜에 힘을 주고 에세이 모양을 갖춰 와인을 소개하려고 한다. 우리의 일상을 더욱 특별하게 해줄 마흔 가지의 와인과 그에 얽힌 흥미로운 스토리를 소개하였다. 와인을 만드는 사람들이 어떤 각오와 자세로, 그리고 어떤 조건으로 양조에 임하는지를 보여주고 싶었다.

소비자들의 현명한 선택과 발 빠른 유통업자들의 노력으로 와인 음용이 점점 일상으로 자리잡고 있다. 이제 어디에서 생산되었다든가 누가 마셨다고 해서 쉽게 팔리지 않는다. 그라츠의 도시 풍광이 와인 기행에 익숙한 필자에게 평범한 도시로 다가온 것처럼, 와인은 이제 소비자들에게 뭔가 특별하다는 인식을 주지는 못한다. 익숙해지고 일상에 붙여 놓으면 그건 우리 본연의 것이 되는 것이다.

필자는 리처드 탈러가 쓴 『넛지』의 '선택설계자'가 되어 본다. 나는 "사람들이 결정을 내리는 배경이 되는 정황이나 맥락을 만드는 사람"이다. 나의 넛지는 쉽게 피할 수도 있지만, 동시에 넛지대로 하는 데 비용도 적게 든다. 필자는 독자에게 이렇게 넛지를 한다.

"이 와인을 좀 쇼핑 카트에 넣어 보세요!"

베토벤의 교향곡이 좋지만, 네 악장 내내 즐기기는 힘들다. 하지만 우리에게는 〈엘리제를 위하여〉가 있지 않은가. 물론 교향곡 〈합창〉의 장엄함은 피아노 소나타의 경쾌함과 비교할 수 없다는 사실을 충분히 인식하고 있지만 말이다. 미술 세계에서도 마찬가지다. 박수근이나 이중섭의 유화를 가지긴 어려워도 그들의 구아슈화·스케치·은지화 등을 통해 그 세계를 향유할 수 있다. 그게 꼭 대안이 되진 못해도 위안이 되긴 하다.

여기 소개한 와인들은 참 좋은 와인들이다. 맛도 좋고, 기분도 좋게 한다. 필자는 매년 세계의 와인 명가를 직접 찾아다니며, 명양조가들의 이야기를 듣고 그들이 포도밭을 일구는 모습과 와인을 숙성하는 모습을 직접 경험한다. 그들의 이야기를 기록하고, 그들의 모습을 사진으로 남기며 자료를 새롭게 업데이트한다. 명작의 반열에 오른 와인들에 얽힌 흥미진진한 이야기와 그 속에 담긴 비밀을 보다 직접적으로 느끼며, 와인 맛을 이전과는 다르게 더욱 새롭게 음미할 수 있게 하고 싶다. 그저 와인 맛만 보고 섣불리 추천하는 것이 아니기에 어느 정도 자신 있게 "이 와인 한번 드셔 보실래요?" 하며 추천해 본다.

각 꼭지마다 대표적인 와인을 한 가지씩 추천하였다. 간혹 대표 와인 이름과 제목에 표시한 와인 이름이 다른 경우가 있어, 와인 세계에 익숙하지 않는 독자들이 어렵게 느낄 수도 있기에 여기에 부연 설명을 덧붙인다. 이를테면, '로마네 콩티'의 경우 이는 와인의 이름이면서 동시에 포도밭의 이름이기도 하지만, '소아베'의 경우 와인 생산 지역을 가리키는 말이자 거기서 생산되는 와인을 통칭하는 용어로도 쓰인다. 그래서 이런 경우에는 소아베의 수많은 종류 중에서 대표 와인을 하나 선정하였다. 여기서는 '지니(Gini)'를 추천한 것이다.

한편 여기 소개하는 주요 와인들은 간혹 구하기 힘들거나 가격이 좀 부담스러울 수도 있어서 좀 더 합리적인 가격대의 와인을 소개하는 것이 백 번 실용적이라는 생각에, 꼭지 말미에 해당 와인의 맛을 느낄 수 있는 대안 와인들을 별도로 모아두었다. 와인 스타일에 어느 정도 유사함을 유지한 채 가격에서 훨씬 접근성이 용이한 것들을 추천하였다.

이제 세 번째 책을 세상에 보낸다. 처녀출간 했을 때의 긴장과 성실함을 유지하면서 이야기보따리를 풀었다. 저자로서 더욱 기쁜 것은 와인은 마시는 이에게 관능적인 즐거움뿐 아니라 지적인 충만함까지도 제공한다는 사실이다. 그 즐거움과 충만함을 독자들과 온전히 공유하고 싶다. 더구나 2009년은 갈색으로 태어나 백마로 만성하는 리피짜너처럼, 경매사로 등장하여 와인 작가로 자리 잡기를 선언한 원년이다.

조정용

차례

프롤로그 이 와인 한번 드셔 보실래요? 5

I 순수한 열정을 간직하다
봄의 생명을 머금은 와인들

처음 만나는 사람과도 금방 친숙해지는 매력 모스카토 다스티 16

중세의 신비를 담은 효도 와인 사그란티노 디 몬테팔코 26

와인 名家 오스트리아, 지성인을 위한 와인을 빚다 34

사랑하는 사람을 단숨에 사로잡는 힘 슈발 블랑 52

샐러리맨에서 CEO로의 도약을 다짐할 때 몬테스 62

와인 名家 베로나, 봄이면 와인이 만발하는 그곳에 가다 74

고난을 딛고 재기에 성공하길 바라며 동 페리뇽 80

로미오와 줄리엣도 취하는 그곳 소아베 90

와인 名家 샤토 팔머, 19세기 스타일로 상식을 깨다 98

이미지를 탈피한 조합 와인 프로두토리 델 바르바레스코 106

[🍷] 나라별 라벨 언어 116

2 일상에서의 탈출을 꿈꾸다
여름의 상쾌함을 내뿜는 와인들

차갑게 대령하시오! 프로세코 메들리 122

부하 직원에게 격려의 말을 건네고 싶을 때 샹볼 뮈지니 132

와인 名家 체르바이오나, 비행사가 일군 명가를 찾다 140

개성 있는 맛을 찾는 모험가들에게 몬테벨로 148

님을 위한 행진곡 페르카를로 156

와인 名家 캘리포니아, 개성을 찾아 명품의 반열에 오르다 166

일상의 무더위에 지친 당신에게 플라차넬로 172

소중한 사람의 생일을 축하할 때 프레스티지 샴페인 180

와인 名家 시칠리아, 익명성을 벗고 훨훨 날다 188

맛을 찾아 떠나는 다뉴브 기행 바하우 화이트 194

[🌐] 해외 와인 박람회 204
[🛍] 해외 와인 쇼핑의 노하우 208

3 어떤 유혹에도 흔들리지 않는다
가을의 풍요를 만끽할 수 있는 와인들

등산 동료들과 느끼는 자연의 맛 베르디키오 218

부모님의 결혼 30주년을 축하하며 로마네 콩티 226

와인 名家 펠시나, 와인에 인문학을 담다 240

잠이 잘 오지 않을 때 아마로네 250

로맨스를 위한 와인 샤토 라투르·동 페리뇽 로제·팔메이어 샤르도네 258

와인 名家 아마, 예술에 담긴 열정에서 영감을 얻다 268

아름다운 여성을 닮은 와인 본 로마네 AF 그로 276

중국에서 성공을 꿈꾼다면 라피트 284

와인 名家 알바, 지역민의 자존심을 지키다 292

바람의 유혹에도 흔들리지 않는다 레 보몽 302

[🎞] 영화 속의 와인 312

4 기다림 끝에 행복을 찾다
겨울의 견고함으로 다져진 와인들

청춘을 돌려다오 돌리아니 318

식탁에서 즐기는 와인 게임 샤토 브라네르 328

와인 名家 독일, 장인 정신이 빛나다 336

애타는 심정을 달래 주는 요하네스베르거 슈페트레제 344

고진감래를 믿는 이에게 로베르토 보에르초 352

고집불통을 위한 와인 몬포르티노 358

와인 名家 무통 vs 라피트, 양보할 수 없는 대결 368

불친절한 상태 그대로 솔데라 376

불굴의 투지로 무장한 리더십 비온디 산티 384

칩거를 위한 와인 프리울라노 396

[¶¶] 와인 바 및 레스토랑 베스트 12 406

[🏠] 베스트 와인 숍 10 410

에필로그 맛의 비밀은 어디에 있는가 413
참고문헌 417
찾아보기 419

순수한 열정을 간직하다

봄의 생명을 머금은 와인들

처음 만나는 사람과도
금방 친숙해지는 매력
모스카토 다스티

봄을 통째로 갈아 만든 와인이 있다. 봄을 액화한 것 같은 상쾌하고 향긋한 와인. 향기를 맡으면 마치 꽃다발을 한아름 안은 것 같다. 그 속에서 피어나는 향기 중에는 과일 향기도 있다. 과일 바구니를 받았을 때 나는 다채로운 과일 향이 솔솔 풍긴다. 바로 이것이 모스카토 다스티이다.

와인의 품질은 포도의 품질에서 결정된다고 하지만 몸으로 체험하기 어렵고 관념적으로 들린다. 사실 포도 맛과 와인의 맛이 딱 떨어지는 와인은 별로 없다. 그러나 모스카토 다스티는 예외다. 포도즙 자체라고 해도 될 만큼 포도 맛이 그대로 살아 있다.

싱그럽고 생생한, 말 그대로 살아 있는 맛이다. 도수는 조금 더 낮은 게 있고 좀 더 높은 게 있겠지만 약 5도 수준이다. 그러니 맥주처럼 벌컥벌컥 마셔도 크게 해가 될 일은 없다. 물론 음미해 가며 천천히 마시면 더 좋다. 처음 만난 사람과도 금세 친해지고 싶다면 이 와인이 도움이 될 것이다.

🍷 와인 잔이 없어도 좋다!

모스카토 다스티는 발효를 의도적으로 중단하여 알코올 도수가 낮다. 단맛이 나는 화이트 와인으로 포도 품종은 모스카토 비앙코이다. 모스카토 다스티(Moscato d'Asti)는 아스티 지역의 모스카토란 뜻으로 이탈리아 피에몬테 지방(이탈리아 북서부에 있는 주)의 DOCG 등급에 속한다.

원산지명이 비슷한 아스티(Asti)와는 다르다. 아스티는 아스티 스푸만테라고도 부른다. 거품이 보글보글 일어나는 스파클링 와인이며 맛이 달다. 품종과 등급은 둘 다 동일하다.

모스카토 다스티는 전천후 와인이다. 낮은 알코올 도수 덕분에 브런치에 먹어도 좋고 점심, 저녁 어느 때라도 좋다. 와인을 그다지 즐기지 않는 사람들도 이 와인만큼은 친근하게 느낀다. 그

맹수의 왕 사자 그림으로 와인의 왕 바롤로를 표현하는 라 스피네타의 '캄페'(위)
조르지오 리베티가 만드는 세 가지 바르바레스코 (아래)

저 차갑게 대령하기만 하면 된다. 와인 잔이 없으면 어떠리. 맥주잔 같은, 와인 잔에 비하면 다소 투박하다 해도 그런 잔이라도 있다면 한 모금 마셔 보시라. 청량감이 이루 말할 수 없이 느껴질 것이다. 다행히 와인 잔이 준비되어 있다면 모스카토 다스티의 진면목을 만끽할 수 있다. 잔에 콸콸 쏟아 붓는 동안에 잔 속에는 복숭아, 살구, 자두, 멜론 같은 싱그러운 과일 향기가 진동할 것이다. 살짝 박카스 맛이 나기도 한다.

이러한 모스카토 다스티로 성공의 발판을 마련한 양조장이 있다. 이름은 라 스피네타.

🍷 양조장의 유능한 요리사, 조르지오

조르지오 리베티(Giorgio Rivetti)는 1981년에 '라 스피네타(La Spinetta)'를 설립하여 두 명의 형님과 누나와 함께 양조 일을 해 오고 있다. 처음에는 주로 포도송이가 많이 열리는 모스카토 비앙코를 돌보았다. 그는 시간이 지나면서 대량으로 생산하는 이웃과는 달리, 특정 포도밭의 모스카토만으로 모스카토 다스티를 출시했다. 브리코 콸리아(Bricco Quaglia)가 그것이다. 그의 손은 그저 그런 화이트 와인을 맛깔나는 것으로 변모시켰다. 나는 화이트 와인 중에서 하나를 고른다면 향긋한 모스카토를 선택할 것이다.

'와인은 음료로서 기본적으로 맛과 향이 좋아야 한다'고 조르지오 리베티는 믿고 있다. 그는 포도나무를 돌보지 않을 때는 음식 장만이라도 해야 직성이 풀리는 부지런한 양조가이다.

"오늘은 캐나다에서 손님들이 오시기 때문에 저녁 준비를 해야 합니다. 미스터 조도 괜찮다면 같이 식사하시죠?"

감기 기운이 있어 호텔방에서 푹 쉬려던 생각을 바꾸어 난 그의 양조장에 더 머물기로 했다. 그는 시장에서 산 어린 염소 고기를 큰 냄비에 재웠다. 한쪽에서는 리조토를 연신 젓고 있었다. 당연히 그의 누나가 요리할 거라고 생각했는데 뜻밖이었다. 양조장 부엌 한복판을 차지한 사람은 누나가 아니라 바로 조르지오였다. 알고 보니 조르지오는 요리가 취미이자 특기인 꽤 유능한 요리사였다.

2층짜리 양조장은 보통 어떻게 꾸며져 있는지 궁금했었다. 1층은 셀러와 양조장, 2층은 사무실 정도로 구성하지 않을까 예상했는데 그의 바롤로 양조장은 약간 달랐다. 2층 한쪽에는 큰 식탁과 붙박이장 그리고 싱크대가 있고 환풍 시설까지 갖춘 부엌이 마련되어 있다. 부엌은 세계 각국에서 몰려드는 수입상과 와인 저널리스트 등을 대접하는 데 요긴하게 쓰이고 있었다. 주인은 직접 양조한 화이트나 레드 와인에 손수 준비한 음식을 함께 내놓는다. 그날 밤에 동석했던 캐나다 수입상이 "사실 조르지오의 와인보다 음식이 더 맛있다"며 농담을 할 정도로 음식이 맛깔스러웠다.

🍷 피에몬테인들의 열망, 바롤로

오랫동안 염원해 왔던 바롤로 포도밭 한 켠을 드디어 마련했다고 조르지오가 말했다. 그런 자신이 너무 대견하단다. 그래서 라벨에는 Vürsü라고 또렷이 새겼다. 이 말은 피에몬테 방언으로 '갈망'이란 뜻이다. 이 단어의 철자와 뜻을 살펴보면 독일어의 Verlangen(갈망 혹은 열망)과 연관이 있어 보인다. 사실 이곳 피에몬테는 독일어

에피타이저로 준비된 페페로니와 앤초비(왼쪽 위)
'염소 고기가 잘 익어가는구나!'(왼쪽 아래)
캄페 양조장의 2층으로 된 셀러(오른쪽)

를 구사하는 스위스와 무척 가깝다.

  피에몬테인들은 누구나 다 바롤로를 소망한다. 왜냐하면 바롤로가 피에몬테 지방에서 나는 가장 좋은 와인이기 때문이다. 그들은 바롤로를 와인의 왕이라 믿는다. 그래서 자기 손으로 직접 와인의 왕을 빚는 것을 대단한 영광으로 여겨 그토록 바라는 것이다. 본래 와인은 바롤로처럼 아주 오랫동안 그 자태를 유지해야 하고, 복합적인 향내가 나야 한다고 보는 것이다. 그들에게 바롤로는 와인의 전형이다. 바롤로야말로 숙성력을 제대로 지닌 와인이라고 보기 때문이다. 조르지오 역시 예외가 아니다. 그는 바르바레스코의 훌륭한 포도밭인 스타르데리(Starderi)에 살면서도 항상 다른 곳에 마

캄페 양조장 2층의 모습들

음을 두었었다. 그의 마음이 가 있는 곳은 바롤로였다.

조르지오는 스타르데리에서 살다가 이곳 바롤로로 몇 년 전에 이사해 왔다. 양조장을 크게 짓고 바로 그 옆에 살 집도 지었다. 그는 이곳으로 거처를 옮긴 것에 매우 만족해 한다. 그의 오랜 열망이 결실을 맺은 것이기 때문이다.

그는 몇 년 전에 캄페(Campe) 포도밭을 샀다. 대량 생산하는 양조장 지오르다노로부터 사들인 언덕배기의 포도밭인데 둥근 봉우리가 탐스럽게 생겼다. 매물이 나왔다는 소식을 듣고 한달음에 달려왔던 때가 6월이라고 한다.

"바롤로를 양조한다는 포도밭에 어쩜 그렇게 포도가 많이 달려 있던지요!"

그는 구입하자마자 열매솎기부터 시작했다. 나무에 송이가 많이 달리면 포도의 품질이 떨어져 최고급이 될 수 없다. 뿌리에서 끌어 올린 영양분이 열 송이에 나뉘는 것과 다섯 송이에 나뉘는 것은 다르지 않겠는가. 송이 수가 적어야 영양분의 집중이 이루어져 좋은 와인을 빚을 수 있다.

그는 캄페 포도밭의 포도송이를 한 나무에 5~6송이만 남기고 모조리 잘라냈다. 그리고 거기서 수확한 포도를 프랑스산 바리끄에서 숙성시켜 부드럽고 온화한 바롤로를 잉태했다. 무명의 캄페는 그의 손을 통해 이제 유명한 포도밭으로 거듭나고 있다. 오랜 기간 동안 최고급 와인을 열망해 온 그의 의지 덕분이다. Vürsü 말이다. 그는 끊임없는 열망과 염원으로 모스카토에서 바르베라로 진화했고, 곧이어 바르베라에서 네비올로로 성장했다. 원산지로 보면 랑게에서 바르바레스코로, 바르바레스코에서 바롤로로 옮겨간 것이다. 시작은 드넓은 랑게에서 그것도 가벼운 모스카토 다스티로 했지만, 이

탐스럽게 익어가는 네비올로(왼쪽)
한가한 시간에 승마한다는 조르지오의 거처가 말 너머로 보인다. 오른쪽이 양조장(오른쪽)

제는 집중된 지역에서 무겁고 중후한 바롤로로 확장해 온 것이다. 그는 모든 양조가들의 꿈을 이루어냈다.

바롤로를 양조하는 열한 곳의 마을 중에서 유명 포도밭이 별로 없는 곳이 그린자네 카부르(Grinzane Cavour)다. 이곳에서 캄페는 떠오르는 샛별 같은 포도밭이 되었다. 2006년에 그의 솜씨는 빛을 발하여 최고조에 다다랐다. 라 스피네타는 감베로 로쏘에 의해 이탈리아 전체 양조장 가운데 역대 두 번째로 별 세 개의 영예를 획득하였다.

레스토랑이나 와인 바 메뉴에 간혹 모스카토 다스티를 스파클링으로 표시하는 경우가 있다. 약간의 스파클링이 있긴 하지만 그렇다고 스파클링은 아니다. 병을 자세히 보라. 일반 와인병처럼 일자형 코르크로 막혀 있다. 그러니 그 속의 압력이 스틸 와인과 별로 다르지 않다. 그리고 스파클링 와인에 비하면 거품이 훨씬 적다.

모스카토 다스티는 보졸레 누보만큼이나 빠른 와인이다. 판매처가 확실하기만 하면 수확한 다음 달에도 시장에 출시할 수 있다. 발효를 중단해서 만들기 때문에 가능한 일이다. 상쾌함과 달콤함으로 버무려진 모스카토 다스티는 바로 몇 주 전까지 포도밭에 달려 있던 탐스런 청포도였다.

모스카토 다스티는 케익과 잘 어울린다. 출출한 오후에 한 병 따기에 그만이다. 가격은 보통 2만원에서 4만원대다.

와인 애호가는 쉬지 않는다. 파릇파릇 새싹이 돋는 봄, 한여름 푹푹 찌는 더위에도, 그리고 추운 겨울까지 와인 애호가들은 사계절 내내 와인을 찾는다. 그들에게 와인 없는 휴식이란 있을 수 없다. 그들은 입맛이 없을 때 달콤한 모스카토 다스티보다 입맛을 당길 더 좋은 방법이 있으면 말해 달라고 외친다. 봄날의 무료함을 달래는 데도 제격이다. 와인을 모르는 아니 와인에 그다지 관심이 없는 자라도 박카스처럼 상쾌한 이 와인만큼은 거절 못 할 것이다.

다른 듯 같은 매력

와인명	피오 체자레
구분	화이트
맛	스위트
주품종	모스카토 비앙코
원산지	모스카토 다스티
국가	이탈리아
소비자가격	3만 원대

와인명	브라이다 G
구분	화이트
맛	스위트
주품종	모스카토 비앙코
원산지	모스카토 다스티
국가	이탈리아
소비자가격	3만 원대

1. 순수한 열정을 간직하다

중세의 신비를 담은
효도 와인
사그란티노 디 몬테팔코

　부모님을 모시고 떠나는 짧은 여행의 하이라이트는 저녁상 짓기다. 손수 만들어 먹는다는 즐거움으로 상차리기 전부터 분위기가 들뜬다. 효도 와인, 회춘 와인으로는 뭐가 좋을까. 백세주처럼 동안을 유지하며 건강을 담보해 주는 꼭 맞는 와인이 있는 것은 아니지만 이탈리아의 레드 와인 사그란티노 디 몬테팔코라면 견주어 볼 만하다. 알이 잘고 껍질이 두꺼워 즙을 내면 복분자처럼 검은색을 띤다. 우리 몸에 좋은 와인의 항산화력 때문에 효도 와인으로는 안성맞춤이다. 노인들의 심장을 튼튼하게 하고, 고기반찬의 느끼함까지 씻어낼 수 있어 제격이다. 맛이 진해서 삼키는 즐거움이 있고, 중세의 신비를 담은 것이라 어버이 성숙의 경이로움까지 넌지시 알려주니 딱 맞는 와인이지 않은가.

🍷 송골매가 날개를 펴는 곳, 몬테팔코

이탈리아 움브리아 지방의 몬테팔코(Montefalco)는 송골매(falcon)가 사는 산이란 뜻의 지명이다. 몬테팔코에 오르면 주변의 광활한 움브리아 대지가 멀리까지 내다보인다. 송골매의 눈으로 보는 것처럼 시야가 탁 트인다. 몬테팔코 시장의 집무실이 있는 팔라초 델 코뮤네의 꼭대기에 올라보면 맨 먼저 테라코타 지붕으로 된 돌집들이 발 아래로

팔라초 델 코뮤네의 실내 벽화

몬테팔코의 어느 와인 가게

양조장 페르티카이아(Perticaia)에서 내다본 포도밭

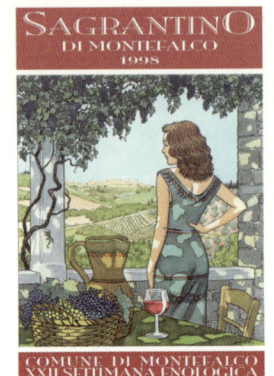

사그란티노 디 몬테팔코의 빈티지별 홍보 포스터

© Consorzio tutela vini Montefalco

펼쳐진다. 황갈색의 기와가 풍화되어 고풍스러움을 더한다. 조금 더 시야를 넓히면 올리브나무와 포도나무들이 눈에 들어온다. 남쪽의 경사면에는 주로 포도나무를 심었다. 동쪽으로는 병풍같이 펼쳐진 아펜니노 산맥이 있다. 이는 이탈리아 남북을 달리는 산맥으로 태백산맥과 비슷하다. 아펜니노 산맥 중턱에도 마을이 들어서 있는데, 그중에는 로마의 분수 이름으로 유명한 트레비도 있다. 몬테팔코에서 내려다보면 계절에 따라 사방이 초록색, 황금색, 갈색의 언덕으로 변한다.

평온하기만 한 몬테팔코에서도 지진이 있는 날이면 난리가 난다. 물론 아이들 학교를 가장 먼저 살피고 그 다음으로 교회로 달려간다. 보티첼리와 동시대 작가인 고촐리(Gozzoli)가 그린 프레스코 명화들이 많이 전시되어 있는 성 프란체스코 교회가 바로 여기에 있다. 르네상스를 찬란하게 펼쳐 놓은 프레스코화가 균열될까 노심초사하며 말이다.

일부 유실된 고촐리의 프레스코 작품

사그란티노 디 몬테팔코는 움브리아 지방 최고의 와인이다. 해석하면 '몬테팔코에서 나온 사그란티노로 만든 와인'이란 뜻이다. 이 와인은 100퍼센트 사그란티노로 만든다. 이런 작명법은 토스카나에도 있다. '몬탈치노에서 나온 브루넬로로 만든 와인'으로 풀이되는 브루넬로 디 몬탈치노가 그것이다.

🍷 고대 축제의 여흥이 남아 있는 술

사그란티노의 어원은 사그라(sagra)로 '축제의', '신성한'이라는 뜻이다. 옛날에는 결혼식이나 명절에 사그란티노를 즐겼다. 그 당시에는 지금보다 맛을 더 달게 만들었다. 오늘날에는 드라이 버전과 스위트 버전('파씨토'라고 함) 두 가지가 공존하며, 마을을 유명하게 만든 와인은 드라이 사그란티노이다. 그래서 사그란티노 디 몬테팔코라고 하면 대부분 드라이 버전을 말한다.

오늘날 몬테팔코 사그란티노를 이탈리아의 고급 와인 반열에 올린 이는 아르날도 카프라이(Arnaldo Caprai)다. 지금은 그의 아들 마르코가 뒤를 이었다. 사그란티노의 풍부한 타닌, 진한 색깔, 상당한 숙성력, 복합적 향취를 간파한 카프라이는 소출을 줄여 그 집중성을 배가시켜 더욱 강한 와인을 양조하였다. 보르도 특급 와인의 오크 배럴 숙성 시스템을 도입하여 세계인의 입맛에 맞는 와인으로 변모시키는 데 성공하였으며, 결국 와인 평론가들로부터 찬사를 얻어냈다. 특히 양조장 건립 25주년을 기념하여 출시한 25 Anni(25년이란 뜻)는 이탈리아뿐 아니라 다른 나라에서도 호평을 받았다. 로버트 파커는 움브리아 와인 중 최고 점수인 97점을 매겼다. 몬테팔

포도를 건조시켜 단맛의 사그란티노를 만든다. (왼쪽)
사그란티노(오른쪽)

코의 토착 품종인 사그란티노가 카프라이의 25 Anni를 통해 세계적인 품종이 된 것이다. 1971년에 처음 와인 양조를 시작한 카프라이는 예상 밖의 놀라운 성과를 냈다.

보험 회사 사이 아그리콜라(SAI Agricola)가 양조하는 콜페트로네(Colpetrone)의 수확 연도별 시음을 해보니 10년 전 빈티지인데도 숙성의 흔적이 별로 없었다. 여러 해가 지나 색이 바래거나 묵은 향취가 풍기길 기대했는데, 여태껏 꼿꼿하게 그 구조를 유지하고 있는 것을 보고 그 숙성력에 놀랐다.

마르코 카프라이

1. 순수한 열정을 간직하다

🍷 심장을 단련하는 텁텁하고 드라이한 맛

사그란티노는 놀라울 정도로 폴리페놀을 많이 함유하고 있다. 폴리페놀은 심혈관 질환에 특효가 있는 성분이다. 포도알의 크기는 블루베리처럼 작다. 콩알만 한 작은 알에 포도 씨가 겨우 하나 들어 있을 정도다. 그래서 껍질의 비중이 상당히 높다. 그러니 타닌의 함량이 높은 것이 당연하다. 색깔도 매우 진하다. 무겁고 텁텁하고 아주 드라이한 와인을 선호한다면 사그란티노만 한 것이 없다. 입안을 가득 감도는 강한 질감과 기름 같은 점성은 아르헨티나 말벡을 연상시킨다. 농익은 사그란티노 중에는 알코올 도수가 14.5퍼센트에 달하는 것도 있다. 기름진 음식으로 잘 알려진 이 지역의 멧돼지 바베큐 요리인 칭기알레와 함께 마시는 사그란티노는 기름 범벅이 된 입안을 금방 개운하게 만들어 준다.

로마보다 앞선 문명을 가진 에트루리아인들의 동굴 벽화에는 포도 넝쿨, 포도를 따는 사람들, 포도 담는 바구니 등이 그려져 있다. 중세에서 시간이 멈춰 있는 듯한 몬테팔코 수확의 현장은 벽화와 흡사하다. 여럿이 줄지어 각자 맡은 줄을 책임진다. 수확 작업은 단순하다. 하지만 거기엔 복합적인 의미가 담겨 있다. 일 년 동안 노동한 보람이 결실을 맺는 순간이다. 나도 벽화 속 인물이 되어 손으로 직접 포도를 따 보았다.

중세의 느낌을 간직한 움브리아의 와인 사그란티노를 어르신께 추천해 보자. 포도의 당도가 높아 입맛을 사로잡는다. 잘 익은 포도로 만들었기 때문에 발효가 돼도 단내가 남아 있다. 거짓말처럼 들리겠지만 설탕 함유량을 측정해 보면 당이 거의 남아 있지 않는데도 단내가 난다. 발효 후에 남은 극소량의 당분이 단내를 풍긴다. 이렇게 풍미가 강하고도 풍성한 와인은 장유유서의 예법에 따라 어르신께 먼저 드린다. 잔을 드릴 때에도 우리 식으로 예를 표한다. 소믈리에처럼 한 손으로 하지 않고 양손으로 공손히 올린다. 어르신이 따르신다면 레스토랑에서 서빙 받을 때처럼 하지 않는다. 두 손을 포개어 잔 받침에 올려 감사한 마음으로 받는다.

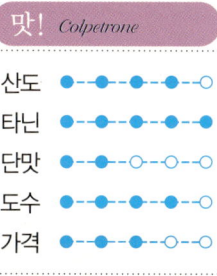

1. 순수한 열정을 간직하다

와인 名家

오스트리아,
지성인을 위한 와인을 빚다

"오스트리아에 가신다고요? 뜻밖인데요. 거기도 와인을 만드나 보군요."

비엔나로 와인 기행을 간다고 했더니 듣는 사람마다 이렇게 되묻는다. 와인의 주요 산지가 유럽임은 주지의 사실이다. 하지만 우린 프랑스와 이탈리아만 와인을 만드는 줄 안다. 아니면 그곳 와인만이 와인다운 와인이라 여기는지도 모르겠다.

다양한 와인의 세계는 그저 책 속의 이야기가 아니다. 유럽 어느 골짜기 어느 평원에서도 포도는 잘 자란다. 서양 문화가 녹아 있는 와인의 세계를 찾아 방랑자처럼 떠도는 와인 기행은 다양한 세상 풍광을 맛보는 일이어서 어디를 가도 마음이 설렌다. 클림트를 만나보라며 꼬시는 대한항공에 올라탔다.

🍷 오스트리아에는 캥거루가 살지 않습니다

공항을 벗어나 비엔나 시내로 진입하면서 무슨 이미지를 떠올릴 것인가? 혹시 영세 중립국, 알프스, 모차르트 등을 떠올리고 있지는 않은지. 아름다운 초원 위에 그림 같은 집, 이런 풍광을 기대했을 게다. 하지만 예상과는 달리 화학 회사의 웅장한 콤비나트가 먼저 눈에 들어왔다. 어쩌면 그게 오스트리아의 힘일지 모른다. 산업의 첨단화로 선진국의 삶을 영위하며, 자연 환경은 철저히 보호하여 풍요롭고 윤택한 생활을 가능하게 하는 힘 말이다.

예술의 도시 비엔나는 이름에 걸맞게 둘러볼 데가 참 많다. 꼬마기차에 올라 시내를 둘러봐도 좋고, 쉔브룬 궁전이나 벨베데레 궁전을 산책해도 좋다. 화려한 궁전과 정돈된 정원에서는 800년 동안 여러 국가를 통치한 합스부르크 왕가의 위세가 느껴지기도 한다.

"오스트리아에는 캥거루가 살지 않습니다."

오스트리아 와인 마케팅 위원회(AWMB)의 디렉터 빌리 클린거(Willi Klinger)가 외친다. 오스트레일리아와 혼동하는 것을 안타깝

비엔나에서는 포도나무를 지지하는 철사들이 오선지로, 나무의 끝자락은 음표처럼 보인다.(왼쪽) 티셔츠의 베스트셀러. "오스트리아에는 캥거루가 살지 않습니다"라는 문구가 새겨져 있다.(오른쪽)

© AWMB

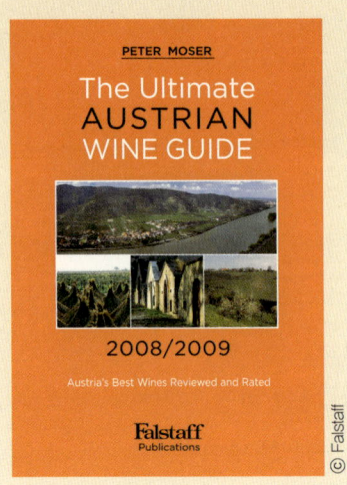

오스트리아의 개별 와인이나 양조장이 궁금하다면 이 책을 보시라!

게 여기며 하는 말이다. 그는 한때 안젤로 가야의 오른팔 역할을 할 정도로 와인 마케팅에서 두각을 나타냈던 인물인데 "오스트리아 와인은 지성인을 위한 와인"이라고 강조한다. 세계 와인 생산량의 고작 1퍼센트를 차지하는 오스트리아 와인은 어차피 대량 수요처가 필요하지도 않다. 와인의 참맛을 이해할 줄 아는 지성인들에게 어필하는 것으로도 충분하다고 한다. 왜냐하면 더 요구한다 해도 공급할 수 없기 때문이다. 한정된 와인을 보다 더 고차원적으로 알리기 위한 현명한 태도인 것 같다.

AWMB에서 일하는 수잔 슈타글(Susanne Staggl)은 자국 와인에 대해 이렇게 말한다.

"유럽 한복판에 위치한 오스트리아는 구세계(Old World) 중에서도 가장 새롭다. 그래서 오스트리아는 뉴 올드 월드(New Old World)로 표현될 수 있다."

품질은 충분하나 수량이 부족하여 와인 애호가들에게조차 생소한 것이 오스트리아 와인이 아닐까 싶다. 축구와 마찬가지로 와인에서도 프랑스·이탈리아·독일의 그늘에 가려져 있었던 오스트리아는 '와인의 구세계'로 불리는 유럽에서 변방에 속한다. '새로운 구세계'라는 별칭이 붙을 만큼 무명 국가다. 특히 1985년 부동액 스캔들은 이런 무명성을 악명성으로 바꾸어 놓았다. 일부 생산자들이 값나가는 스위트 와인을 만들기 위해 와인에 부동액을 혼합했던 사건이다. 이 사실이 탄로 나는 바람에 오스트리아 와인은 이미지에 치명상을 입었다.

하지만 절치부심한 양조장들은 토속 청포도 그뤼너 벨트리너를 통해 국제 무대에 재등장했다. 이미지를 높이는 데는 AWMB의 역할이 한몫 했다.

🍷 물안개에 스며든 향기

그렇다면 오스트리아 와인은 어떤 특징이 있을까? 영국 와인의 지성을 대변하는 잰시스 로빈슨(Jancis Robinson)은 "오스트리아의 포도 그뤼너 벨트리너(Grüner Veltliner)는 화이트 버건디의 대안 중에 하나다. 잘 만들어진 순수한 맛을 지닌 풀바디의 개성 있는 화이트 와인을 원한다면 그뤼너 벨트리너를 구해 보라!"라고 말했다.

오스트리아 대표 청포도 그뤼너 벨트리너

포도밭을 맨 처음으로 찾아 나선 곳은 황새가 많기로 이름난 부르겐란트(Burgenland) 지방의 루스트(Rust)다. 이곳은 노이지들러 호수(Neusiedlersee) 인근의 도시로 이 호수는 이름처럼 바다 같이 큰 호수다. 호숫가에는 보통 물안개가 자욱하게 끼어 예로부터 스위트 와인이 유명하다. 귀부 포도(귀부병으로 쪼그라들어 단맛이 최고다)를 만드는 곰팡이 보트리티스 시네레아(Botryits Cinerea)가 포도밭에 잘 퍼지기 때문이다. 헝가리와 함께 합스부르크 제국의 거대한 영토를 다스렸던 시절에 공유했던 문화가 아직도 여전히 마을에 남아 있다. 헝가리의 스위트 와인 토카이처럼 청포도 푸르민트(Furmint)로 만든 것이 꽤 유명하다. 동유럽의 드넓은 평원 페노니아를 달리는 이들의 생활은 길다랗게 지어진 집의 양쪽 끝에 마주보고 단 대문을 보면 알 수 있다. 그리로 말을 탄 채 드나들 수 있다.

마을 중심에는 유럽에서 보르도 다음으로 손꼽히는 와인 아카데미가 있다. 이 지방에 속한 미텔부르겐란트(Mittelburgenland) 지역은 레드 와인으로 유명하다. 토착 품종인 만생종 블라우프란키쉬(Blaufränkisch)는 육중한 골격과 강건한 구조, 진한 빛깔을 자랑하여 2005년에 레드 와인으로는 최초로 DAC(Districtus Austriae Controllatus, 프랑스의 AOC, 이탈리아의 DOC와 유사)를 획득하였다. 루스트의 양조장 기핑의 주인 에리히 기핑(Erich Giefing)은 당시 제철 음식이던 화이트 아스파라거스를 내놓으며 여러 종류의 블라우프란키쉬를 선보였다. 이 품종은 오스트리아를 벗어나면 렘베르거(Lemberger)로 불리기도 한다.

🍷 고품질 와인으로 거듭나기

두 번째 행선지는 최대 생산 지역인 바인비에르텔(Weinviertel). 비엔나 북쪽에 위치한다. 한때 벌크 와인(병에 담긴 와인이 아니라 대용량 통에 담긴 와인으로서 아주 저렴하며 상표가 없다. 먼 곳으로 운송할 때에는 유조선의 탱크로 운반하기도 한다)을 주로 생산하였으나, 요즘 고품질 와인으로 거듭나려는 곳이기도 하다. 이곳은 주로 그뤼너 벨트리너가 재배되는데, 2003년에 오스트리아에서 최초로 DAC가 지정되었다. 시음 장소는 바로크 문화가 고스란히 남아 있는 호프 성(Schloss HOF)이었다. 사보이 왕자 오이겐의 거처였으며, 이후로 마리아 테레지아가 별장으로 사용하던 드넓은 곳이다. 성의 내부에서는 오스트리아의 향토 음식 슈니첼(Schnitzel)을 직접 만들어 보기도 했다. 송아지 고기에 빵가루를 입혀 기름에 튀겨낸 음식으로 맛이 아주 담백하다. 이 요리에는 굳이 레드 와인만 고집하지 않아도 된다.

이 지역에서 대대로 양조업에 종사해 오다 1979년부터 본격적으로 와인을 출시하고 있는 바우어 노르베르트(Bauer Norbert) 씨의 말로는 쯔바이겔트(Zweigelt)라는 품종은 3년 정도 숙성되면 딱 좋다는데 주로 국수나 소시지에 곁들인단다. 주말이면 체코 사람들이 와인을 사러 국경을 넘어오기도 한단다. 쯔바이겔트는 블라우프란키쉬보다 색깔도 연하고 질감도 가벼워서 어느 음식과도 잘 어울린다. 쯔바이겔트는 1922년에 동명의 학자가 블라우프란키쉬와 생로랑(St-Laurent)을 혼합하여 만든 신품종이다.

와인에서 가장 중요한 것은 원산지다. 프랑스나 이탈리아가 그렇다. 와인을 받아들인 시기로 보면 오스트리아가 주변국들보다 결코 늦은 것은 아니다. 다만 와인 생산과 마케팅에 큰 무게를 두지 않았을 뿐이다. 그러니 원산지 체계인 DAC가 고작 몇 년 전에 시작된 것도 무리는 아니다.

히들러 리슬링

🍷 수도원에서 맛보는 깔끔한 뒷맛

세 번째 행선지는 괴트베이그 수도원(Stift Göttbeig). 우리나라의 불국사처럼 유네스코가 지정한 세계 문화 유산이다. 해발 449미터 산꼭대기에 조성된 베네딕트 수도원은 이제 더 이상 적막하지 않다. 레스토랑이 들어선 관광지가 되었기 때문이다. 한쪽에서는 영성 훈련에 힘쓰고 다른 쪽에서는 숭고한 현장을 구경하러 관광객들이 몰려든다. 넓은 테라스에 서서 다뉴브 강을 바라보며 근처 양조장의 와인들을 맛보고 있었다. 루드비히 히들러(Ludwig Hiedler)는 개성 있는 리슬링을 생산한다. 화산 토양으로 가득찬 포도밭 하이리겐슈타인(Heiligenstein)은 와인 속에 미네랄을 한아름 쏟아 붓는다. 부싯돌의 느낌이랄까. 간결하고 깔끔한 뒷맛이 한참 동안 입안을 맴돈다.

🍷 상상력이 꿈틀대는 와인 박물관

네 번째 행선지는 랑겐로이스(Langnelois) 마을에 있는 와인 박물관 로이지움(Loisium). 빌바오 구겐하임의 프랑크 게리를 연상케 하는 전혀 예상치 못한 이미지 덩어리가 포도밭에 덩그러니 서 있었다. 박물관은 셀러와 함께 지하에 조성돼 있는데, 엘리베이터에서 내리는 순간 상상력이 가득한 체험 박물관이란 소개를 받았다. 형형색색의 물줄기가 분수에서 터져 나오며 와인의 신 바쿠스가 등장하는 게 아닌가. 음악을 타고 연못 속에서 부상하는 그의 입에서는 한줄기의 물이 뿜어져 나오는데 이 물이 조명을 받아 화이트 와인, 로제 와인, 레드 와인으로 변하였다. 성경에서처럼 물이 변하여 포도주가 된 것이다. 고양이 조각이 붙은 오크 통이 진열되어 있는 방도 있었다. 잘 익은 포도가 담긴 통은 발효 중에 발생하는 열이 높아 고양이가 그 위에 앉길 좋아한다고 했다. 홍보 담당자 에바 슈타이닌거(Eva Steininger)는 "와인의 태동과 미래에 대해

고양이 조각상

상상력을 발휘하도록 설계된 곳이며 2003년 신축한 이래 우리나라의 명소가 되었다"고 설명했다.

🍷 그 이름도 찬란한 바하우

다섯 번째 행선지는 여행의 하이라이트이자 오스트리아의 대표 명산지 바하우(Wachau)이다. 피렌체를 플로렌스로 부르듯 영어식으로 읽으면 '와차우'가 된다. 다뉴브에서는 보트가 중요한 운송 수단이다. 보트로 출퇴근을 하기도 하고 화물이나 관광객을 실어 나르기도 한다. 강 깊이는 대략 20미터로 일 년 내내 색깔이 진하고 불투명하다. 아름답고 푸른 다뉴브를 타고 흐르는 물결은 뭍에서 보면 고요하고 잔잔해 보여도 그 속에는 거대한 힘이 존재한다. 거대한 물살의 힘은 오랜 세월 동안 산허리를 파들어가 독일의 모젤처럼 화려하게 굽이치는 아름다운 강의 유역을 여기에도 수놓았다. 이곳도 역시 유네스코가 지정한 세계 자연 유산이다.

구불구불 요동치는 강 흐름이 남향으로 이르는 곳마다 한결같이 포도밭이 자리잡고 있다. 깎아지른 바위에서 어떻게 작업을 할까 염려될 정도로 험한 곳에 포도밭이 자리해 있다. 유럽 연합은 예외적으로 이런 절벽에 있는 밭은 관개를 권장하고 있지만, 포도의 성장이 위협 받지 않으면 좀처럼 손을 대지 않는다. 실제로 2004년부터는 전혀 관개하지 않고 있다. 6월이면 고질병 흰가루병(Mildew)를 예방하기 위해 액상구리를 뿌려야 하는데 한 젊은이가 등짐을 메고 비탈길에서 힘겹게 작업하고 있었다.

다뉴브를 끼고 오밀조밀하게 들어선 마을 중에 뒤른슈타인

로이지움 와인 박물관

(Dürnstein)이 있다. 이 마을 뒷산에는 그 유명한 사자왕 리처드 1세가 유배 시절에 지내던 성도 있다. 와인 애호가들이여, 사자왕 리처드 1세가 누구신가. 바로 보르도 여공작과 헨리 2세가 결혼하여 얻은 아들이 아니던가. 십자군 원정을 떠나 이슬람의 살라딘과 휴전을 체결하는 과정에서 보여준 용맹성으로 사자왕이라 칭송받았지만 아이러니하게도 영국의 왕 리처드 1세는 프랑스에서 자랐기 때문에 영어를 못했다. 로빈후드가 활약하던 때와도 겹치는 시절이다. 그때 보르도는 프랑스가 아니라 영국에 속해 있었다.

리처드 1세는 동생이 왕위를 찬탈하려 한다는 소문을 듣고 신분을 위장하고 영국으로 돌아가려고 했다. 그러던 중 1192년 오스트리아의 군주 레오폴드 5세에게 붙잡히는 신세가 되어 뒤른슈타인 성에 감금되었다. 군주는 사자왕을 사로잡은 대가로 신성 로마 제

다뉴브에 연한 뒤른슈타인 마을 뒷산에는 그 옛날 사자왕 리처드 1세가 감금되었던 성이 있다.

국 황제로부터 150,000마르크를 요구하였고, 그 돈으로 은주화를 만들어 부강의 발판으로 삼았다. 역사서에는 군주가 인질의 몸값으로 받은 돈으로 조폐 공사의 기초를 닦았고, 비엔나의 성벽을 강화했으며 비너 노이슈타트를 포함하여 두 개의 도시를 건설했다고 기록되어 있다. 비너 노이슈타트(Wiener Neustadt)는 '비엔나의 새로운 도시'라는 뜻이다.

명장들의 향연

바하우 길가에는 체리가 많다. 새빨갛게 익은 것을 골라 따먹는 재미가 쏠쏠하다. 길 하나 차이로 아니, 나무 한 그루 차이에도 열매 익는 정도가 다르다. 체리를 보면 포도 익는 속도가 왜 그렇게 차이가 나는지 금방 알 수 있다. 체리는 토속 음식을 이해하는 데도 도움이 된다. 온통 땅으로 뒤덮인 오스트리아의 음식 재료는 주로 사냥한 고기와 민물고기 위주다. 다양한 먹거리가 있는 이탈리아와는 많이 다르다. 사슴에서 얻는 베니즌(Venison)은 이 지역의 자랑거리다.

"체리와 육수를 졸이고 한쪽에 간결하게 썰어 놓은 베니즌을 한 점 입에 물고서 피노 누와를 드셔 보세요. 그 맛이 깔끔하고 참 좋습니다."

이 지역에서 최고로 꼽히는 란트하우스 바허(Landhaus Bacher)의 오너 겸 주방장 리즐 바그너 바허(Lisl Bagner-Bacher)가 수줍어하며 말을 맺는다. 이곳은 《미슐랭 가이드》별 2개의 최고급 레스토랑이며 그녀는 오스트리아를 대표하는 최고의 주방장이다.

숲이 울창한 레스토랑 란트하우스 바허(위)
비오디나미 농법의 주재료인 소뿔을 들어보이는 니콜라이호프의 오너 크리스틴 사(Christine Saahs)(아래)

1. 순수한 열정을 간직하다 47

켈러버그 앞에 선 에메리히 크놀

    바하우에는 명양조자들이 즐비하다. 부르고뉴의 그랑 크뤼 혹은 프리미어 크뤼에 해당하는 딱 떨어지는 단일 포도밭들도 많다. 켈러버그(Kellerberg), 로이벤버그(Loibenberg), 클라우스(Klaus), 징거르리델(Singerriedel) 등이 유명하다. 포도의 순수성을 좇는 이런 곳, 예를 들면 에메리히 크놀(Emmerich Knoll)이 로이벤버그에서 재배한 그뤼너 벨트리너는 미네랄, 흙, 돌, 성냥, 후추 같은 향이 예리하게 퍼지며 시종일관 혀를 잡아맨다.

    프란츠 힐츠버거(Franz Hirtzberger)가 징거르리델에서 얻은 리슬링은 화려한 리슬링의 모든 것이 들어 있다. 풍부한 아로마가 단번에 코를 압도한다. 복합적이고 신선하며 입안에서 확 퍼지는 강렬함과 농밀함은 최고의 화이트 와인이라 할 만하다. 1971년부터 포도 재배를 비오디나미로 개선한 바인구트 니콜라이호프(Weingut Nikolaihof)는 포도 재배의 살아있는 교과서 같은 곳이

니콜라이호프 양조장의 문패

다. 일찍이 1924년에 오스트리아 과학자 슈타인(Stein)이 주창하여 유럽의 소규모 생산자들이 수용하고 있는 비오디나미를 맨 처음 성공시킨 주역이기 때문이다.

여기서 와인 애호가들은 고개를 갸우뚱거린다. 비오디나미라면 프랑스 루아르 지방의 니콜라 졸리가 원조라고 여기기 때문이다. 하지만 원조를 따지자면 니콜라이호프가 더 앞선다. 졸리는 그로부터 10년이 훨씬 지난 다음에야 그 농법을 적용했을 뿐이다. 니콜라이호프 그뤼너 벨트리너 1991을 시음했다. 노란 기미의 색깔이 농후해져서 같이 시음하는 영 빈티지와 금방 구별될 정도다. 화이트 와인이 오래 숙성되면 어떤 맛일까. 확실히 단맛, 쓴맛, 신맛의 오묘한 삼박자가 균형이 잘 맞았다. 쌉쌀한 뒷맛도 그만이다. 무엇보다도 흥미로운 것은 포도가 뿌리로부터 전해 받은 광물 향 즉 미네랄 맛이 아직 살아 있다는 사실이다.

🍷 편견에 사로잡힌 당신에게 이 와인을!

유럽에 오면 우리가 미처 알지 못한 일들을 가끔 만나 한편으로는 새로운 배움에 설레고, 한편으로는 고정관념 혹은 편견이나 집착에 몸서리친다. 프랑스가 아닌 나라에서도 프랑스 와인 얘기를 고집하거나 와인이라면 응당 프랑스라고 여기는 사람들이 있다면 와인의 세계는 참 넓고 다양하다는 점을 다시 한 번 생각해 보길 바란다.

2007 세계 소믈리에 대회 우승자인 스웨덴의 안드레아스 랄슨(Andreas Larsson)도 오스트리아의 와인 애호가다. 특히 그는 그뤼너 벨트리너를 좋아해서 "재료의 특성을 살린 자연스런 음식에는 오크 향 대신 포도즙의 맛이 살아 있는 와인이 잘 어울리는데, 그런 와인으로는 그뤼너 벨트리너가 제격이다"라고 말하기도 했다.

그는 2005년도 영국 잡지 《와인 인터내셔널》이 주최한 소믈리에 첼린지에서도 우승했는데, 그가 고득점을 얻은 배경에는 오스트리아 와인이 있었다. 산도가 높고 산뜻하며 풍성한 과일 향의 블라우프랑키쉬 그리고 미네랄이 풍부하고 질감이 투명한 그뤼너 벨트리너를 추천한 것이 심사위원들에게 크게 어필했다. 훤칠한 키와 깔끔한 용모도 그의 강력한 무기인 것 같다. 2002년 런던에서는 오스트리아와 부르고뉴의 와인 시합이 있었다. 거기서도 그뤼너 벨트리너는 부르고뉴 화이트 와인을 제압하여 명성을 얻었는데, 블라인드 테이스팅 결과 7 대 0으로 그뤼너 벨트리너가 휩쓸었다.

오늘날 오스트리아 와인은 독일 와인처럼 우리에게 낯설다. 이유는 바로 라벨 읽기가 어렵기 때문이다. 프랑스 와인만 찾는 편식에 빠져 있던 우리가 이제 조금씩 와인의 다양성에 눈을 뜨고 있다. 친한 친구와 부담 없이 즐길 만한 와인을 한 병 추천해 달라면 오스트리아 와인을 권한다. 다뉴브의 잔물결이 흘러넘치며 모차르트와 클림트의 재치가 스며든 오스트리아 와인 말이다. 빌리의 말처럼 "지성인을 위한 와인, 오스트리아 와인"을 권한다.

다를 듯 같은 매력

1. 순수한 열정을 간직하다

사랑하는 사람을
단숨에 사로잡는 힘
슈발 블랑

   〈꽃보다 남자〉를 와인 세계의 방정식으로 풀어본다면 그 답은 무슨 와인일까. 정답은 샤토 슈발 블랑.
   여성이라면 누구나 한 번쯤 꿈꿔 봤을 남성이 있다. 바로 백마 탄 왕자다. 샤토 슈발 블랑(Chateau Cheval Blanc)으로 그의 마음을 완전히 사로잡아 보자. 흰 말을 뜻하는 슈발 블랑은 빼어난 향기와 도톰한 질감이 뭉쳐져 화려하고 미려한 왕자님을 빼다 박았다. 사랑의 방정식에 서툰 여성들에게 권한다. 이 와인을 통해 백마 탄 왕자를 찾아보시길.

샤토 슈발 블랑 현관에 걸린 흰 말그림

🍷 '슈발 블랑'을 사랑한 앙리 4세의 전설

20세기를 대표하는 와인을 고르는 품평회가 열린다면, 아마도 샤토 슈발 블랑(Chateau Cheval Blanc) 1947이 강력한 우승 후보가 될 것이다. 어떤 사람들은 샤토 슈발 블랑을 화이트 와인으로 오해하기도 한다. 흰 말이란 뜻을 가진 슈발 블랑이란 단어 때문이다. 슈발 블랑은 레드 와인으로 보르도의 가장 세련된 감촉을 지닌 와인으로 평이 나 있다. 프랑스 부르봉 왕조의 시조, 앙리 4세(1579~1610)가 파리에서 귀향하던 중 말을 갈아타기 위해 이 근처에서 쉬어 갔다고 한다. 특히 하얀 말을 좋아했던 앙리 4세를 기리기 위해 만든 것이 샤토라는 명칭의 유래가 되었다는 설이 있다.

보르도를 관통하는 지롱드 강 우편에 위치한 생테밀리옹(St-

샤토 슈발 블랑

배럴 테이스팅을 위해 준비된 슈발 블랑과 그 세컨드 와인(왼쪽)
샤토 오존(오른쪽)

Emilion) 마을은 메독과 더불어 보르도 와인의 심장이다. 그중 생테밀리옹 마을을 대표하는 와인의 양대 산맥은 샤토 슈발 블랑과 샤토 오존이다. 샤토 슈발 블랑은 샤토 피작 포도밭의 일부가 독립하여 오늘날에 이르렀기 때문에 경쟁자인 샤토 오존에 비해 역사가 짧다. 1854년이 원년인데 기존의 특급 샤토에 비하면 아주 어린 셈이다. 반면 오존은 한 집안이 오랫동안 경영하고 있기 때문에 슈발 블랑에 비해 역사면에서 강하다.

슈발 블랑은 1862년 런던 품평회와 1878년 파리 품평회에서 각각 금상을 수상하여 그 이름이 세간에 알려졌다. 성주는 수상을 명예롭게 여겨 수여받은 금메달 문양을 라벨에 디자인하였는데 오늘날까지 바꾸지 않고 그대로 사용한다. 한편 포므롤 지역의 최고 와인 샤토 페트뤼스는 그보다 좀 늦은 1889년에 금상을 수상했다.

미국 와인 평론가 로버트 파커는 슈발 블랑을 마시면서 보람을 느낀다고 한다. 영국의 와인 경매사 마이클 브로드벤트는 모든 시대를 막론하고 최고의 반열에 오른 와인이 바로 슈발 블랑이라고 극찬한다.

슈발 블랑은 향기 또한 기가 막히다. 잔에 따르면 블루베리 향이 가득 넘친다. 백마의 미끈하고도 힘찬 뒷다리의 근육이 연상되는 맛이다. 완벽한 하모니를 이루는 사이먼과 가펑클의 노래처럼 카베르네 프랑과 메를로가 잘 섞여 있다. 소설 『향수』의 살인자도 거부 못할 강한 향취의 카리스마가 넘실거린다.

심미주의 와인 애호가의 세계를 그린 영화 〈사이드웨이〉에서도 슈발 블랑이 나온다. 1961년산을 애지중지 보관중이던 주인공 남자는 "특별한 날에 그걸 딸 거야"라고 말하지만 이 말을 듣던 여자는 "당신이 그 병을 따는 순간이야말로 특별한 날이 될 거예요"라고 대꾸한다.

🍷 포도밭과 바다밖에 몰랐던 사나이

포도밭을 유산으로 상속 받을 경우 대개는 재산 분할의 편의를 위해 밭이 나누어지기 쉽다. 부르고뉴 포도밭에서는 자주 있는 일이다. 자기 이름으로 와인을 만들려는 인간의 욕망 때문이다. 그러나 슈발 블랑은 그렇지 않았다. 슈발 블랑의 분열을 원치 않아 법인으로 탈바꿈한 인물이 있었으니 그가 바로 자크 에브라르이다. 그는 그 집안에 사위로 들어와서 1970년부터 실질적인 경영을 맡아 왔다. 자크는 포도밭과 바다밖에 몰랐던 남자다. 그의 할아버지는 리부르네 지역의 와인 브로커였고, 그의 아버지는 해군 대장까지 지낸 바다의 사나이로 해군 항공대 소속이었다. 생텍쥐페리의 『야간 비행』의 주인공과도 비슷하다. 그 당시만해도 아직 위험한 일로

슈발 블랑을 책임지고 있는 피에르 뤼통

여겨졌던 대서양 횡단을 감행하기도 했으며 프랑스 로컬 항공사 에어 인터를 설립하기도 했다. 아버지가 횡단했을 당시의 비행기 모형이 지금도 샤토에 전시되어 있다. 그의 가족은 아직도 그 항공사의 주주다. 그러나 지금은 주인이 바뀌어 루이비통 그룹과 벨기에 사업가가 샤토를 양분하여 소유하고 있다. 샤토의 책임자는 현재 피에르 뤼통이다. 1870년에 구축된 지금의 37헥타르의 포도밭은 자갈층과 모래층이 혼합된 토양으로 철분과 점토 등이 섞여 있다. 언덕에 위치한 오존과는 달리 슈발 블랑은 평탄한 위치에 서 있지만 토양의 성질로 인해 배수가 아주 잘 된다. 주로 카베르네 프랑과 메를로를 경작한다. 슈발 블랑은 생테밀리옹과 포므롤의 경계에 자리잡고 있다.

🍷 20세기 최고의 와인 1947 슈발 블랑의 비밀

특급 와인 중에서 가장 역사가 짧은 샤토 슈발 블랑의 베스트 빈티지 1947이 20세기 최고의 와인이 된 것은 아이러니가 아닐 수 없

샤토 슈발 블랑의 시멘트 발효조

다. 그것도 역사와 전통으로 무장한 샤토들이 많은 보르도에서 말이다.

위대한 1947의 비밀을 좀 이야기해 보자. 1947년은 한마디로 슈발 블랑에겐 영광스러운 빈티지다. 아주 무더운 여름과 가을을 겪은 포도밭에서 메를로와 카베르네 프랑은 완숙하였다. 뜨거운 벌판에서 계절 내내 달궈진 포도를 양조장에 들여오면 사실 효모가 발효 기능을 잘 일으키지 못한다. 자연스럽게 발효 기간이 길어지고 그런 과정에서 양조상의 문제가 발생한다. 하지만 슈발 블랑의 양조통은 모두 시멘트 통이다. 열에 대해 절연체인 셈이다. 그러니 열의 효과에 상대적으로 둔감하다. 게다가 대용량이 아니어서 절연의 강도는 분명했다. 다행히 수많은 생테밀리옹의 양조장들이 뜨거운 온도에서 겪는 어려움을 슈발 블랑은 겪지 않을 수 있었다.

발효가 끝난 와인은 오크 통에 넣어야 한다. 그런데 수확 이듬해인 1948년의 사정은 그럴 수 없었다. 전쟁의 상흔이 채 가시지도 않은 당시에는 양조장에서도 새 통을 주문하기가 매우 어려웠다. 당연히 새로 만들어 놓은 통도 구하기 어려웠다. 쓰던 통을 다시 쓸 수밖에 없었다. 기록에 따르면 그 해에는 5년 이상 묵은 통을 사용했다고 한다. 어떤 것은 10년 동안 쓰던 것이었다. 여러 번 사용한 오크 통의 구실은 별로인데 이런 불리함은 슈발 블랑의 완성도에 전혀 장애가 되지 못했다. 새 통 확보가 고급 와인 탄생의 필요조건인 현대 양조업 관점에서 보면 칠레 이스터 섬의 모아이처럼 불가사의한 일이다.

현대 와인 양조에서 와인의 생명력은 산도와 타닌으로 설명된다. 즉 산도가 높고 타닌이 많아야 오래 숙성된다고 믿는다. 그래서 양조 학자들은 산도와 타닌 확보에 심혈을 기울인다. 하지만 슈발 블랑 1947은 이런 점에서 참으로 불가사의한 와인이다. 왜냐하면 1947은 산도가 낮기 때문이다. 결핍된 산도와 과도한 알코올을 함유한 1947년산이 어떻게 지금까지 50년 이상 숙성되고 있는지 참으로 신기하다. 그래서 더욱 신비스럽다.

백마 탄 왕자님을 위한다면 까짓것 1947이 대수겠는가. 하지만 와인 구하기가 하늘에 별따기다. 그래도 한번 구해 볼 요량이면 뉴욕 와인 경매를 추천한다. 가끔 경매에 출품이 되기도 하는데 천만 원 정도 지갑에 넣고 입찰에 참여하시길. 이것도 소수만이 가능한 일이다. 하지만 빈티지를 달리하면 접근이 좀 쉽다. 2001년, 2002년, 2004년의 슈발 블랑은 '0'을 하나 뗀 가격으로도 살 수 있다.

샤토 카농 라 가펠리에 역시 같은 마을에서 생산되는데, 카베르네 프랑이 슈발 블랑처럼 많이 들어 있어 비슷한 맛을 느낄 수 있으며 값이 상대적으로 저렴하다. 이탈리아 토스카나에서 생산되는 테누타 디 트리노로 역시 비슷한 블렌딩을 통해 이탈리아의 슈발 블랑이라는 별명을 가진다.

샐러리맨에서 CEO로의
도약을 다짐할 때
몬테스

　내가 비록 지금은 월급쟁이지만, 훗날 꼭 내 사업을 성공시키고 싶은 이라면 몬테스 와인을 기억하길 바란다. 몬테스는 칠레의 대규모 양조장에서 일하던 월급쟁이가 뜻을 모으고 쌈짓돈을 모아 보란 듯이 성공시킨 와인이기 때문이다. 프랑스 와인 다음으로 높은 시장 점유율을 가진 칠레 와인이 우리 시장에 선보이고 있는 브랜드 수는 이미 백 가지를 넘었다. 그중 몬테스만큼 품질이나 가격 면에서 만족스런 평가를 받는 와인은 그리 많지 않다.

칠레행 비행기에서 내려다 본 안데스 산맥

🍷 지구 반대편으로 떠나는 와인 여행

작정하고 계획해야 겨우 다다를 수 있는 지구 반대편 칠레로 맨 처음 떠난 날짜는 2007년 12월 초였다. 산티아고 공항에서 빠져나올 때 길게 늘어선 입국자들 행렬 속에 잠시 서 있던 나는 이곳이 여름이라는 걸 까맣게 잊고 있었다. 두꺼운 옷을 가방에 쑤셔 넣고 또 하나를 벗어 넣어도 길게 늘어선 줄은 줄지 않았다. 여행객의 짐보따리를 일일이 조사하느라 시간이 많이 지체되었다. 농업으로 먹고 사는 나라이다 보니 농작물 반입으로 인한 생태계 교란이 국가 위기로 간주되는 터라 입국 절차가 몹시 엄격하였다.

포도 묘목의 반입은 철저하게 금지되어 있다. 뿌리를 제거한 가지만 들여올 수 있다. 단, 이것도 관청에 수입 허가를 받아야 하는 조건이고 2년 이상의 조사, 연구 등을 거쳐 최종 심사를 결정한다니 관광객의 가방을 모조리 엑스레이로 검열하는 것이 어쩌면 당연할지도 모르겠다. 19세기 유럽 포도밭을 쑥대밭으로 만든 필록세라도 아직 칠레에는 잠입하지 못했다.

늘 하던 대로 호텔에 도착하자마자 와인 코너로 향했다. 현지에서야 당연히 와인값이 한국보다 싸겠지 기대하면서 말이다. 그런데 웬걸 최고급 와인 알마비바가 우리 돈으로 14만 원이었다. 서울에서 사는 값이나 다름없었다. 칠레 상인들의 고급 와인에 대한 가격 정책을 엿볼 수 있었다. 그러나 슈퍼마켓의 와인 코너는 짐작한 대로 값이 저렴했다. 산타 크루즈 마을의 경우, 콘차이토로의 카시제로 데 디아블로는 6천 원이었고, 유기농 와인으로 유명한 코얌은 2만 원이었다. 한국의 와인값이 이들보다 두세 배쯤 비싸다. 환율이 오르면 가격 차이는 더 커진다.

칠레의 수도 산티아고의 야자수(왼쪽)
칠레의 국목 아라우카리아 아라우카나(오른쪽)

🍷 햇빛과 흙냄새를 빚다

칠레의 여름은 우리와 반대로 12월이 시작이다. 여행하는 기간 내내 낮 기온이 30도는 족히 넘을 듯한 무더위로 온몸이 뜨겁게 달아올랐다. 해가 지는 오후 9시경이면 기온이 뚝 떨어져 밤에는 두꺼운 이불을 덮어야 했다. 하지만 이런 극심한 일교차는 포도가 익는 데는 더할 나위 없이 좋은 조건이다.

여름에는 비가 전혀 내리지 않는다. 포도밭의 지표는 마를 대로 말라 차를 타고 지나노라면 뿌연 흙바람이 일어난다. 구두에 내려앉은 흙먼지가 길가에 심은 포도에 쌓일 정도다. 비라도 오면 씻겨

칠레 강토에 흔히 분포하는 알라모 나무들 사이로 펼쳐진 포도밭

태평양 연안에서 잡은
농어로 점심 뚝딱!

산티아고에 있는 레스토랑 오페라에서 식전주
주문한 전통주 '피스코'

여름이 긴 칠레에서 즐겨 먹는 세비체(Ceviche).
레몬에 절인 생선살이 무척 시고도 달아 원기 회
복에 좋다.

나갈 텐데, 결국 우리가 그 흙먼지를 먹게 되는 건 아닌지. 하지만 걱정할 필요 없다. 이곳의 흙먼지는 도시의 것과는 달라, 비가 오면 진흙으로 뭉쳐지는 롬(loam, 양토)이다. 칠레 와인의 향기 밑바닥엔 이런 흙냄새, 먼지 냄새가 깔려 있을지 모른다. 옷가지와 가방을 햇빛에 말리려고 잠깐 내놓았다가 걷어보면 약한 탄내가 난다. 바로 칠레의 햇빛 냄새다. 태양에 그을린 흙에서 나는 냄새는 포도에도 스며들어 결국 와인의 향기로 바뀐다. 이렇게 그을린 흙먼지가 스며든 몬테스는 우리에게 꽤 인기가 많다.

꿈꾼 자들의 결의

몬테스의 성장 배경에는 도원 결의와 같은 산 페드로의 결의가 있다. 삼국지와는 달리 이곳에서는 네 사람이 뭉쳤다. 저마다 꿈을 가졌던 자들이며 그 꿈을 이루어냈다. 이들이 몬테스에서 각자 맡은 역할을 잠깐 살펴보자. 우선 와인 메이킹은 아우렐리오, 수출은 더글러스, 재무는 알프레도가 담당했고, 포도밭은 페드로의 것을 빌렸다. 아우렐리오는 운두라가 양조장에서 12년간 근무하다가 산 페드로 양조장으로 옮겼는데, 거기서 더글러스와 알프레도를 만났다. 두 양조장 모두 품질보다는 수량에 역점을 둔 전통적인 양조장으로 대규모를 자랑하는 곳이다. 아우렐리오의 꿈은 품질 와인을 만드는 것이었다. 나머지 세 사람이 그의 뜻에 동의했다. 곧바로 실전에 돌입해 새로운 와인을 탄생시킬 수 있었다. 이들은 현재 모두가 사장의 자리에 있다.

제이미 로스(Jamie Ross)가 쓴 『천사가 밟는 곳(Where angels

왼쪽부터 아우렐리오, 더글러스, 알프레도

tread)』이란 제목의 몬테스 이야기 책에서 아우렐리오는 다음과 같이 고백한다.

    공중에는 여러 음악 소리들이 있었다. 그런데 어느 누구도 마켓에서 흘러나오는 음악 소리를 듣질 않았다. 또 모든 사람들이 해변에 있었지만, 우리는 파도를 기다리며 수영을 하고 있었다. 파도가 오는 것을 보았고, 헤엄쳐 그 위에 올라 계속 파도를 타며 나갔다. 그리고 우리는 지금 여기까지 와 있다.

    휴 존슨은 "몬테스 이야기가 꿈처럼 들린다면, 그건 정말 꿈 같이 시작되었고 순차적으로 모든 것이 실현되었기 때문에 그렇다"고 말했다.

    불과 20년 전만해도 몬테스는 아무 것도 아니었다. 일단의 열망을 품은 자들은 그저 헛된 망상가로 취급 당했다. 80년대 몰아친 불황으로 칠레 경제는 말이 아니었다. 오로지 성공만이 모든 빚과 수고를 갚아줄 수 있었다. 이들은 지쳐갔지만 포기하지 않았다. 드디어 1987년에 처음으로 알파 카베르네 소비뇽을 출시했다. 그 당시 양조장의 이름은 몬테스가 아니라 디스커버리 와인이었다. 오늘날 현대식 양조장이 위치한 콜차구아 밸리의 아팔타 지역이 아닌 쿠리코 밸리에서 만들어진 양조장 때의 일이다. 생애 처음으로 자신들의 와인을 만든 동업자들은 타협하지 않고 품질 와인 생산에 더욱 매진했다. 드디어 1997년에 큰 성과를 거두었다. 10년 숙성된 레드 와인의 품평회가 영국의 한 와인지에 의해 준비되었다. 몬테스는 오브리옹, 무통 로쉴드, 페트뤼스 등이 포진한 1987년 빈티지 경연 대회에서 샤토 린치 바쥬만 제외하고 모든 보르도 와인들을 모조리 눌렀다. 이 와인이 우리 시장에서 베스트셀러인 몬테스 알파 카베르네 소비뇽의 데뷔 빈티지이다. 이후 1990년 빈티지 경연 대회에서는 이전의 성적을 뛰어넘었다.

더글러스는 이렇게 회고한다.

"우리는 일종의 테스트를 통과한 것 같았어요. 우리 와인의 숙성력을 인정 받게 되었지요."

몬테스는 레드 와인뿐 아니라 화이트 와인도 강세다. 1998년 빈티지의 알파 샤르도네는 대단한 찬사를 받았다. 2000년 2월에 이탈리아 슬로우푸드와 비니탈리 조직위가 마련한 시음 대회에서 '세계 최고의 샤르도네'로 선정되었다. 하지만 여러 이탈리아 양조장들이 결과에 불만을 표시했고, 결국 그 다음 달에 열린 비니탈리 기간 동안에 다시 한 번 시음하게 되었다. 시음은 이탈리아 소믈리에 협회가 진행했는데, 결과는 이전과 다름 없이 몬테스를 빛나게 했다. 연이은 시음 결과 알파 샤르도네는 품질의 탁월성을 인정 받았다.

칠레의 간판 양조장 콘차 이 토로와 샤토 무통 로쉴드의 합작품 '알마비바'가 데뷔한 1996 빈티지는 몬테스의 간판 와인 '몬테스 알

전통 밀짚 모자, 우아소(huaso)를 쓰고
몬테스 포도밭을 지키는 사내.

아팔타 계곡에 위치한 몬테스 양조장 전경

파 M'의 데뷔 빈티지와 같다. 보르도의 큰 물결이 칠레를 들썩이고 있을 때 동업자들은 칠레만의 슈퍼 프리미엄급 와인을 꿈꾸고 있었고, 그 꿈 역시 실현되었다.

M은 보르도 스타일의 레드 와인이다. 가녀린 실이 촘촘하게 들어차 엮어낸 섬유 조직 같이 섬세하지만 단단한 질감이 특징이다. 블랙 커런트 향취가 강하며 농익은 포도로부터 스며나오는 단내와 오크의 바닐라 향기가 잘 어우러져 있다. 처음 이 와인을 만드는 과정에서는 내부적으로 '프로젝트 X'라고 불렸으나, 이 이름이 와인에 적당하지 않다고 여겨 X를 M으로 바꾸었다. 사람들은 M은 바로 더글러스의 성인 머레이를 뜻하지 않느냐고 추측하지만, 정작 더글러스는 그러지 말라고 정중하게 부탁한다.

🍷 클래식이 흐르는 셀러

와인은 양조 과정에서만 정성을 쏟는 게 아니다. 제조된 와인을 적당한 시기가 될 때까지 저장하는 것도 양조 과정의 일부다. 천사 이미지를 차용하여 만든 몬테스 양조장의 셀러에 가 보면 숙성 과정의 중요함을 느낄 수 있다. 오크 통에 든 와인을 차곡차곡 쌓아둔 저장고는 병입하기 전까지 길면 2년 동안 와인을 준비시키는 곳이라 양조장에서는 보통 신경쓰는 곳이 아니다. 몬테스의 셀러는 잔잔한 클래식 음악을 틀어 놓는다. 교회 음악 같기도 하다. 와인에 귀가 달린 건 아니지만 주인장의 세심한 배려가 돋보이는 대목이다.

양조장 입구에는 천사 조각상이 서 있다. 병 라벨에도 빠짐없이 등장한다. 더글러스는 몬테스의 천사가 자신을 여러 번 지켜 주었

몬테스 양조장 입구에 서 있는 천사상(왼쪽)
근엄한 기둥을 지나면 성가가 울려퍼지는 숙성고로 진입하게 된다.(오른쪽)

다고 고백한다. 그는 다이빙 사고로 죽을 뻔했었다. 그 후 자동차 사고도 두 차례나 겪었다고 한다. 부드러운 성품과 온화한 미소를 지닌 더글러스는 여러 번의 위기에서 이렇게 무사한 것에 무척 감사한다. 천사 이미지는 이런 의미에서 최상의 선택인 것 같다.

몬테스 와인 중에서 알파 카베르네 소비뇽은 4만 원대 와인 중에서 품질이 뛰어나다. 전형적인 카베르네 소비뇽의 향취가 빈티지마다 고르게 묻어난다. 진한 빛깔, 농익은 과일 향기, 풍부한 감촉, 부드러운 타닌, 이어지는 뒷맛 등 맛의 요소를 고루 겸비하고 있다.

경매 회사 소더비의 와인 교실에서는 카베르네 소비뇽의 특질을 이해하기 위한 시음 와인으로 몬테스 알파를 쓰고 있다. 10년 정도 묵혀도 꼿꼿한 구조를 유지하고 있어 비싸고 고급스런 와인만이 오래 저장된다는 고정관념을 무색하게 한다.

오늘날 베스트셀러 몬테스 알파를 더러 '갑산(甲山)' 와인이라고도 한다. 몬테스는 마운틴이고, 알파는 우리의 갑에 해당되는 말이니 제대로 붙인 별칭이다. 듣기에 따라서는 '값싼' 와인으로도 들린다. 카베르네 소비뇽이든 메를로든 시라든 샤르도네든 품질은 모두 다 좋다. 월급쟁이로 있지만 언젠가는 자신의 꿈을 실현하고자 애쓰는 이들은 이 갑산 와인 한 잔으로 힘을 내시길.

와인 名家

베로나,
봄이면 와인이 만발하는
그곳에 가다

영화와 인기 배우를 한자리에서 만나 보려면 영화제로, 와인과 와인 전문가들을 만나보려면 비니탈리로!

🍷 베로나로 봄나들이 간다

열광적인 축구팬이 월드컵을 학수고대하듯, 저자 역시 세계적인 와인 전문가들을 한번에 만날 수 있는 와인 전시회 비니탈리(www.vinitaly.com)를 매년 기대한다. 4월의 베로나에서는 휴 존슨, 잰시스 로빈슨과 같은 거물도 만날 수 있고, 가지각색의 와인을 만날 수 있다. 와인에 빠진 애호가라면 와인 프로들의 면면이 궁금해진다. 그들은 과연 어떤 와인을 최고로 치며 어떤 와인을 일상적으로 마시고 돈벌이는 어떻게 하는지 등을 말이다. 시음 경험을 토

아레나 앞에는 항상 익살스런 광대들이 관광객들을 끌어당긴다.

대로 운영되는 와인 품평회는 프랑스뿐 아니라, 이탈리아, 독일, 미국 등 와인 생산 국가라면 누구나 다 운영한다. 로미오와 줄리엣의 고향인 이탈리아의 베로나는 로마 시대에 조성된 원형경기장 아레나에서 열리는 풍성한 오페라 잔치로도 유명하다. 하지만 와인 세계에서는 봄마다 열리는 와인 전시회 비니탈리로 명성이 더 높다.

비니탈리는 팔색조처럼 다양한 이탈리아 방방곡곡의 와인들을 선보이는 행사다. 잘 먹는 것이 곧 잘 사는 것이라고 믿는 이들의 먹거리 문화는 혼잡하고 짜증나는 전시회장에서도 예외가 아니다. 전시장 내에 임시로 마련된 레스토랑 중에서 가장 인기 있는 곳은 에밀리아-로마냐 관에 있다. 파마산 치즈로 우리에게 잘 알려진 이 지역은 이탈리아를 대표할 정도로 먹거리가 강세다. 레스토랑은 비

익명성이 보장된 시음 와인들은 변호사의 통제 아래 순서에 맞춰 시음장으로 옮겨진다.

자, 이번에는 시음할 와인입니다. 소믈리에 여러분, 이제 따르세요!

니탈리의 행사가 시작되면 금세 예약이 찬다. 복잡하고 시끄러운 코엑스에서 점심을 먹는다면 어떤 기분일까. 제대로 먹는 걸 기대하기는 힘들다. 그러나 비니탈리 에밀리아-로마냐 관에서 먹는 점심은 다르다. 도대체 여기가 어딘가 싶을 정도다. 도저히 와인전시장 안이라는 사실을 깨닫지 못하게 할 정도로 음식이 깔끔하고 맛있다. 서비스 또한 친절하다.

🍷 와인 맛 대결을 아세요?

비니탈리 개시 직전에는 와인 맛 대회가 열린다. 대회 이름은 국제 와인 경쟁 대회(Concorso Enologico Internazionale)이다. 어떤 와인이 제일 좋은가를 가리는 자리다. 여기에는 모두 30여 개국에

해당 와인을 심사위원에게 따른다.

디캔팅은 이렇게 반듯한 자세로!

서 출품된 사천여 종류의 와인이 비공개로 평가된다. 양조 전문가와 와인 기자들이 팀을 이뤄 특정 항목별 와인들을 시음한다. 각각의 와인은 색, 향, 맛, 질감, 피니시, 복합성 등으로 평가된다. 스위트 와인 부문의 결선을 치를 때의 감흥이 아직도 생생하다.

블라인드 테이스팅으로 진행되는 맛보기이지만, 맛이 뛰어난 잔을 받으면 평가원들의 표정은 비슷하게 변한다. 진한 갈색을 띤 잔을 기울이니 구운 땅콩이나 아몬드 등의 너트 향내가 출렁거린다. 입안에서는 묵직한 질감을 선보이며 긴 여운을 드리우는 이런 와인은 누가 평가해도 최고의 점수를 받을 수 있다. 칭찬에 인색해 보이는 어느 영국 평가원은 98점을 주었다고 나중에 실토했다. 바로 뒤에 자리잡은 캄파니아 지방에서 온 양조 전문가는 더 높은 점수를 주고 싶어도 100점이 만점이니 그냥 100점을 준다는 말로 극찬했다. 그리고 난 97점을 줬다.

1. 순수한 열정을 간직하다

기대와는 달리 향과 맛이 부족한 와인을 만났을 때에도 역시 평가원들의 표정은 비슷하다. 실망한 표정이 역력하며 나중에 쉬는 시간에 만나 얘길 해봐도 별로 기대할 말이 없다. 제대로 된 아로마와 질감 그리고 구조를 지닌 와인에 대해서는 평가자의 개인 취향이 반영되어 어느 정도로 좋은지가 평가자마다 달라진다. 그래서 와인 경쟁 대회에서는 평가 팀원들의 평균 점수로 평가하거나, 가장 높은 점수와 가장 낮은 점수를 제거하고 중간값으로 평가하기도 한다.

국제 와인 경쟁 대회는 일사불란한 진행으로 악명이 높은 편이다. 왜냐하면 다른 대회에서는 심사원 간의 토론이 허용되지만 여기서는 오직 결과표로만 말해야 하기 때문에 여간 좀이 쑤시는 게 아니다. 침묵이 금인 걸 누가 모르랴마는 오전 내내 집중해서 와인 시음만 반복하는 일은 시음 자체가 노동이란 말을 절감케 한다.

그러나 이러한 진행은 짧은 시간에 많은 와인을 평가할 수 있어 평가의 생산성이 높다. 5명으로 구성된 평가원들은 양조 전문가와 와인 저널리스트로 구성된다. 한 번의 평가로 성적이 결정되지 않고, 예선에서 뽑힌 일정 수준 이상의 와인을 본선에서 다시 한 번 평가함으로써 평가의 신뢰성을 한 단계 올렸다.

브랜드를 잘 만들어야 일반 소비자에게 어필하는 와인이 되는 현대 사회에서 이런 맛보기 대회에서 수상한 와인들은 메달을 받는다. 금메달, 은메달, 동메달로 결과를 구분한다. 물론 대다수의 와인은 입상하지 못하지만. 와인 라벨에 붙은 메달 딱지는 한두 차례의 맛보기 대회에서 평가자들의 신뢰로 태어난 산물이다. 하지만 경쟁 대회 자체가 경쟁적으로 치러지면 평가의 신뢰성을 해칠 수 있다. 평가원들의 다양한 배경과 수천여 종의 샘플 가짓수로 치르는 본 대회는 2009년 봄에 열일곱 번째 생일을 맞았다.

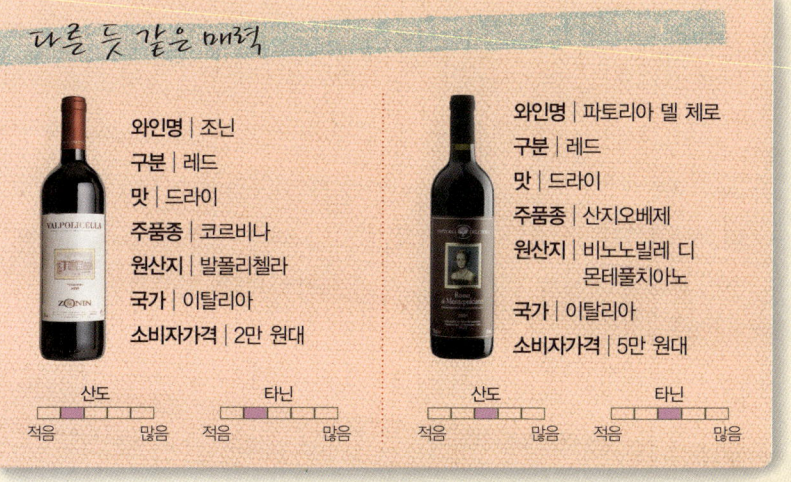

1. 순수한 열정을 간직하다

고난을 딛고
재기에 성공하길 바라며
동 페리뇽

"내 눈이 문드러져도 와인만은 제대로 빚어야지."

어릴 때 수도원에 들어와 평생 동안 그곳에서 수행했던 피에르 페리뇽(1638~1715). 그는 온몸을 던져 땀과 혼으로 고행을 하다가 시력이 갈수록 나빠져 나중엔 거의 볼 수 없게 되었다. 그는 시력을 잃은 눈을 탓하기보다는 대신 주어진 빼어난 미각을 감사하게 여겼다. 그 후 그는 샴페인 역사에 길이 남을 인물이 된다. 물론 본연의 신앙생활도 성실히 수행함으로써 수도자의 길을 완주하였고, 결국 동 페리뇽이란 이름을 남겼다. '동'은 성직자의 최고 등급인 '도미누스'를 줄여 부른 호칭이다. 가장 널리 알려져 인기 있는 샴페인 회사 모에 샹동은 그를 기리는 뜻에서 동상을 만들고, 회사에서 가

모에 샹동 본사 정문에 있는 동 페리뇽 동상

장 공을 들인 브랜드 이름을 그의 이름으로 정하는 데 조금도 주저하지 않았다.

지금 고난 속에서 괴로워하고 있는가. 그렇다면 건투를 비는 마음을 담은 와인, 동 페리뇽(Dom Perignon)을 권한다.

🍷 개성에 대한 존중

수사인 동 페리뇽은 특유의 미각으로 여러 품종의 포도즙을 섞어 와인을 만들면 맛이 더욱 오묘하고 깊어진다는 것을 깨달았다. 추위가 빨리 찾아오는 겨울에는 발효가 멈추기도 하며, 이른 봄에 기온이 높아질 때 발효가 다시 진행되는 사실도 일찍 알아챘다. 많은 사람들은 샴페인을 동 페리뇽이 처음 만들었다고 알고 있지만, 그보다는 샴페인의 원리를 발견한 선구자 중의 한 사람으로 보는 것이 옳다. 분명한 것은 동 페리뇽이 매일 같이 실험한 품종간의 혼합은 오늘날 샴페인 제조 기법의 근간을 이룬다는 사실이다.

동 페리뇽은 보통 샴페인과는 다른 특징들이 있다. 우선 풍작인 해에만 출시한다. 빈티지가 개성이 있을 때에만 출시된다. 보통의 샴페인은 빈티지가 없는 것이 일반적인 데 반해, 동 페리뇽은 항상 빈티지가 있다. 두 번째 특징은 포도를 한 번만 짠다는 것이다. 이를 뀌베(cuvee)라고 하며 이 샴페인이 의미 있는 이유는 첫물이 끝물보다 고소하고 달며 향이 풍부하기 때문이다.

1921년 빈티지부터 생산하기 시작한 동 페리뇽은 1959년 빈티지에 새로운 시도를 꾀한다. 기존에는 7년째 출시함을 원칙으로 삼았으나, 탁월한 빈티지였던 1959년의 개성을 최대한으로 확장하고자 숙성 기간을 연장하였다. 그런 방식으로 출시된 와인에는 에노테크(Oenotheque)라는 별칭을 붙인다. 요사이 시판되고 있는 빈티지는 2000이고, 이보다 7년 더 숙성한 1993이 에노테크다. 에노테크의 출시 시기는 정해져 있지 않다. 빈티지가 아주 훌륭한 해에는 양조 책임자가 해당 빈티지가 얼마나 더 잘 익을 수 있는지를 지속적으로 관찰한다. 생산량의 일부만 때에 따라 출시하고 상당량을 비축한다. 그는 정기적으로 지하에 내려가 해당 빈티지의 숙성 상태를 꼼꼼하게 체크한다. 샴페인의 숙성력이 좋아 해가 갈수록 새로운 부케가 형성되고 산도도 여전히 살아 있으며, 전체적인 조화가 유지될 경우에 숙성을 연장한다. 여러 해를 걸쳐 계속해서 샴페인의 진화 단계를 살핀 다음 조심스럽게 두 번째 출시를 준비한다. 에노테크가 탄생하는 순간인 것이다. 이때에도 비축량의 일부가 출시될 뿐이며 숙성력 점검은 계속된다. 하지만 더 이상 숙성할 여력이 없다고 판단되면 비축량의 대부분을 출시한다. 몇 년 전 서울에서는 동 페리뇽의 숙성력을 가늠하는 자리가 있었다.

동 페리뇽 1964

갓 출시된 동 페리뇽은 명함 내밀기도 어려운 자리였다. 삼십 년, 더 나아가 사십 년씩 묵힌 동 페리뇽이 테이블에 깔려 있었으니 그럴 수밖에.

동 페리뇽은 1962년 빈티지부터 로제 샴페인을 내놓고 있다. 1959년 빈티지로 시험 삼아 출시한 것을 3년 후에야 비로소 상업화에 성공하였다. 피노 누와의 포도즙과 샤르도네의 포도즙을 혼합하여 만드는 동 페리뇽 로제는 질감이 단단하고 집중된 특질을 가지고 있어 송아지 요리 같은 소스가 과하지 않으면서 육질이 부드러운 요리와 잘 어울린다.

과거에는 샴페인 병 주둥이를 홈에 꽂아 효모 찌꺼기를 모았다.

🍷 샴페인은 빨리 마셔야 좋다?

샴페인을 둘러싼 여러 오해 가운데 하나가 바로 출시된 직후 빠른 시간 안에 마시는 것이 좋다는 설이다. 모든 샴페인이 빨리 마셔야 좋다는 것은 오해다. 어떤 샴페인은 숙성력이 좋기 때문에 오래 저장해 놓고 마실 수 있다. 이런 오해는 수확 연도 표시가 없는 NV(Non Vintage) 샴페인을 두고 하는 말이다. 샴페인의 종류는 크게 두 가지로 구분한다. 하나는 앞서 언급한 논 빈티지(NV) 샴페인이고, 다른 하나가 빈티지 샴페인이다. 빈티지 샴페인은 해당 연도의 독특한 테루아의 경험을 구현할 목적으로 양조하고, NV샴페인은 샴페인 회사가 일정한 수준 이상의 샴페인을 양조하기 위해 생산한다. 이 샴페인의 경우 매년 균일한 맛을 내는 것이 목적이니 수년치의 포도즙을 보관하여 동일한 맛을 이어나가는 것이 중요하다. 이를 통해 소비자는 해당 샴페인 회사 스타일을 엿볼 수 있다. 한편 빈티지가 좋은 해에만 생산하는 빈티지 샴페인은 독특하게 작용한 테루아를 샴페인 속에 집어넣어 빈티지의 특성을 강조하는 스타일이다. 빈티지 샴페인은 티라쥬 작업 이후 3년 이상을 숙성하므로 아주 강건한 구조의 와인으로 탄생한다. 여기서 기억할 것은 3년이 아니라 3년 이상이라는 점이다. 양조장에 따라서는 5년, 7년, 10년 이상을 숙성하여 출시하기도 한다. 충분한 기간 동안에 이미 숙성력이 강해진 빈티지 샴페인은 조건만 맞으면 상당 기간 숙성이 가능하다. 그러므로 이런 샴페인은 꼭 바로 따서 마시지 않고 두고두고 마실 수 있다. 1996 동 페리뇽에 대해 98점이라는 샴페인 최고 점수를 부여한 파커는 2020년까지 숙성이 가능하다고 평가하고 있질 않은가.

🍷 1921 살롱과 1921 동 페리뇽의 가치

와인 투자 세계에서 그 동안 샴페인 투자가 각광을 받지 못한 몇 가지 이유가 있다. 그중에서 눈에 띄는 것은 파커로 인해 샴페인의 투자 가능성이 무시되어 왔다는 견해다. 즉 파커가 샴페인 평가를

동 페리뇽 박물관의 전경. 왼편 건물은 동 페리뇽의 유해가 보관되어 있는 교회당

동 페리뇽이 입던 수사복 등의 유품들(위)
동 페리뇽이 사무를 보던 책상 그리고 그 바로 옆에는 아주 작은 침대가 있다.(아래)

적극적으로 하지 않아 고급 샴페인에 대한 파커 점수가 거의 없다는 것이다. 실제로 파커는 샴페인 평가에 있어 말을 아껴온 것 같다. 점수 외에 특별한 언급이 없는 경우가 대부분이다. 두 번째 이유는 빈티지 샴페인 생산량이 너무 많아 희소성이 없다는 것이다. 실제로 동 페리뇽의 생산량은 상당하다. 수량이 엄청나니 투자 가능성이 희박하다는 평이다. 세 번째 이유는 이런 저런 오해로 인해 사람들이 너무 빨리 마시기 때문에 투자할 만한 샴페인이 남아 있질 않다는 것이다. 하지만 샴페인은 투자할 가치가 있다. 부르고뉴의 그랑 크뤼 화이트 와인을 능가하는 숙성력과 풍미를 갖춘 샴페인은 그 대상이 될 충분한 자격이 있다. 예를 들어 크룩 클로드므닐, 크리스탈, 동 페리뇽, 콤트드샹파뉴 등이 그것이다. 특히 희귀한 샴페인 즉 1921 살롱, 1921 동 페리뇽은 마치 18세기 레드 와인과 같은 인기를 끌며 수집가의 욕구를 자극한다.

2004년 6월 크리스티 경매에서는 1921 동 페리뇽이 출시되었다. 완벽한 상태의 보관, 소장인의 유명세 그리고 동 페리뇽 최초의 빈티지 즉 데뷔 빈티지(debut vintage)라는 후광을 입고 세 병에 이만 사천 달러라는 경이로운 가격에 낙찰되었다.

샴페인 지방 오빌레르 마을에 가면 동 페리뇽의 박물관이 있다. 그가 살던 가옥과 교회가 잘 보존되어 있다. 생전에 그가 쓰던 책상이며 침대 등 일상 용품들이 그대로 그 자리에 잘 보존되어 있다. 책상에 놓인 노트를 들추면 금방이라도 그가 바로 옆 침대에서 일어나 '너 지금 뭐하는 거냐'며 점잖게 타이를 것만 같다.

샴페인 지방의 중추 도시 랭스와 에페르네를 여행할 기회가 있다면 오빌레르로 가보라. 페리뇽 수사는 자신의 운명을 비관만 하지 않고 자신이 가진 장점을 살려 장애를 극복해 냈다. 그는 우리에게 거품뿐 아니라 기품을 깨닫게 하는 큰 그릇이다.

맛! *Dom Perignon*

산도 ●─●─●─●─●─○
타닌 ●─●─○─○─○─○
단맛 ●─○─○─○─○─○
도수 ●─●─●─●─○─○
가격 ●─●─●─●─●─○

다를 듯 같은 매력

와인명 | 제이콥스 크릭
구분 | 스파클링 로제
맛 | 드라이
주품종 | 쉬라즈
원산지 | 남호주
국가 | 호주
소비자가격 | 3만 원대

와인명 | 멈 코르동 루즈
구분 | 스파클링
맛 | 드라이
주품종 | 샤르도네
원산지 | 샴페인
국가 | 프랑스
소비자가격 | 7만 원대

 첫사랑

로미오와 줄리엣도
취하는 그곳
소아베

  로미오와 줄리엣도 사랑을 속삭일 때는 와인을 마셨을 게다. 그것이 화이트 와인이었다면 아마도 소아베(Soave)였을 것이다. 소아베는 그들의 고향 베로나 근처에서 생산되기 때문이다. 원형극장으로 유명한 베로나 아레나(Verona Arena)에서 음악 애호가들이 오페라를 감상한 후 갈증을 달래려고 마시는 것 역시 소아베일 것이다.
  줄리엣을 만나려면 관광객 인파에 몸을 던지면 된다. 원형극장을 지나 골목을 걷다 보면 많은 사람들이 북적이는 저택을 만날 수 있다. 마당에는 줄리엣의 동상이 있고, 2층에는 그녀의 방이 있다. 유독 동상 앞이 북적거린다. 혹 첫사랑을 그리워하는가. 영원한 사랑을 염원하는가. 줄리엣 동상의 가슴을 문지르며 소원을 빌어 보라. 그런 다음 소아베 한 잔으로 심신을 달래 보라.

굳게 다문 자물통처럼 우리의 사랑이 영혼하길 바라며.

"하하, 나의 첫사랑은 이제 이뤄질거야!"
줄리엣 동상에서 사진을 찍으려면 인파를 헤쳐나가야 한다.

🍷 소아베, 그 이름을 버린 사람들

소아베는 마을에서 널리 재배되는 청포도 가르가네가(Garganega)로 만든다. 그곳은 아주 오래 전 바다였는데 원형극장이 건축될 무렵인 1세기경부터 지금까지 와인을 양조해 오고 있다. 소아베의 면적은 대략 7천 헥타르이다. 화이트 와인 전용 원산지의 규모를 따져 볼 때, 소아베는 이탈리아뿐 아니라 유럽에서도 가장 넓은 곳이다. 경쟁자인 프랑스 샤블리보다도 약 15퍼센트가 더 넓다. 이런 이유로 소아베는 질보다 양이라는 평판을 들어왔다. 와인으로서는 별로 좋지 않은 명성이다. 소아베는 레드 와인의 최대 생산지 키얀티와 비슷한 처지로 저급한 와인의 대명

가르가네가

고풍스런 소아베 성

사로 알려져 있다.

    양조장 중에는 와인 병에서 아예 소아베란 이름을 떼버린 곳도 있다. 소아베로 파는 것보다는 차라리 다른 이름으로 파는 게 더 낫다고 판단하기 때문이다. 1948년부터 와인을 양조해 온 소아베 최고 양조장 안셀미는 소아베의 좋지 않은 이미지로 인해 손해를 본다고 여겨 2000년부터는 아예 소아베 조합에서 탈퇴하여 독자 노선을 걷고 있다. 로베르토 안셀미는 자신의 와인을 원산지 소아베가 아니라 그냥 베네토 지방 와인으로 등급을 낮추었다.

　와인 사회는 철저한 엘리트주의가 기조를 이룬다. 누구나 최고 생산자를 소망한다. 품질을 최고로 여기며 남다른 와인 양조가 기조를 이룬다. 그래서 소아베의 수준 낮은 이미지는 일부 생산자들에게 큰 걸림돌이 되었다. 그런 이미지를 타파하기 위해 많은 생산자들이 새로운 재배 방식, 새로운 양조 방식에 몰두하고 있다. 그들 중 일부는 여러 포도밭의 포도를 혼합하여 만드는 전통 방식을 버리고 특정 포도밭의 포도만을 가지고 양조한다. 그래서 밭의 개성이 담긴 와인 즉 단일 포도밭 와인이 유행하고 있다. 다른 포도밭과는 엄격하게 분리해 양조하기 때문에 밭의 특성이 그대로 묻어난다.

　한편 양조 방식에도 많은 변화가 생겼다. 소비자의 입맛을 겨냥하여 맛의 스타일을 의도적으로 변화시키는 경우다. 즉 전통적인 대용량 오크 통에 와인을 숙성하는 대신, 소용량의 프랑스산 오크 배럴(225리터 들이)을 수입해다가 프렌치 스타일을 시도한 방식이다. 이를 통해 오크 통에서 바닐라 향, 초콜릿 향을 와인에 듬뿍 배게 할 수 있다. 이러한 노력으로 인해 우리는 다양한 스타일의 소아베를 만날 수 있다. 스테인리스 스틸 통에서 숙성한 칼칼하고 상큼한 스타일, 바닐라 향취가 진하게 묻어나는 진하고 두툼한 스타일, 그리고 이 둘을 적당히 섞어 놓은 중간 스타일 등이 그것이다.

소아베 구릉 위의 포도밭(위)
소아베 홍보 포스터의 한 부분(아래)

🍷 소아베를 지키는 사람들

16세기부터 양조를 해 온 지니(Gini)는 소아베를 생산하는 여러 생산자 중에서도 저온 발효를 중시하는 양조장으로 알려져 있다. 지니의 소아베는 맛이 깔끔하다. 기온이 낮은 셀러에서 발효시키기 때문에 포도 산화를 방지하기 위해 무수 아황산을 쓸 필요가 없다.

양조장 입구에서 포즈를 취하는 미스터 지니(왼쪽)
지니의 소아베(오른쪽)

 또한 오크 통을 만들어 바로 쓰지 않고 2년을 더 묵혔다가 사용한다. 그래야 오크의 수액이 적당히 스며 나와 맛이 더 자연스러워진다. 엄선한 가르가네가로 만든 캄포 레 칼레(Campo le Calle)는 농익은 포도의 힘과 질감을 얻기 위해 잎을 모조리 제거해서 포도알을 익힌다.
 양조장 카루가테(Ca' Rugate)의 주인 미켈레 테사리는 3대에 걸쳐 소아베를 양조하고 있다. 그는 수확한 포도의 산화를 방지하기 위해 발효조 위에 질소 통을 매달아 포도를 으깨자마자 일정한 양의 질소를 주입한다. 화이트 와인의 생명은 싱그러움이라서 포도의 과일 향을 최대한 살리기 위해서 이 과정이 아주 중요하다고 강조한다. 소아베의 단일 포도밭의 와인, 몬테 피오렌티네를 수확 연도별로 시음했다. 《감베로 로쏘》에서 호평 받은 2004 빈티지는 점차 숙성되어 가면서 꿀과 발사믹 향기가 농후해지고 있다. 덜 익었을

쌍둥이 남매인 시스토와 엘레나

때의 사과 향이 점차 사라지면서 시간의 향취가 더해지고 있다.

라 카푸치나(La Cappuccina)의 소아베는 투명하고 깔끔하다. 현무암의 토양 아래 자라나는 포도나무는 광물 향기를 길어 올려 와인에 선사한다. 카푸치나라는 이름은 양조장 내에 15세기의 카푸킨 수도회 소속이었던 수사가 세운 예배당이 있던 데서 유래했다. 그래서 예배당의 풍광이 라벨에 새겨져 있다. 커피 중에도 카푸치노라는 것이 있다. 커피에 우유 거품을 얹어 먹는 모자 모양의 커피 카푸치노는 카푸킨 수사들의 제복을 본뜬 것이라고 주인장이 귀뜸을 해준다.

이란성 쌍둥이인 주인은 각각 경영과 마케팅을 맡고 있으며 셋째인 막내가 양조를 책임지고 있다. 일찍 수확한 가르가네가를 실내에서 건조시켜 레치오토(Recioto) 스타일(반건조한 포도로 와인을 만들어 포도의 당분을 약간 남겨 맛을 달게 한다)을 만든다고 한다. 이때 쓰이는 포도는 우선 알 사이가 벌어져야 하고, 곰팡이가 슬지 않아야 하며 껍질이 두꺼워야 좋은 디저트 와인을 만들 수 있다고 한다. 쌍둥이 둘 다 변호사와 결혼했다.

소아베는 편하고 쉬운 보통 와인이다. 맛은 드라이하면서 가볍고 깔끔하다. 옛날 옛적에 바다가 융기하여 포도밭이 된 곳이기에 곁들이는 음식 역시 해산물이 제격이다. 관자나 새우구이, 봉골레 파스타, 송어찜 등에 잘 어울린다. 첫사랑을 찾지 못해 아쉽다면 소아베로 기분을 달래 보기 바란다. 첫사랑의 순수했던 시절을 추억하면서 바다로 여행을 떠난다면, 굴 요리에 소아베가 안성맞춤이다. 바다의 우유 굴을 먹을 때는 오크 통이 아닌 스테인리스 스틸 통에서 숙성한 소아베를 곁들인다. 굴의 싱싱한 생명력을 투명하게 맛볼 수 있다. 굴의 비릿함은 소아베의 신맛이 씻어준다.

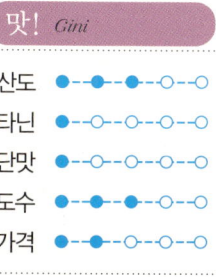

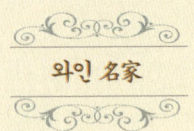

와인 名家

샤토 팔머,
19세기 스타일로 상식을 깨다

시작은 아름답다. 만물이 소생하는 봄에는 무엇이든지 할 수 있을 것 같다. 새로운 시도는 참 가상하다. 용기 있는 일이다. 작심삼일이 앞길을 막는 것 같아도 작심을 사흘마다 되풀이한다면, 우리가 원하는 목표에 이를 수 있지 않을까.

메독에선 메독 와인만 나온다?

저명한 양조장 샤토 팔머에서 19세기 와인을 시판한다는 소식이 화제다. 그것도 유명 도시의 고급 레스토랑에서만 팔린다고 한다. 품격 있는 양조장에서 보수적인 전통 와인이 아니라 과거의 와인을 재생한다는 말이 다소 충격적이다. 금쪽 같은 원산지 보호 그리고 테루아 신봉 등으로 이름난 프랑스 와인, 그것도 보르도 심장부에

팔머의 날에는 라벨색과 같은 검은 모자를 쓰고 잔치를 벌인다.
(왼쪽)
우아하고 세련된 샤토의 외관
(오른쪽)

있는 샤토 팔머가 테이블 와인을 만든다고 하니 궁금증이 도를 넘어섰다.

오늘날 와인 사회는 "콩 심은 데 콩 나고 팥 심은 데 팥 난다"는 말이 금과옥조로 여겨진다. "메독에서는 메독 와인이 나고, 마고에서는 마고 와인이 난다"는 말은 그 격언을 와인 세계에 대입하여 얻은 답이다.

메독 와인은 메독 포도밭에서 얻어야만 메독이라는 이름값을 인정받는다. 마고 와인도 마찬가지다. 하지만 애초부터 이런 규칙이 있었던 것은 아니다. 이백 년 전으로만 거슬러 올라가도 원산지의 개념은 희박했다. 19세기로 돌아가 보자. 그때에는 여러 마을에서

샤토 팔머의 경관

생산된 포도를 혼합하여 와인을 만들었다. 어떤 경우에는 여러 지방의 포도를 섞어 만들기도 했다.

🍷 19세기 스타일

샤토 팔머는 골프의 아놀드 팔머처럼 유명하다. 보르도 와인 기

행에서 맨 처음 방문한 곳이라서 내게는 각별한 애정이 있다. 보르도의 마고 마을에 위치한 샤토 팔머는 마을의 간판인 양조장 샤토 마고 다음 가는 우수한 테루아를 자랑한다.

처음 그곳을 방문했을 때 마중 나온 이는 전 세계를 돌며 양조장 홍보를 하는 마케팅 책임자 베르나르였다. 다섯 남매를 둔 그는 나를 동네 레스토랑으로 안내하여 몇 가지 빈티지의 샤토 팔머를 맛보게 해주었다. 이번에는 내가 그를 서울 논현동에 있는 한 레스토

19세기 와인을 내미는 베르나르

랑으로 초대했다.

최근 우연히 읽은 짧은 글을 통해 샤토 팔머에서 특이한 와인을 양조하고 있다는 사실을 알게 되었다. 그래서 그에게 곧장 와인을 맛보고 싶다는 내용의 글을 보냈다. 내가 맛보기를 열망한 와인은 19세기 와인이다. 19세기 와인이라니. 19세기에 만든 걸까. 19세기에 만든 와인이라면 얼마나 좋으랴마는 알고 보니 19세기의 양조 방식을 따라 만든 와인이었다.

19세기 스타일의 와인이란 어떤 것일까. 뭐 별다른 스타일이 있겠느냐고 질문할 만하다. 현재의 시선으로 와인을 바라보면 이게 다인가 싶어도, 기실 와인은 긴 시간 속에서 변화해 왔다. 양조 스타일이 과거에는 달랐다. 지금이야 보르도 와인이면 포도는 응당 보르도에서 길러야 하지만 옛날에는 그렇지 않았다. 여기저기에서 가져온 포도로 와인을 만들어도 상관없었다. 당시엔 원산지 개념이 없었기 때문이다.

19세기의 보르도 와인은 묽었다. 오늘날처럼 진하고 풍부한 스타일이 아니었다. 한편 남프랑스 와인은 진했다. 특히 론 밸리의 에르미타주 와인은 강건하고 풍성한 맛으로 잘 알려져 있었다. 그 지방에서 나는 토속 품종 시라가 확실한 맛을 내주기 때문이다. 이런 스타일은 오늘날까지도 이 지방의 전통적인 맛으로 유지되고 있다. 보

2층으로 쌓아올린 팔머의 지하 셀러

르도의 양조장들은 남부에서 키운 시라를 혼합하여 강하고 진한 맛을 만들 수 있었다. 어떻게 보면 무분별하다고 말할 수 있는 타 지방 간의 품종 혼합은 유명 양조장에서도 예외가 아니었다. 소문에 의하면 당시 1등급 와인에서조차 에르미타주 와인을 섞는 데 주저하지 않았다. 여러 사람들의 증언에 따르면 샤토 라피트 로쉴드에서도 남부 지방에 있는 에르미타주 마을의 포도를 혼합하였다고 한다. 그런 라피트 라벨에는 샤토 라피트 외에도 에르미타주라는 문구가 대각선 형태로 표시되어 있었다고 전한다.

🍷 기억할 만한 추억

샤토 팔머는 여러 고객들과 얘기하던 중에 전통 와인을 재현해 보면 어떨까 싶어 몇 년 전부터 19세기 와인을 시험적으로 만들기 시작했다. 4배럴 분량이고, 완성된 와인 전부는 미국과 일본에 값비싸게 팔려 나간다.

베르나르는 이런 테이블 와인 양조가 많은 사람들에게 알려지는 것에는 좀 회의적이다. 우선 수량이 너무 적어 괜히 인심만 사납다는 말을 들을까 봐 염려하기 때문이고, 보수적인 와인 당국의 심기를 불편하게 할까 봐 걱정하는 것도 같다. 하지만 새로운 시도라는 사실에는 큰 동기 부여를 받은 듯하다. 한때 널리 퍼졌던 와인을 현대 시대에서 재현한다는 뿌듯함도 깃들어 있는 것 같다.

그가 가져온 와인을 맛보았다. 12퍼센트의 시라가 섞여 있고, 나머지는 아시다시피 카베르네 소비뇽과 메를로다. 이 와인은 초콜릿 향취가 참 감미롭다. 자줏빛의 생동감 있는 빛깔이다. 아름다운 삼중주 즉 카베르네, 메를로, 시라가 조화롭다. 질감이 비단결 같으면서 디테일을 느낄 수 있으며 마시기에 참 좋다. 전통과 현대적 미감을 두루 갖추었다고 말하고 싶다. 시라 특유의 스파이시한 뉘앙스와 이국적인 향취가 드러난다.

베르나르가 손수 챙겨온 와인이 그와 마시다가 조금 남았다. 그 후 셀러에 두고 가끔 꺼내서 맛보다가 어느 날 선배랑 바닥을 보았다. 그런데 날짜를 따져 보니 그날은 한국에 온 날로부터 3주가 지난 날이었다. 와인의 생동감이 유지되었다. 개봉한 지 3주라…….

라벨을 자세히 읽어 보라. 샤토 팔머와 비슷하지만 전혀 다른 구성이다. 빈티지가 없다. 이 와인의 등급은 뱅드따블 바로 테이블 와인이다. 다른 지방에서 난 포도를 섞었기 때문에 해당 지방의 원산지 명칭을 사용할 수도 빈티지도 표시할 수도 없다. 하지만 맛은 기억할 만하다.

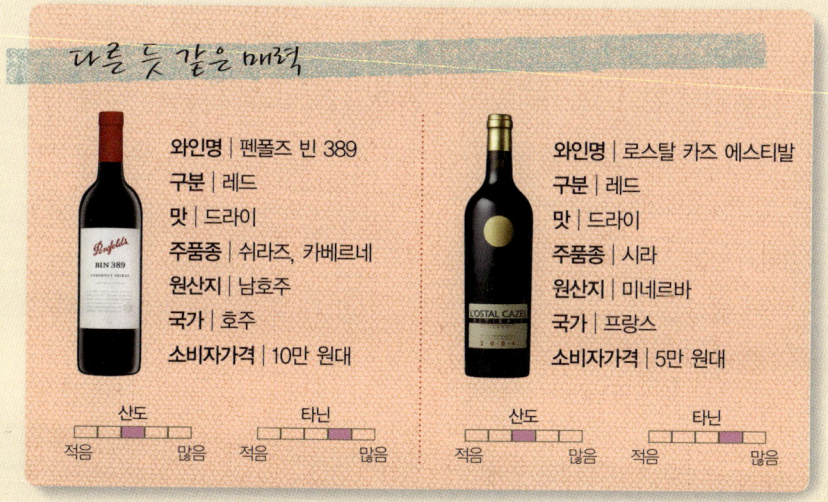

이미지를 탈피한 조합 와인
프로두토리 델 바르바레스코

개인이나 법인이 아닌 조합이 만든 와인은 일반적으로 저급한 와인이라고 알려져 있다. 대량 생산하여 품질보다는 경비 절감에 초점이 맞춰져 있다. 하지만 품질을 최고의 가치로 보는 조합도 있다. 조합 와인이 이러한 변신을 도모한 결과 한 차원 높은 와인을 생산할 수 있게 되었다. 단체를 구성하여 개인들의 부족한 면을 메우는 조합의 형태를 통해 팀워크를 배우고 모아서 시너지를 창출하는 것이다.

수많은 조합 가운데 바르바레스코 조합의 품질은 단연 으뜸이다. 팀장들이라면 회식 때에 구성원들에게 이 와인을 권하여 동기 부여를 해보자.

바르바레스코 조합의 포스터

🍷 적당히, 적당히?

새바람을 일으켜 결속을 강화한 결과 바르바레스코 조합이 만든 와인은 조합 와인으로는 최고라는 찬사를 얻게 되었다. 세계 대전 이후에 피폐해진 이 지역의 포도 농부들은 판로도 없고 생산비도 감당하기 힘들었기 때문에 자신들의 이름으로 와인을 만들 수 없었다. 더구나 인근 마을인 바롤로가 워낙 유명하다보니 바르바레스코는 항상 찬밥 신세였다.

사실 조합 와인은 신통치 않다. 주인이 없어 적당히 한다고 알려져 있다. 포도의 품질이 확보되어야 와인의 품질이 높아질 수 있는데, 조합 와인은 그저 당도만을 보고 포도를 사들이기 때문에 포도

조합의 초기 시절, 20세기 초.

"제대로 먹어야 이탈리아지! 우리는 이렇게 결속을 다진다우."

의 품질을 보증할 수 없다는 단점이 있다. 포도밭 임자들도 그걸 다 안다. 그러니 되도록 밭도 매러 가지 않고 웬만하면 그냥 놔둔다. 포도 이파리들이 자라서 송이를 가리든 말든 크게 신경 쓰지 않는다. 가지에서 포도송이가 많이 열릴수록 수매가가 높아지니 가지치기 같은 것은 염두에도 없다. 아무리 애써 봐도 무게로만 수매하고, 당도로만 확인하니 어떤 농부가 열심히 재배하겠는가. 조합 와인은 저렴한 와인을 생산하는 게 목적이다. 조합 와인 중에 가장 저렴한 것은 굳이 병에 담아 팔지 않는다. 병값 때문이다. 그래서 구매자가 아예 통을 장만해서 온다. 그럼 그 통에 와인을 가득 채우고 값을 계산한다. 와인을 음료수처럼 마시는 것이다.

 품질을 추구하는 생산자들은 오로지 홀로 일어서야 한다. 가급적 조합과는 어울리지 않는다. 독자적으로 개성 있고 품질 좋은 와인 양조에 매진하려는 마음은 신세계나 구세계 모두 마찬가지다. 하지만 조합 와인이라고 해서 다 같지는 않다.

🍷 오누이의 닮은 듯 다른 개성

바르바레스코와 바롤로는 이란성 쌍둥이 같다. 둘 다 각각 이탈리아 북부에 있는 자그마한 마을 이름이자 와인 이름이기도 하다. 하지만 두 와인의 맛과 향은 좀 다르다. 같은 포도로 만들지만 마을의 토양과 풍토, 기후에 의해 기질이 비슷하면서도 다르다.

굵은 타닌과 거친 입맛의 바롤로는 오빠 같고, 세련된 질감과 감촉의 바르바레스코는 누이 같다. 바르바레스코와 바롤로는 씨는 같아도 태어난 환경이 달라 담근 지 얼마 안 됐을 때는 거침과 부드러움, 남성형과 여성형 등으로 구분되지만, 10년 넘게 숙성해 깊은 맛을 풍기는 단계에 들어서면 좀처럼 구분되지 않는다. 특유의 뭉클한 부케는 끊어지지 않고 오랫동안 입안을 맴돌아 와인의 제맛을 느낄 수 있다.

올림픽 도시 토리노에서 멀지 않은 알바(Alba)에 당도했다. 시내 한가운데를 빙그르르 맴도는 길을 가까스로 찾았다. 길을 조금 달리면 곧 이정표가 보인다는 할머니 안내에 '그라찌에'라고 인사말을 올렸다. 들뜬 마음으로 가는 이 길은 바르바레스코(Barbaresco)로 향하는 길이다. '하, 바르바레스코라. 그 이름을 처음 들었을 때만 해도 바르르거리면서 발음하기조차 어려웠는데, 지금 그곳을 향하고 있다니!' 설레는 마음으로 차를 몰았다. 굴곡이 있고 높낮이가 다양하게 펼쳐지는 좁은 찻길을 요리조리 달렸다. 지나치는 차들은 대부분 소형차. 좁다란 길을 쌩쌩 달리는 꼬마 자동차들은 매일 이 길을 다녀서인지 모두 베테랑 운전자 같다.

드디어 바르바레스코다. 마을 한복판까지 차를 몰고 들어왔다. 와인명으로 유명한 바르바레스코는 마을 이름이기도 하다. 바르바레

바르바레스코 마을 중심에 있는 탑과 시계탑(왼쪽)
다이나믹한 구릉이 특징인 바르바레스코(오른쪽)

스코는 바롤로와 함께 순도 높은 와인을 생산한다. 근처 네이베(Neive)와 트레이조(Treiso)에서도 가장 좋은 와인 이름에는 바르바레스코를 붙인다. 그러니 바르바레스코는 결국 세 마을 전역에서 양조되는 것이다. 그리고 바롤로처럼 네비올로(nebbiolo)로만 만든다. 피노 누와로만 만드는 코트 도르(Cote d'Or)와 같은 방식이다.

바르바레스코와 부르고뉴의 유사성은 단일 품종에만 국한된 게 아니다. 거기에는 크뤼(cru)가 있다. 바르바레스코의 크뤼는 수많은 포도밭 가운데 특별한 구역을 지칭한다. 거기에는 영락없이 별도의 이름이 붙어 있다. 몬테스테파노(Montestefano), 아질리(Asili), 라바야(Rabaja) 등이 그것이다. 크뤼는 주변 포도밭보다 해발 고도가 높다. 서늘한 기후를 가진 바르바레스코에서 포도를 제대로 익히려면 경사진 언덕이 제격이다. 그래야 햇빛을 더 많이 받을 수 있기 때문이다. 높은 곳에 있는 포도밭은 겨울에 눈이 많이 쌓여도 봄이면 가장 먼저 눈이 녹는다. 이런 곳에 심은 포도가 주변 지역보다 훨씬 좋은 품질의 와인을 잉태할 수 있다.

그래서 바르바레스코는 두 가지로 구분된다. 하나는 크뤼 포도밭의 포도로만 만든 와인이고, 다른 하나는 크뤼 포도밭 포도와 일반 포도를 혼합하여 만든 와인이다. 전자는 단일 포도밭 와인이며, 포도밭의 개성을 살린 것이다.

🍷 바르바레스코는 다르다

바르바레스코를 생산하는 곳을 살펴보자. 대부분의 포도밭은 개인 생산자들이 소유한다. 바르바레스코 대표 양조 회사 안젤로 가야의 부사장 가이아 가야(Gaia Gaja)는 이곳의 양조 업체가 99군데에 이른다고 한다. 바롤로보다 훨씬 좁고 양조장 수도 적지만, 그 이름과 가격은 바롤로 못지않다. 안젤로 가야, 브루노 로카, 라 스피네타 등 기라성 같은 양조 회사들이 즐비하다. 전체 포도밭의 약 15퍼센트는 지역 협동조합에 속해 있다. 조합의 이름은 프로두토리 델 바르바레스코(Produttori del Barbaresco). 1894년에 처음 결성되었지만 파시스트에 의해 분열되고, 1958년 성직자에 의해 다시 재건되었다. 바르바레스코 조합은 네비올로 품종만 재배하여 양조한다.

대를 이어 조합장 책임을 맡고 있는 알도 바카(Aldo Vacca)는 말한다.

조합 사무실 외벽에 걸려 있는 벽화.(위)
조합 와인의 발효는 대부분 스테인리스 스틸 통에서 이뤄진다.(아래)

"우리는 포도송이를 엄격하게 골라냅니다. 네비올로라고 해서 다 바르바레스코에 쓰이진 않지요. 35퍼센트 정도의 네비올로는 한 수 아래의 와인인 '네비올로 랑게'라는 상표가 붙습니다. 결국 수확 포도의 65퍼센트 정도만 바르바레스코가 됩니다. 이렇게 품질 관리를 철저히 하는 조합은 이탈리아에서 우리가 유일할 겁니다."

바르바레스코 조합의 와인은 고른 품질에다 뛰어난 가격 경쟁력을 지니고 있다. 개별 양조장들은 자체적으로 홍보, 광고, 마케팅을 해야 하지만, 조합은 수많은 조합원을 위해 오직 한 군데에서 담당하니 경비가 절약된다. 영업 관리비를 대폭 줄이고, 마케팅에 집중할 수 있는 게 장점이다. 바르바레스코 조합이 만드는 바르바레스코는 매년 빠짐없이 우수한 시음 평가를 얻으며, 가격도 합리적이라 인기가 좋다.

이탈리아든 프랑스든 지역마다 와인 조합이 있다. 조합 와인은 품질이 그저 그런 걸로 평가 받는다. 하지만 바르바레스코 조합은 다르다. 가격에 비해 품질이 우수하다. 그래서 조합 와인의 최고봉이라고도 불린다. 그 이유는 일정한 품질에 이르지 못하면 우수한 크뤼의 포도밭이라고 해도 싱글 빈야드 와인 이름을 붙이지 않기 때문이다. 실제로 1998년 빈티지에는 특정 포도밭 이름이 붙여진 바르바레스코를 출시하지 않았다. 대신 일반 바르바레스코 와인으로만 출시했다. 빈티지가 좋지 않아 포도밭의 개성이 묻혀버렸다고 판단했기 때문이다.

빈티지가 좋을 때에는 크뤼를 생산한다. 알도 바카는 또 "지역의 최우수 포도밭 중에서 9개를 골라 크뤼 바르바레스코를 양조한다"고 말했다. 전체 생산량의 15퍼센트를 차지하는 와인이다. 리오 소르도(Rio Sordo), 오벨로(Ovello), 포라(Pora) 등이 있다. 이런 와인들은 특정 포도밭의 개성을 살린 싱글 빈야드 와인으로서 보통 5년 이상 숙성시킨 후 출시한다. 묵을수록 향이 나는 와인이 바로 이런 것이다.

사기를 고양하고자 할 때에는 연설도 좋지만, 일단 같이 식사를 하자. 지글지글 찌개도 끓이고, 한쪽에서는 연기를 피워가며 주먹고기를 익힌다. 투박한 잔이라도 좋으니 함께 잔을 나누자. 바르바레스코를 채운다. 조합 와인의 고정관념을 깨고 고급화로 변신한 와인을 통해 우리도 한번 변신해 보자.

1. 순수한 열정을 간직하다

나라별 라벨언어

프랑스

Blanc 화이트

Cave (coopérative) 조합 양조장

Château 샤토, 자가포도원이 있는 양조장

Coteaux de, Côtes de 언덕

Cru 급, 월등한 토양을 지닌 포도밭 구역

Cru Classé 특정한 권위로 인해 선별된 급, 예. 1855 등급 제정

Domaine 샤토와 유사, 자가 포도원이 있는 부르고뉴 지방의 양조장

Grand Cru 특급, 부르고뉴에서는 최고 등급의 포도밭 구역이며 생테밀리옹에서는 별 의미 없다.

Mis en bouteille au Château 샤토에서 병입했다.

Négociant 포도나 와인을 사서 병입해 판매하는 상인

Premier Cru 1등급, 부르고뉴에서는 그랑 크뤼보다는 한 단계 낮은 등급이지만, 보르도에서는 1등급 샤토 다섯 군데를 뜻하기도 한다.

Proprietaire-récoltant 자기 소유 포도원의 포도로 와인을 만드는 양조장

Récoltant 자기 소유 포도원 포도를 재배하는 사람

Récolte 수확 연도

Rouge 레드

Supérieur 알코올 도수가 보통보다 높은 경우

Vielles vignes 오래된 포도나무

Vigneron Récolte과 유사

Vin 와인

Viticuleur Vigneron과 유사

이탈리아

Abboccato 아주 조금 단

Amabile Amarone 반쯤 단 드라이

Annata 수확 연도

Azienda agricola 포도를 직접 재배하는 와인 회사

Bianco 화이트

Cantina 양조장

Cantina sociale 조합 양조장

Casa vinicola 와인 회사

Classico 오리지널

Consorzio 양조장들의 조합

Dolce 스위트

Fattoria 와인 회사 firm

Frizzante 반쯤 스파클링

Imbottigliato 병입된

Liquoroso 주정 강화된

passito 말린 포도로 만든 단 와인

Podere 소규모 와인 회사, fattoria보다 소규모

Recioto 반건조된 포도로 만든 와인

Riserva 좀 더 숙성한 와인

Rosato 로제

Rosso 레드

Secco 드라이

Spumante 스파클링

Superiore 알코올 도수가 더 높은 와인

Tenuta 집

Vendemmia 수확 연도

Vendemmia tardiva 늦수확

Vigna, vigneto 포도밭

Vignaiolo, Viticoltore 포도 재배 업자

Vino 와인

독일

AP nr, AP number 품질 검사 번호, 마지막 두 자리는 검사 년도

Classic 단일 품종으로 만든 드라이 와인

Deutscher tafelwein 테이블 와인, 등급이 가장 낮다.

Erste Lage Erstes Gewächs와 Grosses Gewächs에 해당하는 지정된 구역에서 나온 최고의 드라이 와인으로 VDP 조합 양조장에 한한다. first class site에 해당한다.

Erstes Gewächs 라인가우 드라이 중의 최고봉으로 지정된 구역의 포도만을 가지고 만든다. first class growth에 해당한다.

Erzeugerabfüellung 양조장에서 병입

Grosses Gewächs 모젤과 라인가우를 제외한 지방의 지정된 구역의 포도로 만든 최고의 드라이 와인으로 VDP조합 양조장 와인에 한함. great growth에 해당한다.

Gutsabfüellung 양조장에서 병입

Halbtrocken 미디엄 드라이

Rotwein 레드

Sekt 품질 있는 스파클링

Selection 단일 품종으로 만든 고품질 드라이 와인

Trocken 드라이

Weingut 양조 회사

Weinkellere 양조장

Weisswein 화이트

스페인

Añada 수확 연도

Assemblage 혼합

Barrica 스페인산 오크 통

Barril de roble 스페인산 오크 통

Barrique 프랑스산 오크 통

Blanco 화이트

Bodega 양조장

Cava 스파클링 와인

Cosecha 빈티지

Cuvée 혼합

D.O DENOMINACIÓN DE ORIGEN, 프랑스의 AOC에 해당하는 와인 등급

D.O.C. DENOMINACIÓN DE ORIGEN CALIFICADA, D.O. 중에서 품질이 연속적으로 더 우수하여 최상급으로 격상한 지역의 등급. 리오하와 프리오라트, 두 군데가 해당

Dulce 스위트

Tinto 레드

Viña 포도밭

Vino 와인

2

일상에서의 탈출을 꿈꾸다

여름의 상쾌함을 내뿜는 와인들

차갑게 대령하시오!
프로세코 메들리

유럽에서도 지방색이 강하기로 이름난 이탈리아에서는 곳곳에 다양한 스파클링 와인이 있다. 그들은 그걸 '스푸만테'라고 부른다. 특히 베네토 지방에는 프로세코(Prosecco)라 불리는 스푸만테가 있는데, 포도 이름 역시 프로세코다. 양조장에 따라서는 거기에다 피노 비앙코, 피노 그리지오, 샤르도네 등을 혼합하기도 한다.

프로세코 중에서 가장 품질이 좋은 것은 프로세코 디 코넬리아노-발도비아데네(Prosecco di Conegliano-Valdobbiadene)다. 도저히 외울 수 없을 것 같은 긴 이름이지만 내용을 보면 좀 낫다. 코넬리아노 마을과 발도비아데네 마을 사이의 비탈진 특정한 구역에서 나는 특정한 포도 종류가 특정한 방식으로 양조되었을 때 이렇게 부른다. 와인의 등급은 DOC 등급이다. DOC는 프랑스의 AOC와

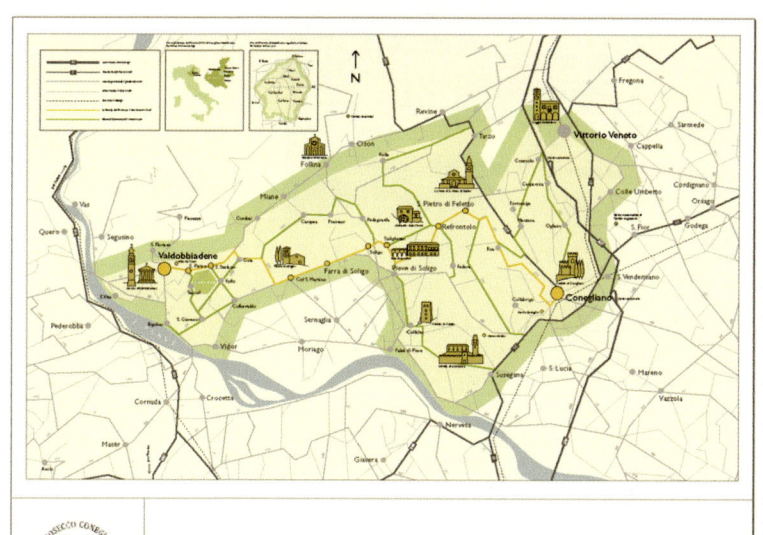

프로세코 지도

유사한데, 이 등급을 받은 와인은 와인의 원산지를 표시할 수 있다. 그 원산지 부여에 필요한 여러 조건을 지켜야 하지만 그 이름 자체가 시장에서는 신용으로 인정되므로 쉽게 말해서 품질이 어느 정도 보장된 셈이다. 그러나 2010년 빈티지부터는 등급이 상향되어 DOCG가 된다.

🍷 와인 통에 빠진 치즈

양조장 토폴리(Toffoli)의 주인 빈첸초 토폴리는 어릴 적에 떠났던 고향 마을로 돌아와 1990년부터 프로세코 DOC를 생산하고 있

마을 노천 시장의 드렁컨 치즈

다. 5헥타르의 조그만 포도밭에서 프로세코를 키운다. 양조 학교 출신의 동생과 양조 학교를 최근에 졸업한 딸과 함께 소규모 포도원을 일군다. 프로세코는 부드럽고도 상큼한 맛이 특징이며 과일에 비유하면 귤보다는 사과에 가깝다고 설명했다.

  그는 가난했던 과거 이야기를 들려주면서 이 지역 특산인 '드렁컨 치즈(drunken cheese)' 이야기도 해주었다. 1917년 가을에 이 마을에 침입한 독일과 오스트리아 군은 먹을 것을 있는 대로 걷어 갔다. 양젖 치즈인 페코리노를 샅샅이 뒤져 빼앗가려는 군인들을 속이기 위해 가족들은 그 치즈 덩어리를 발효 통 속에 넣고 포도 껍질로 덮었다. 이렇게 해서 결국 치즈를 지켜낼 수 있었고, 전쟁이 끝나 마을은 다시 평온을 찾았다. 전쟁의 상처는 잊혀져 갔고 생활은 거의 제자리로 돌아왔다. 하지만 치즈에는 전쟁의 흔적이 남았다. 발효가 끝난 포도 껍질 속에 묻혀 있던 페코리노의 표면에는 붉은 색이 물들었고, 치즈에는 와인 아로마가 가득했다. 마을 사람들은 새로운 치즈 맛에 반해 버렸다. 이후 치즈에 '드렁컨'이라는 말을 붙여 해마다 만들고 있다. 드렁컨 치즈처럼 부드러운 치즈에는 프로세코 파시토가 잘 어울린다. 파시토는 수확한 포도를 그늘에서 오랫동안 건조시켜 양조한 것으로 잔당이 많이 남아 있어 무척 달다.

🍷 프로세코의 왕, 발도

양조장 발도(Valdo)의 발도는 발도비아데네의 줄임말로서 대규모의 시설을 보유한 이 지역의 대표적인 양조장이다. 매년 7백만 병의 프로세코를 양조한다. 양조 책임자 지노 치니(Gino Cini)는 코넬리아노 양조 학교를 졸업하고 지금까지 40년 넘게 이곳에서 일하고 있다. 프로세코는 특별한 순간에 분위기를 잡고 마시는 게 아니라, 언제 어디서나 차갑게 대령하기만 하면 되는 가볍고 쾌활한 스파클링 와인이라고 말했다. 엄숙하게 맛과 향을 음미하지 말고 그냥 편하게 마시면 된다.

양조장 비졸(Bisol) 집안은 베니스 출신으로 1542년부터 포도를 재배하고 있다. 포도밭의 토양 관리를 세심하게 살피며 2006년부터 비오디나미 농법으로 전환했다. 주변 포도밭과 떨어져 있어 시간이 좀 더 지나면 그 농법의 개성을 살릴 수 있을 것이다. 이 농법은 일절 화학 비료를 쓰지 않고 아주 자연스럽고 전통적인 방식으

"주위는 온통 프로세코 밭이니 한 잔씩 드시고 다시 수확의 현장으로 가서야죠!" (위)
프로세코 송이가 형성되어 간다.(아래)
비졸의 포도밭은 해발 고도가 높으며 굴곡이 많다.(오른쪽)

로 포도나무를 키운다. 그리하여 풍성한 과일의 맛보다는 땅 깊숙한 곳에서 끌어올린 광물성의 기운을 와인으로 표현한다. 색깔도 더 맑으며 향기 속에 미네랄이 잔뜩 녹아 있는 그런 와인이다.

포도밭 주변에는 올리브 나무도 있다. 이런 북쪽 지방에서도 올리브가 자랄 수 있느냐, 정말 괜찮은 열매를 맺느냐고 이것저것 물었더니, 양조장 주인 지안카를로 비졸(Giancarlo Bisol)은 "여기가 북방 한계선이며 17세기부터 키우기 시작한 올리브는 한때 고품질 기름을 생산하기도 했으나 점점 생산량이 줄어들고 있다"고 대답

했다. 양조장에 조성한 작은 호텔은 깨끗하고 편리하게 시설되어 특히 해외 관광객들에게 인기가 많다. 양조장이 소유하고 있는 작은 섬 마조르보는 베니스 앞에 위치해 이곳 역시 인기가 좋다.

🍷 모차르트가 반한 와인, 마르제미노

양조장 벨렌다(Bellenda)는 1987년에 세워진 이래 현재 움베르토 코즈모(Umberto Cosmo)가 동생 루이지(Luigi)로부터 기술 자문을 받으며 운영하고 있다. 루이지는 캘리포니아 대학교 데이비스 분교에서 양조학 석사 과정을 이수한 연구파다. 움베르토의 아내 친지아(Cinzia)는 2004년부터 알리체(Alice)라는 양조장을 따로 창건하여 프로세코를 만들고 있다. 비졸처럼 작은 호텔도 운영한다. 이탈리아 농가가 자력갱생하기 위한 방편으로 이러한 쉴 곳을 운영하는 것을 아그리투리지모(Agriturisimo)라 한다.

벨렌다가 있는 곳은 코넬리아노 마을 북쪽에 위치한 비토리오 베네토 마을이다. 이 마을은 불세출의 대본 작가였던 로렌조 다 폰테의 고향으로 유명하다. 그는 모차르트를 위해 오페라의 가사를 지었다. 〈피카로의 결혼〉, 〈돈 지오반니〉 등이 그것이다.

코넬리아노에는 프로세코만 있는 게 아니다. 레드 와인도 있다. 그중 콜리 디 코넬리아노가 대표적이다. '코넬리아노의 언덕'이란 뜻으로 카베르네 소비뇽, 메를로, 그리고 두 품종을 혼합해 만든다. 이것이 바로 마르제미노(Marzemino)다. 모차르트도 그 맛에 반했다고 전해진다. 마르제미노는 색이 검은 포도로 진한 색깔을 띠며 과실미가 농후하게 풍기는 특징이 있다. 오페라 〈돈 지오반니〉의

비쥴 양조장의 와인 병 장식(왼쪽)
병 속의 침전물을 병 주둥이에 모아주는 기계 장치(오른쪽)

가사 중에 "엑셀런트한 마르제미노"라는 대목이 있다. 모차르트의 고향이 오스트리아여서 그가 주로 오스트리아 와인을 마셨을 테지만, 궁전에서 요청한 오페라를 완성하려면 로렌조의 탁월한 대본이 필요했을 것이다. 모차르트는 아마도 로렌조의 고향에서 나는 와인들을 줄줄 꿰고 있지 않았을까?

많은 사람들이 거품만 나면 샴페인이라고들 한다. 샴페인은 프랑스의 한 지역 와인일 뿐인데도 말이다. 그만큼 샴페인의 브랜드 파워가 크다는 얘기다. 이탈리아 베네토 지방에서 나는 스파클링 와인으로 프로세코가 있다. 프로세코는 간결한 양조 과정을 거쳐 빠

단아한 코넬리아노 성(위)
바티스토티(Battistotti) 양조장의
마르제미노(오른쪽)

른 시간 내에 출시되므로 신선하고 생동감 넘치며 싱그러운 맛이 그 특징이다. 쾌활하고 밝은 느낌이 난다. 플루트 모양의 긴 잔이 없어도 괜찮다. 화이트 와인 잔에 담아도 좋다. 프로세코 최고의 매력은 가격이다. 만드는 시간이 짧으니 당연한 결과다. 프로세코는 묵히지 않는다. 바로바로 마셔야 제맛인 스파클링 와인이다. 아주 차갑게 준비해서 기분 좋게 외친다. 프로세코!

맛! Zardeto

산도 ●─●─●─○─○
타닌 ●─○─○─○─○
단맛 ●─○─○─○─○
도수 ●─●─○─○─○
가격 ●─○─○─○─○

다를 듯 같은 매력

와인명 | 빌라 산디
구분 | 스파클링
맛 | 드라이
주품종 | 프로세코
원산지 | 코넬리아노 발도비아데네
국가 | 이탈리아
소비자가격 | 3만 원대

와인명 | 로레단 가스파리니
구분 | 스파클링
맛 | 드라이
주품종 | 프로세코
원산지 | 코넬리아노 발도비아데네
국가 | 이탈리아
소비자가격 | 3만 원대

부하 직원에게
격려의 말을 건네고 싶을 때
샹볼 뮈지니

  요즘 세상이 어떤 세상인가. 왼손으로 가위질을 해도 연필을 잡아도 이제는 무조건 '안 돼'라고 꾸짖는 부모는 별로 없다. 개성을 존중하는 세상이다. 왼손잡이가 많은 사회가 뭐 그리 대단할까마는 이전보다 훨씬 선택의 폭이 넓어지고, 다양성이 인정받는 사회가 되었다는 증거다. 개성 강한 부하 직원들의 마음속에는 단단한 자기만의 세상이 있다. 이런 부하 직원들에게는 단단한 구조 속에 부드러운 외양을 겸비한 샹볼 뮈지니가 제격이라 권하는 바이다. 이 와인은 부르고뉴 마을에서 생산하는 와인으로 같은 이름으로 여러 생산자들이 만들어 낸다. 그러므로 무엇보다도 먼저 그 생산자가 누구인지 살펴야 좋은 샹볼 뮈지니를 고를 수 있다.

디종 거리의 깃발들(오른쪽)
쉴 새 없이 밀려드는 관광객들, 여기는
디종의 중심가(아래)

🍷 땅도 개성을 살려야 한다

《내셔널 지오그래픽》에 단골로 등장하는 동물학자들은 자식처럼 동물들을 대한다. 그들은 애정 어린 시선으로 녀석들을 바라보며 품어 주기도 하고 쓰다듬기도 하는 등 그 사랑이 여간 살갑지 않다. 와인 세계에서도 이런 이들이 있는데, 특히 부르고뉴에 많다. 그들은 하루 종일 칸칸이 나뉜 조그만 구역의 포도밭에서 나무들을 돌보아도 지칠 줄 모른다. 빈티지가 좋지 않으면 더 노력해야 한다. 그렇지 않으면 애써 재배한 와인의 맛이 예의 집중성을 잃은 묽은 맛을 낼 수도 있기 때문이다.

부르고뉴의 화이트 와인은 거의 샤르도네로만 만든다. 레드 와인은 거의 피노 누와로만 만든다. 한 가지 품종으로 와인을 만드니 단순한 것 같지만 그렇지가 않다. 얼핏 보면 다 같아 보이는 피노 누와 샤르도네의 밭이건만 한 구역만 벗어나도 표토의 성분이나 깊이가 달라져 와인에도 그 영향이 있다. 이렇게 복잡하기 때문에 땅의 개성을 잘 살펴 재배해야 하고, 동일한 품종이라도 곳에 따라 맛이 다른 와인이 빚어진다. 양조 업자들의 간절한 바람은 구역마다 포도들이 그 밭의 특질을 고스란히 뿜어내는 것이다. 동물학자들이 갖가지의 동물들이 제 본성대로 성장하기를 바라는 것처럼 말이다.

🍷 벨벳 장갑 속의 철 주먹

부르고뉴의 샹볼 뮈지니 마을 서쪽에는 해발 300미터에 이르는 완만한 산이 있고, 이 방향으로 4~7도 정도의 오르막이 능선을 이

조르쥬 루미에 양조장(왼쪽)
오크 통 숙성고에 선
크리스토프(오른쪽)

루고 있다. 이곳에 포도밭이 있다. 화려한 향기와 부드러운 감촉 그리고 미묘함이 가득 찬 와인으로 이름이 나 있는 곳이다. 애호가들은 "벨벳 장갑 속의 철 주먹"이라고 평하기도 한다. 샹볼 뮈지니가 비싼 가격으로 연결되는 것도 무리가 아니다. 이 마을 뒤편에서부터 산으로 이어지는 언덕에는 기라성 같은 포도밭들이 즐비하다.

이 마을에서 4대째 와인을 담그는 양조장 조르쥬 루미에(G. Roumier)를 찾아갔다. 현재는 조르쥬의 손자 크리스토프(Christophe)가 이곳 책임자다. 그는 셀러로 나를 안내하며 앞장섰다. 부르고뉴에선 보르도의 웅장한 규모의 지하 셀러를 기대해선 안 된다. 거대한 기둥으로 마련된 강당 같은 공간을 기대할 수도 없다. 소규모의 가족 경영 체제인 이곳은 아담한 크기의 셀러가 보통이다. 그는 2006년 빈티지는 2005년에 비해서 힘들었지만, 포도밭에서 더 많이 일을 해서 결과에 만족한다며 말문을 열었다.

빈티지가 좋으면 자연 스스로가 완벽한 포도를 농부에게 선사한다. 빈티지가 덜 좋다는 얘기는 완벽한 포도를 잉태하기 위해 농부의 노동이 더 요구된다는 것이다. 일조량을 높이기 위해 잎사귀를 돌리거나 잘라내야 하고, 포도 알의 농익음을 위해 덜 만족스런 송이를 제거해야 한다. 그러기 위해서는 더 부지런히 밭을 뛰어다녀야 한다. 그래야 빈티지가 좋을 때만큼의 품질을 보장할 수 있다. 하지만 수확량이 주는 것은 감수해야 한다.

🍷 체리로 가득 찬 스트레이트 펀치

부르고뉴의 모든 토지는 프랑스 혁명 이전까지는 교회 혹은 왕실 소유였다. 혁명 이후에는 시민들에게 불하되었다. 넓은 포도밭은 시민들이 구입 가능할 정도의 소규모 단위로 나뉘어졌다. "내 사전에 불가능이란 없다"고 말한 나폴레옹은 파격적인 상속법을 법전에 새겼는데, 그로 인해 모든 자녀는 공평하게 토지를 상속 받을 수 있었다. 이 과정에서 포도밭은 다시 한 번 잘게 쪼개졌다. 그리하여 오늘날 부르고뉴의 포도밭은 여러 주인들이 분할 소유하는 형태를 띤다.

샹볼 뮈지니 마을도 예외가 아니다. 수십 종류의 특별한 이름을 가진 포도밭들이 있는데, 그중에서 연인이란 뜻을 가진 레 자뮈레즈(les Amoureuses)는 마을에서 최고는 아니지만 최고에 버금가는 좋은 밭이다. 조르쥬 루미에 양조장 소유의 면적을 따져 보면 사방 62미터 정도밖에 되지 않는 아주 작은 포도밭이다. 이곳에서 2005년에 오크 통(228리터 들이, 약 300병 용량) 여섯 개 반을 채웠고 2006년에는 겨우 네 개를 채웠다. 병으로 따져 보면 2005년에는

샹볼 뮈지니 마을의 최고 포도밭 뮈지니

매그넘 크기의 1966 레 자뮤레즈

2000병, 2006년에는 1200병을 생산했다. 포도 수확량이 적으니 와인도 귀하다. 시음을 하고 남은 와인도 버리기가 아까워 다시 통 속에 집어넣는 일도 있다. 이런 모습은 부르고뉴에서 흔하다.

2005년 레 자뮤레즈는 확실한 맛을 느낄 수 있다. 마치 체리로 꽉 찬 스트레이트 펀치를 맞는 기분이다. 부르고뉴의 훌륭한 빈티지가 선사하는 약한 듯하나 형태가 일그러지지 않는 피네스를 실감하게 한다. 부드러운 질감 속에 탱탱하게 당겨진 가녀린 실의 긴장감이라고 할까. 아침에 개봉했다는 말을 듣고 의아해 하는 나를 보고 크리스토프는 15년 이상 숙성할 것이라며 웃는다. 아직 오크 통 속에 있는 2006년 레 자뮤레즈는 통 속의 영향을 받아 감미로운 초콜릿과 바닐라를 풍성하게 보여준다. 평소 오크의 화려한 향을 썩 내켜 하진 않았지만 이번에는 좀 다르다. 체리와 장미가 버무러진 과일의 향연을 마음껏 즐기고 있다.

샹볼 뮈지니 레 자뮤레즈의 질감은 단단한 속이 부드러운 껍질 안에 들어있는 것 같다. 잠재력은 우수하지만 아직 경험이 부족한 부하 직원들의 능력과도 흡사하다. 이들의 사기를 북돋워주고 싶은가. 그렇다면 이 와인을 적극 추천한다. 제대로 지도 받고 동기 부여만 되면 그들은 아주 오랫동안 개성을 발휘하며 조직에 크게 기여할 것이다.

와인 名家

체르바이오나,
비행사가 일군 명가를 찾다

와인을 잘 만들려면 와인을 전공해야 할까? 꼭 그렇지는 않다. 양조장 주인의 전직을 살펴보면 와인 양조가 전공자들의 전유물이 아님을 확인할 수 있다. 세계를 누비며 화려한 직장 생활을 하던 이들 가운데 촌사람 중에 촌사람으로 변모해 30년 넘게 와인 양조에만 매진한 사람도 있다. 무쇠도 녹일 것 같은 토스카나 태양도 그의 열정은 녹이지 못했다.

🍷 30년 열정이 빚은 이탈리아 최고의 명품

전직 비행사 디에고 몰리나리(Diego Molinari). 그의 아내도 승무원이었다. 그는 연금을 받을 수 있는 25년을 채우자마자 미련 없이 조종석을 박차고 포도밭으로 달려갔다. 그의 나이 45세 때 일이

안개 자욱한 날에 몬탈치노에서 바라본 토스카나 풍경

   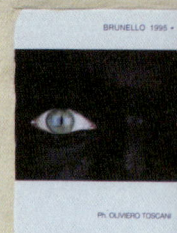
 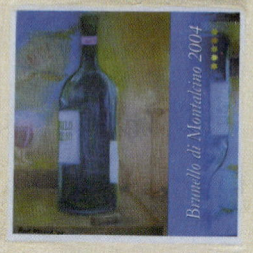  

몬탈치노 중심가 벽면에 설치된 타일들. 매년 브루넬로 디 몬탈치노에 공이 큰 예술가를 선정하고, 그의 작품 이미지를 기념한다. 작품마다 해당 연도의 빈티지 수준을 별 다섯 개 만점으로 표시한다. 예를 들어 2004년은 별 다섯이다.

다. 유니폼 대신 작업복을 입고, 비행장 대신 포도밭에 착륙했다. 전 세계를 비행하며 여러 문화를 체험한 그는 지역성이 녹아 있는 와인의 참맛을 깨닫자 직접 와인이 담그고 싶어졌다. 알리탈리아 항공의 반복되는 파업과 긴 비행 시간에 염증을 느낄 때 도착지에서 맛보는 와인으로 시름을 달랬던 것이 계기가 됐다. 비전공자인 그가 만든 와인은 과연 어떨까? 토스카나의 몬탈치노에 있는 그의 체르바이오나(Cerbaiona) 양조장으로 가 보자. 놀랍게도 그곳에서 만든 브루넬로 디 몬탈치노 2001년산이 이탈리아 와인잡지 《감베로 로쏘》가 수여하는 2007 최우수 레드 와인에 선정됐다. 도대체 어떤 와인이기에 그런 영예를 안았을까?

전통주의자들은 이탈리아의 개성, 즉 전형성(tipicita) 구현이 가장 중요하다고 여긴다. 와인은 포도즙으로 만드는 것이라서 포도 맛이 나야지 오크 통에서 우러난 나무 맛이 나선 안 된다는 것이다.

전형성이란 마땅히 나야 할 제맛을 내는 성질이다. 체르바이오나는 나무 맛이 별로 나지 않는다. 나무 맛이 많이 배는 작은 오크 통 대신 대형 오크 통을 쓰기 때문이다. 이는 매우 전통적인 숙성 방식이다. 부부가 만든 와인이 처음 세상에 알려진 것은 1983년 빈티지였다. 양조장의 두 번째 품질 와인인 '로쏘'(Rosso, 레드라는 뜻)를 맛본 기자에 의해서다. 그 기자는 "로쏘는 브루넬로 양조장의 세컨드 와인이지만, 맛은 세컨드 같지 않다. 셰리(Sherry)나 브랜디처럼 맛이 좋고 호두 향이 나며 고소하다"고 썼다. 이를 계기로 체르바이오나가 주변에 알려지기 시작했는데, 부부는 그것이 오늘날 체르바이오나가 몬탈치노에서 손꼽히는 양조장이 되는 발판이 됐다고 고백했다.

🍷 포도밭에 착륙한 스튜어디스와 비행사

부인인 노라(Nora)는 초창기 시절을 얘기하면서 눈이 반짝거린다. 추억을 곱씹는 듯했다. 그녀는 화려한 외모의 전직 스튜어디스였다. 원래 사려던 몬테풀치아노의 큰 농장을 간발의 차로 놓치고 운 좋게 몬탈치노의 밭을 구입했다고 한다. 당시에는 자동차도 거의 없었고, 집에 난방도 안되던 시절이라 고생을 무척 했었다고 한다. 겨울에는 양말 신고, 장갑 끼고 모자까지 써도 추위가 가시질 않아 잠을 청하기가 여간 힘든 게 아니었다고 한다. 긴 손가락을 보니 왕년에는 멋진 액세서리로 멋을 부렸을 것 같은데, 아니나 다를까 꾸미기를 좋아했다며 옛일을 회상한다. 하지만 몬탈치노에 와서 브루넬로를 양조하면서 인생이 완전히 달라졌단다. 메르세데스를

체르바이오나 농장의 올리브와 어린 포도나무들

버리고 소가 끄는 수레를 타고 다니며, 좁은 양조 통에 들어가서 등골이 휠 정도로 일일이 손으로 문질러 가며 일을 했었다고 한다. 과거를 아름답게 기억하고 있는 그녀의 눈빛과 몸짓에서 추억의 소중함이 물씬 풍겼다. 남편 못지않게 그녀도 역시 정열을 다해 일한다.

체르바이오나는 자그마한 밭이다. 밭이 작으니 세심하게 보살필 수 있다. 브루넬로는 겨우 1.7헥타르(사방 130미터 크기로 평균 8000병을 생산하고, 최고가 품질을 만드는 로마네 콩티보다 작은 규모다)만 키우고 있고 그 옆에서 그보다 더 작은 규모로 카베르네 소비뇽, 메를로, 시라 등을 심어 놓았다. 브루넬로는 출시하기까지 4년 정도 걸리기 때문에 숙성 기간이 덜 걸리는 로쏘는 양조장 운영을 위해 중요한 수입원이 된다. 로쏘의 맛을 강화하기 위해서는 보통 프랑스 품종을 혼합한다.

디에고 몰리나리는 정말 속을 알 수 없는 인물이다. 하지만 뜨거운 열정의 소유자인 것만은 분명하다. 조종사를 그만둔 건 그렇다 치고, 양조 책임자 하나 두지 않고 혼자서 와인을 만들고 있다는 것이 놀랍다.

브루넬로

그는 그냥 책을 읽고 모르는 것은 물어보아 가며 익혔다고 한다. 성공한 와이너리이지만 그는 확장엔 전혀 관심이 없다. 자신이 일할 수 있는 만큼만 경작하려 한다. 그는 배양 효모도 쓰지 않고 필터링(filtering, 와인 부유물을 제거하기 위해 여과하는 작업)과 파이닝(fining, 계란 흰자를 사용하여 와인을 세정하는 작업)도 하지 않는다. 물론 이 지역에서 인기가 좋은 프랑스산 바리끄(225리터들이)도 쓰지 않는다. 숙성은 20헥토 리터 즉 2천 리터 들이 전통 오크 통으로 한다. 삼십 년부터 만들어온 그만의 방식에서 전혀 변화하지 않았다. 오직 자신의 개성이 담긴 와인을 만들려고 할 뿐이다.

🍷 다시 태어나도 와인술사가 되겠는가?

1977년 몬탈치노에 정착한 부부가 처음으로 세상에 내놓은 브루넬로는 1981년 빈티지다. 꼭 20년 만에 그의 와인은 이 지역 최고, 아니 이탈리아에서도 최고의 와인이 됐다. 2001년 빈티지는 브루

위풍당당한 몬탈치노 성

체르바이오나 포도밭에 착륙한 노라와 디에고

넬로의 매력을 다 갖추었다. 짙은 빛깔, 감초 향기, 담배 내음 그리고 여러 겹에 쌓인 풍성한 질감, 힘찬 타닌, 긴 여운 등이 특징이다. 2001년 브루넬로는 미국 와인 잡지 《와인스펙테이터》가 높이 평가 하자마자 금세 품절된 것으로도 유명하다.

지난 세월 동안 전심전력을 다해 온 부부에게 "다시

태어나도 와인을 택하겠느냐?"고 물었다. '와인은 나의 숙명'이라는 대답이 나올 것이라 예상했는데 기대와 달리 그들은 손사래를 친다. 좀 당황스러워 그들의 표정을 살피니 얼굴에 웃음이 가득하다. 와인 양조의 길이 그만큼 힘들면서도 큰 즐거움을 준다는 뜻 아닐까? 와인에 얽힌 인생의 희로애락을 추억하면서 부부는 그렇게 '숙성'해 가고 있다.

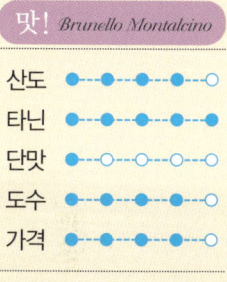

맛! *Brunello Montalcino*

산도
타닌
단맛
도수
가격

다른 듯 같은 매력

와인명	안젤리니 발디수가
구분	레드
맛	드라이
주품종	브루넬로
원산지	로쏘 디 몬탈치노
국가	이탈리아
소비자가격	7만 원대

산도: 적음—많음
타닌: 적음—많음

와인명	퀘르치아벨라
구분	레드
맛	드라이
주품종	산지오베제
원산지	키안티 클라시코
국가	이탈리아
소비자가격	6만 원대

산도: 적음—많음
타닌: 적음—많음

개성 있는 맛을 찾는 모험가들에게
몬테벨로

　전 국토가 포도밭이라는 평가를 받는 이탈리아 와인의 장점이자 단점은 너무 개성이 강해 그 끝 간 데를 도대체 모르겠다는 것이다. 이와는 달리 미국 와인은 천편일률적이고 맛이 기계적이라는 평가를 받고 있다. 오대양 육대주에서 생산되는 수많은 와인 산지 중에서 와인 맛의 획일화라는 전대미문의 오명을 듣는 미국 와인 중에는 사실 개성 강한 와인들이 있다. 포도나무가 박혀 있고, 양조가의 발바닥이 닿은 그 땅의 맛을 고스란히 담아낸 개성 있는 와인 말이다. 이른바 테루아 중심의 와인을 찾아다니는 맛의 모험가들은 몬테벨로를 알고 있다.

🍷 더도 말고 덜도 말고 캘리포니아만 같아라

캘리포니아의 몬테벨로(Monte Bello)는 최고급 반열에 오른 와인이다. 2006년에는 30년 이상 숙성된 와인들의 품평회에서 수위를 차지하기도 했다. 1971년 빈티지가 종합 평가에서 1위를 차지한 것이다. 와인의 매력은 단연 장기 숙성에 있다. 숙성력에 관해서 둘째가라면 서러워할 유서 깊은 보르도를 물리치고, 캘리포니아 출신이 수상했다는 사실은 대단한 사건이며 신기하기까지 하다.

캘리포니아가 어떤 와인인가? 거대한 자본으로 무장하여 콜라 만들 듯 뚝딱 만들어 내는 대량 생산의 메카가 아니던가? 일상 와인의 양산으로 이름난 업계에 이런 대단한 숙성력의 와인이 있을 거라고 누가 생각이나 했겠는가? 각종 품평회에서 수위를 차지하는 캘리포니아에 대한 이미지가 변하고 있다. 앞으로는 '더도 말고 덜도 말고 캘리포니아만 같아라'란 말이 생길지도 모르겠다.

몬테벨로의 비밀은 포도밭과 와인 메이커의 양조 철학에 숨어 있다. 포도밭은 790미터에 이르는 산의 경사면에 자리해 있다. 꼭대기에서 내려다보면 거미줄처럼 뻗은 실리콘 밸리의 도로망이 한눈에 보이고 반대쪽으로 고개를 돌리면 대서양이 펼쳐져 있다. 서늘한 산의 미세 기후와 시원한 대서양 바람이 카베르네 소비뇽과 메를로 등을 키워 낸다. 강렬한 햇빛으로 지나칠 정도로 과도하게 익히는 주변의 양조장과는 달리, 이곳에서는 포도를 서서히 익힐 수 있어 좋다. 서늘한 저녁에 포도가 천천히 식어가며 익기 때문에 당분과 함께 산미가 충분히 확보된다. 그러나 아무리 좋은 기후와 풍토를 가졌다 해도 그걸 이용하지 못하면 소용없는 법이다. 와인 메이커 폴 드레이퍼는 땅의 특징을 잘 반영하는 자연스러운 와인 양

산등성이에 조성된 몬테벨로 포도밭

조를 신조로 삼은 사람이다.

그는 양조할 때 한 가지만 생각한다. 바로 그것은 강한 숙성력의 와인이다. 오랫동안 마실 수 있는 와인 말이다. 그는 맛과 향은 토양을 그대로 재현하는 자연스러움을 유지해야 하고, 와인은 오랫동안 숙성할 수 있도록 튼튼한 구조를 가져야 한다는 소신을 줄기차게 밀어붙여 무명지였던 산타 크루즈를 명산지 반열에 올려 놓았다. 그는 1962년 빈티지의 몬테벨로를 맛보고는 이것이야말로 진정한 와인이라고 느꼈다. 마음속으로 이런 와인을 만들고 싶다고 되뇌이고 있는데 일해 보라는 제의를 받고 1969년부터 양조 책임자를 맡고 있다. 현재 양조장 지하 셀러에는 1962년 와인이 고작 몇 병밖에 남지 않았지만, 그는 오로지 그 빈티지를 벤치마크할 것이라고 굳게 다짐했다.

🍷 서부 개척자 정신

그는 미국 서부를 개척하던 선조들처럼 와인 분야를 개척했다. 아무도 가지 않은 길을 가는 것이다. 그가 릿지 빈야드(Ridge Vineyards)에서 일하던 초창기에는 대부분의 양조장들은 여러 곳의 포도를 혼합하여 와인을 만들었다. 포도가 좋기만 하면 그것이 나파 밸리이든지 소노마 밸리이든 아니면 남부 해안가에서 나는 것이든 모조리 구입하여 혼합했다. 그저 완숙된 포도를 골라서 흠결 없이 양조하는 것이 그들의 목표였던 것이다. 여러 곳의 포도 알을 섞다 보니 포도밭의 특성이 잘 드러나지 않았다. 반면 그는 단일 포도밭에 힘을 쏟았다. 산타 크루즈의 테루아를 표현하려고 애를 썼

서울을 방문한 폴 드레이퍼

다. 다른 곳의 포도가 아무리 좋아도 달려가지 않았다. 오직 몬테벨로 구역 내의 포도만을 가지고 씨름했다. 그는 능선의 입구, 중턱, 정상 부근의 토양을 잘 이해하고 있으며, 각각의 특성대로 시기를 달리하여 수확한다.

그는 오크 통을 고를 때에도 남다르다. 주변의 양조장은 보통 프랑스산을 쓰거나 거친 미국산을 그대로 쓴다. 하지만 그에게는 미국 와인을 만드는데 당연히 오크 통도 미국산이어야 한다는 신조가 있다. 오크 통의 제작 공정에도 적극적으로 참여한다. 미국산 오크의 구조는 프랑스산과는 다르다. 표면이 더 거칠고 수액도 더 많다. 이런 통 속에서 와인을 숙성하면 그 성분들이 와인의 고유한 맛을 가리기 때문에 수액을 공기로 말려야 한다고 믿는다. 그래서 릿지 빈야드에서는 오크 통을 건조시켜 사용한다. 수액으로 인한 영향을 최소화하는 것이다.

🍷 오래 묵을수록 깊어지는 맛과 향

세간에는 몬테벨로의 비법이 보르도의 최고 와인 샤토 라투르에서 전수 받은 결과라고들 한다. 그래서 난 직접 그에게 거기서 무엇을 배웠느냐고 질문해 보았으나 대답은 의외였다.

"사실 나는 라투르와 전혀 관계가 없답니다. 그저 여행 중에 방문하여 양조장을 한번 살펴보기만 했을 뿐이죠. 내가 거기서 일을 했다느니 혹은 어떤 도움을 받았다느니 하는 말은 다 소문일 뿐입니다. 그건 아마도 오래 전 어느 미국 저널리스트가 몬테벨로를 맛본 후에 라투르를 연상케 하는 좋은 와인이라고 평한 사실이 와전된 결과일 겁니다."

아직도 가끔 언론에서는 몬테벨로와 라투르를 애써 엮어보려고 하지만 아무런 연관이 없음이 밝혀졌다. 다만 둘 사이에 공통점이 있다면 둘 다 오래 묵을수록 맛과 향이 깊어진다는 것이다.

몬테벨로의 맛에는 나파 밸리의 일반적인 향 즉 육감적인 바닐라 향이 풍기지 않는다. 대신 절제된 바닐라 향기 속에 살아 있는 포도 맛이 느껴져 맛이 자연스럽다. 부드러운 포도즙이 단단한 와인이 되는 것이다. 이런 단단함은 산도, 알코올, 타닌, 과일 맛의 조화를 통해 시간이 갈수록 향내가 나는 귀한 와인이 된다. 고급 와인 생산의 역사가 일천한 캘리포니아에도 묵을수록 깊은 맛이 나는 와인이 있다는 사실이 흥미롭다.

와인의 세계는 넓고 다양하고 또한 와인 메이커의 양조 철학은 중요하다는 사실을 새삼 깨닫는다. 보르도의 단단한 맛과 그윽한 부케는 보르도 밖에서도 얼마든지 찾을 수 있게 되었다. 아직도 보르도만을 고집한다면 와인 세계의 지고한 가치 즉 다양성을 잃게 된다. 보르도 밖에서 보르도를 만나고자 하면 몬테벨로를 권한다. 모험을 찾아 떠나는 것처럼 대범하게 다양성의 바다로 떠나보자.

[All That Wine]

몬테벨로 시음 후기

1990 _ 디캔팅을 한 후에 잔에 옮겨 따랐다. 코를 대보니 묵은 시간의 향내가 올라온다. 먼지 냄새다. 흙먼지 뉘앙스를 풍기는데 재채기는 나지 않는다. 전형적인 카베르네 소비뇽의 부케 즉 블랙 커런트 내음이 난다. 생나무의 향기도 있다. 삼키는 순간 타닌의 윤곽이 제대로 잡힌다. 깔끔한 뒷맛이 좋고 균형감이 느껴진다. 라투르보다는 차라리 라피트가 연상되는 순간이다. 약간 부드럽기는 했지만 아직 모난 듯한 타닌이 다 녹아 없어질 때까지 와인은 익어갈 것이다. 10점 만점에 9점.

1999 _ 간결하고도 차분한 질감과 부드러운 타닌이 인상적이며 입안에서 제법 여운이 길게 남는다. 10점 만점에 8.5점.

2000 _ 농익은 붉은 과일의 향기, 풍부한 질감과 뚜렷한 타닌의 감촉. 여운도 길며 아직 한참을 더 숙성할 수 있을 것 같다. 10점 만점에 9점.

님을 위한 행진곡
페르카를로

헌정이란 바친다는 뜻이다. 곡을 지어 바치면 헌정곡, 시를 지어 바치면 헌정시가 된다. 음악이나 문학 혹은 미술 분야에는 이러한 헌정을 위한 작품들이 많다. 비발디의 사계는 원래 보헤미아 모르친 백작에게 헌정된 바이올린 협주곡이다. 와인 중에도 헌정 와인이 있다. 와인 생산자가 특별히 기념할 인물이나 조상을 위해 와인을 헌정하는 것이다.

🍷 가장 이탈리아적인, 가장 세계적인

이탈리아 와인 중에는 페르카를로(Percarlo)가 있다. '카를로를

산 주스토 아 렌텐나노 양조장에 달린 13세기 성곽

위하여'라는 뜻이다. 토스카나 지방 키얀티 클라시코 지역에 있는 포도원 산 주스토 아 렌텐나노의 레드 와인이다. 페르카를로를 마시면 누구나 다 반한다. 와인을 마신 후 설명을 들으면 또 한 번 놀란다. 이탈리아 와인이란 말에 한 번 놀라고, 산지오베제 100퍼센트로 양조했다는 말에 또 놀란다. 이탈리아 와인도 이렇게 훌륭하고 산지오베제로도 이런 좋은 와인이 만들어진다는 것에 놀라는 것이다. 1981년에 세상을 떠난 카를로는 포도원 가족의 먼 친척이었다. 카를로는 산지오베제로 만든 와인의 우수성을 확신하는 사람이었다. 양조장을 대표하는 루카는 와인 양조의 웅대한 포부를 카를로를 통해 배웠다. 그래서 양조장을 대표하는 와인으로 포도원 설립에 지대한 영향을 끼친 카를로를 채택했다. 그를 기념하는 와인, 그에게 헌정한 와인이 바로 페르카를로인 것이다. 페르카를로 2001년

산 주스토 아 렌텐나노 양조장의 검박한 모습

루카와 그의 누이 엘리자베타

산은 투명성이 언뜻언뜻 엿보이는 붉은 루비 빛깔을 지녔다. 페르카를로가 사랑 받는 이유는 순수함에 있다. 토스카나의 테루아를 고스란히 반영한 점이 그렇고, 토속 품종 산지오베제를 쓴 점이 그렇다. 양조 과정에서 양조자의 역할을 최대한 줄인 점 또한 그렇다. 맛과 향에서 현대적 취향인 화려함은 없지만 정결함과 경쾌함이 넘친다. 간결하지만 응축됐고 상당한 집중성을 가졌다. 이탈리아 땅에서 이탈리아 포도로 빚어낸 와인 중에서 단연 그 토속성이 돋보이는 와인이다.

1983년에 등장한 와인 회사 산 주스토 아 렌텐나노의 대표 와인 페르카를로는 가장 한국적인 것이 가장 세계적이란 말처럼 애호가들이 매년 그 출시를 손꼽아 기다리는 가장 이탈리아적인 그리고 가장 세계적인 와인이다.

🍷 할아버지와 손자 빈첸초

키얀티 클라시코 지역에 있는 포도원 카사로스테(Casaloste) 역시 헌정 와인이 있다. 돈 빈첸초(Don VincEnzo), '빈첸초 님이란 뜻이다'. 빈첸초는 카사로스테 창건에 결정적인 도움을 준 사람이다. 나폴리 출신의 바티스타 도로시 부부는 부친 빈첸초의 후원을 얻어 키얀티 클라시코 지역에 포도원을 마련하였다. 일반 키얀티 클라시코 보다 더 오랜 숙성을 요하는 리세르바를 1995년에 만들어 냈고 그 이름을 아버지 이름으로 정했다.

바티스타 도로시 부부의 노력은 2001년 돈 빈첸초부터 빛나기 시작했다. 이탈리아에서 가장 권위 있는 《감베로 로소》의 와인 평가에서 돈 빈첸초 2001년 빈티지가 '트레 비케리'를 받았다. 트레 비케리는 글라스 세 개라는 뜻으로 최고의 와인에게 주는 상이다.

돈 빈첸초의 라벨에는 할아버지와 손자의 옆 얼굴이 있고 그 사이에 포도원 주인 죠반니 바티스타 도로시의 사인이 있다. 할아버지의 뜻을 아들이 잘 받들고, 그 뜻을 손자가 잘 이어가겠다는 다짐이다. 재미난 것은 할아버지와 손자의 이름이 둘 다 빈첸초로 같다

돈 빈첸초

는 것이다. 레이블에는 빈첸초에 있는 철자 E가 대문자로 쓰여 있다. 가족끼리는 할아버지는 엔조, 손자를 빈체라고 불러 구별했다고 한다.

🍷 헌정 와인 바론 시리즈

프랑스에도 헌정 와인이 많다. 보르도의 샤토 무통 로쉴드를 소유하고 있는 와인 회사는 여러 종류의 헌정 와인을 선보이고 있다. 로쉴드는 영어식 발음으로 로스차일드이다. 로쉴드는 프랑크푸르트 유태인 정착촌 게토 출신의 마이어 암셀 로쉴드의 5형제로 시작하여 성장한 유럽을 대표하는 가문이다. 샤토 무통 로쉴드의 오너인 필리핀 로쉴드 여남작이 이러한 조상의 유업을 받들고 기리기 위해 헌정 와인 시리즈를 시작했다. 헌정 와인 이름 앞에 붙는 바론은 남작을 뜻한다. 남작은 세습되는 귀족의 작위 중 하나로 여자일 경우에는 바로네스 즉 여남작이라고 한다.

바론 칼(Baron Carl)은 생테밀리옹이 원산지인 와인이다. 오형제 중 넷째였던 칼에게 헌정하였다. 바론 칼은 헌정 인물 중에서 가장 시대가 앞선다. 그는 이탈리아 나폴리에 로쉴드 은행을 개척하였다. 생테밀리옹은 석회암 지대에 위치한 포도밭이다. 강 건너편에 있는 메독과는 달리 메를로와 카베르네 프랑이 많이 재배된다. 생테밀리옹은 텁텁하고 거칠기보다는 부드럽고 감미로운 느낌의 와인이다.

바론 앙리(Baron Henri)는 메독이 원산지인 와인이자 필리핀 여남작의 직계 할아버지이다. 그는 자선 사업가로 널리 알려졌으며 아들인 필립으로 하여금 파리의 피갈레 극장을 짓도록 독려하기도 했다. 메독은 지롱드 강 하류에 자리 잡아 상류에서 쓸려 내려온 자갈들이 많다. 이런 자갈들이 표토를 형성하여 배수가 뛰어나 포도 생장에 유리하다. 밤에는 자갈이 흡수한 열을 발산하여 포도를 익힐 시간이 충분하다.

바론 나타니엘(Baron Nathaniel)은 앙리의 할아버지이자 필리핀 여남작의 고조 할아버지이다. 그는 뛰어난 사업가였으며, 1853년에 샤토 무통 로쉴드를 매입한 사람이다. 바론 나타니엘 와인의 원산지는 포이약이다. 포이약의 보르도에서 가장 우수한 포도밭이 있는 마을이다. 카베르네 소비뇽과 메를로를 혼합하여 만드는 레드 와인으로 숙성력이 뛰어나다. 바론 나타니엘은 유서 깊은 샤토의 포도밭에서 나온 포도로 만든다. 그 포도는 1등급의 샤토 무통 로쉴드와 5등급의 샤토 달마이약, 샤토 클레르 미용 출신이다. 매년 새로운 라벨을 병에 붙이는 샤토 무통 로쉴드는 2003 빈티지에 바론 나타니엘의 초상화를 새겼다. 샤토 무통 로쉴드 구입 150주년을 기념하기 위한 것이다.

바론 샤를로트(Baron Charlotte)는 원산지가 그라브인 화이트 와인이다. 샤를로트는 나타니엘의 사촌 형수였으며, 수채화가로 유명하다. 그라브에서는 청포도 일종인 세미용과 소비뇽 블랑, 뮈스카델을 혼합하여 와인을 달지 않게 만든다.

🍷 님에 대한 오마주

이번에는 샤토 보카스텔이 있는 프랑스 남부로 가 보자. 론 강 유역에 길게 포진한 와인 산지가 있다. 이름하여 론 밸리. 샤토 보카스텔은 론 밸리 최고의 와인 생산자 중 하나이다. 보카스텔의 헌정 와인은 샤토뇌프 뒤 파프 오마쥬 아 자크 페랭(Hommage a Jacques Perrin)이다. 포도의 원산지는 샤토뇌프 뒤 파프이며, 포도는 그르나슈, 무브드르, 시라 등을 사용한다. 프랑스어 오마주는 존경이란 뜻으로 아버지 자크 패랭을 추모하는 뜻이다. 아버지의 헌신적인 열정을 기념하여 만든 헌정 와인은 빈티지가 훌륭할 때에만 양조하는 고품질 와인이다. 누구도 포도밭의 자연 환경에 관심을 두지 않았던 1950년대부터 자크 패랭은 유기농 재배를 주장해 왔다. 그는 토양 고유의 특성이 제대로 살아 있어야 좋은 와인이 된다고 믿었다. 보카스텔은 발효시 무수 아황산을 쓰지 않는 몇 안 되는 양조장이며, 자크 패랭은 1978년 세상을 떠나기 전까지 자연스러운 와인 양조의 기틀을 확립하였다.

샴페인 지역에도 헌정 와인들이 있다. 여러 품종의 포도즙을 섞어 만들어야 샴페인의 맛이 더 좋아진다는 사실을 깨달은 수도사를 기념한 동 페리뇽(Dom Perignon)은 세계 최대의 샴페인 회사 모에 샹동의 최고 브랜드이다. 한편 위대한 여성이란 뜻의 '라 그랑 담(La Grand Dame)'은 샴페인 회사 뵈브 클리코 퐁사르댕의 최고 브랜드이다. 이 회사의 오너였던 클리코 퐁사르댕은 샴페인 양조 과정에서 필수적인 찌꺼기 제조 분야에서 획기적인 개선책을 마련하였다. 그리하여 그녀의 탁월한 업적을 기려 라 그랑 담이 만들어졌다.

한편 미국에는 사람이 아니라 포도 품종에 대한 헌정 와인이 있다. 캘리포니아 와인 생산자 클로 페가스는 카베르네 소비뇽과 샤르도네 품종을 위한 헌정 와인 '하미지(Homage)'를 양조한다. 하미지는 오마주의 영어식 표현이다.

  그리움이 사무쳐 만들어 낸 헌정 와인 속에 묻혀 있는 뜻을 새기면 그리워하는 이의 마음을 느낄 수 있다. 그러면 그 맛이 한층 더 따스하게 전해진다. "사랑도 명예도 이름도 남김없이~" 자유를 절여 만든 〈님을 위한 행진곡〉을 들으면서 잔 속에 녹아 있는 지나간 시대의 아로마를 추억한다.

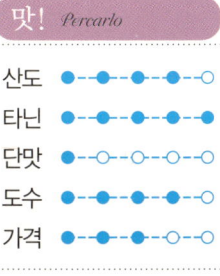

맛! *Percarlo*

산도
타닌
단맛
도수
가격

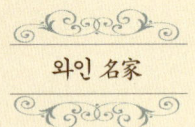
와인 名家

캘리포니아,
개성을 찾아 명품 반열에 오르다

Montelena

    영화 〈미션〉에 나오는 '가브리엘의 오보에'를 들으면 더욱 그렇다. 가슴과 머리가 동시에 얼어붙어 한동안 꼼짝할 수가 없다. 마치 정신 구조가 무장 해제되는 것 같다. 그 곡을 연주한 선교사들의 동료들이 미국 서부를 걸으며 성경과 함께 전파한 것이 있는데 바로 포도 재배법이 그것이다. 그들은 미션이라는 품종을 널리 보급하였는데, 이유는 다산 품종인 미션으로 미사에 쓸 와인을 장만하기 위해서였다. 오늘날 프랑스 품종이 주종을 이루는 캘리포니아의 현실과는 완전히 다른 옛날 이야기이다.

🍷 꿈을 찾아 캘리포니아로

    1848년 골드러시로 각처에서 몰려든 이민자들 중에 헝가리 출신들이 소노마 밸리에서 비티스 비니페라(유럽산 양조용 포도의 학명)를 가꾼 것이 캘리포니아 와인 산업의 시초라고 알려져 있다. 유럽 사람들에 의해 세워진 미국은 조상이 살았던 유럽의 문화가 자연스럽게 주류 문화가 됐다. 개척지에 조성된 포도밭이라 유럽처럼 전통이나 토양 분석에 관한 역사책도 전혀 없다. 성찬식 거행과 고향에 대한 추억, 성공에 대한 자기 만족으로 와인은 미국 사회에 뿌리를 내리기 시작했다. 하지만 1919년부터 11년간 지속된 금주법으로 와인 산업의 성장이 주춤하기도 했다. 그러나 이후 점차 회복되어 오늘날 미국의 와인 산업은 생산량이나 소비량 기준으로 세계에서 손가락 안에 드는 기염을 토한다. 미국 와인 생산의 90퍼센트를 담당하는 캘리포니아 와인은 오늘날 미국 와인의 대명사라고 할 수 있다.

영화 〈어느 멋진 순간〉을 보면 캘리포니아 와인이 와인 세계에서 어떤 평가를 받고 있는지 알 수 있는 대목이 있다. 어찌 보면 그건 프랑스 사람의 평가에 불과하지만 사실 많은 지지를 얻고 있다. 촌부의 모습을 한 프로방스 양조장 관리인과는 달리 캘리포니아 양조장에서도 일했다는 미국의 서부 출신 처녀는 멋진 몸매와 세련된 행동으로 포장이 되어 있다. 감독은 영화 곳곳에 캘리포니아 와인에 대한 자신의 입장을 숨겨 놓았다. 예를 들면 처녀가 한번도 보지 못한 아버지를 만나러 프로방스까지 찾아간다는 설정은 와인의 본향인 유럽으로부터 명실상부한 적자임을 확인 받으려는 캘리포니아 와인 산업의 기대를 의미한다. 또한 자연 풍광이 아름다운 프로방스의 태양 아래 옷을 훌훌 벗어 버리고 태연히 일광욕을 하는 처녀의 모습도 흥미롭다. 그녀는 일광욕을 너무 오래한 나머지 결국 등에 화상을 입게 되는데, 감독은 여기서 포도가 너무 익어 본연의

나파 밸리의 풍경 / 사진 제공 나라식품

맛을 잃어 가고 있는 캘리포니아 와인의 스타일을 지적하고 있다.

🍷 파리의 대심판

캘리포니아 와인의 장래는 우울하지 않다. 많은 사람들은 미국 와인의 획일성을 탓한다. 오크 맛이 강하고, 포도즙을 너무 많이 추출하며, 수확 시기를 고의로 늦추어 알코올 도수가 높아져 맛이 강하고 과할 정도로 진한 와인이라며 한탄스러워 한다. 이러한 시각은 1976년, 그리고 정확히 30년 후인 2006년에 사정없이 깨졌다. 이른바 '파리의 대심판'이다. 파리에서 블라인드 테이스팅을 해서 캘리포니아의 기상이 프랑스의 아집을 흠씬 두들겨 팬 사건이다.

형편없는 줄로만 알았던 캘리포니아에도 개성 있는 고품질의 와인이 탄생한 것이다.

〈와인미러클, 2008〉은 이 에피소드를 영화화한 것이다. 이 영화의 주인공은 나파 밸리에 위치한 샤토 몬텔레나이다. 인근에 솟은 마운트 헬레나 즉 헬레나 산의 이름을 따 몬텔레나로 지은 것이다. 특히 고품질 샤르도네를 생산하는 이 양조장 주인은 영화에서 포도밭의 최고의 비료는 바로 주인의 발품이라며, 부지런히 포도나무를 돌보는 것이 와인의 품질을 높이는 일이라고 주장한다. 영화의 시대적 배경이 1976년인데, 포도밭 주인의 이런 철학은 현대 와인세계에서도 지고의 가치로 인정된다.

영화 〈인디펜던스 데이〉에서 대통령으로 출연하여 지구를 구하던 주인공이 이번에는 무거운 빚에 허덕이는 양조장을 구해냈다. 오직 품질 향상에만 역점을 둔 주인공은 최고급 화이트 와인을 양산하는 데 성공한다. 1973년 빈티지 샤토 몬텔레나는 1976년 시음회에서 화이트 부문 1위를 차지한다. 주인공은 드디어 꿈을 이루었다. 누구나 꿈을 꾸지만 그 꿈을 이루긴 어렵다. 샤토 몬텔레나는 화이트 와인 최고의 꿈을 실현하였다.

🍷 꿈을 이룬 승리자들

캘리포니아는 태평양 연안에 자리 잡은 해양성 기후 덕분에 온화하고 따뜻하다. 여기서 자라는 포도나무는 포도가 익을 충분한 일조량을 확보하고 있다. 와인의 메카인 대서양 연안의 보르도와 유사한 조건에 놓인 캘리포니아는 보르도 스타일의 와인으로 명성을 얻고 있다. 즉 카베르네 소비뇽과 메를로 등을 혼합하여 만드는 방식이다. 육식을 주로 하는 미국인들에게 무난한 와인이라 할 만하다.

캘리포니아는 포도를 재배하는 데 있어 천혜의 조건을 갖추고 있지만 단점도 있다. 영화에서 표현되었듯이 강렬한 태양빛이 포도를 태워버릴 기세로 뜨겁게 내리쬐기도 한다. 포도는 적당한 일조량하에서 오랜 기간에 걸쳐 서서히 익어야 포도 자체의 특성이 와인에 묻어난다.

일부 고급 생산자들은 시행착오 끝에 서서히 오랫동안 익어 가는 포도밭을 발견했다. 오늘날 나파 밸리는 양조가들에게 엘도라도와 같은 곳이다. 여기에서는 보르도 최고 와인에 버금가는 숙성력을 지닌 와인들이 생산되고 있다. 가격도 상당하여 오히려 보르도를 능가하기도 한다. 미국 최고 와인의 대명사 스크리밍 이글은 메독 1등급을 여러 병과 바꿀 만큼 값이 비싸다.

미국에서 가장 좋은 포도를 재배한다고 모두들 입을 모으는 나파 밸리는 현대 와인 세계에서 많은 쟁점을 양산하고 있다. 나파 밸리의 장점은 풍부한 일조량과 고른 기후 덕분에 포도의 완숙을 기할 수 있어 품질의 일관성을 확보했다. 하지만 대부분의 와인이 하나같이 맛과 향이 강하고 진해서 소비자 역시 그런 스타일을 선호하는 경향이 지나쳐 와인의 특성이 불분명하다는 지적도 많다. 나파 밸리가 우수하다는 것은 인정하지만 생산하는 와인들이 모두 비슷비슷한 맛이기 때문에 그리 바람직하진 않다는 주장이다.

스타일의 획일화가 문제가 되긴 해도 자신의 개성을 드러내는 와인도 얼마든지 있다. 나파 밸리 와인들 중에서도 시음을 해보면 맛의 특성이 구별되는 이른바 테루아에 근간하는 와인은 금세 알 수 있다. 꿈을 이룬 몬텔레나는 테루아의 뉘앙스가 느껴져 시음자로 하여금 그 포도밭의 풍광을 상상하게 한다.

일상의 무더위에 지친 당신에게
플라차넬로

뜨거운 여름, 진이 빠지는 더위에 보양식 메뉴를 하나 추천한다면 거의 익히지 않은 소고기에 플라차넬로가 좋겠다. 빛깔까지 맞출 수 있다면 이보다 더 좋은 궁합이 어디 있으랴. 레드 와인의 색과 소고기 육즙의 색이 동색이라 보기 좋다. 덜 익힌 소고기 한 점을 씹으면 금방 육즙이 흘러나온다. 거기에 곁들이는 플라차넬로는 고기의 비릿함과 기름기를 단번에 제압한다. 와인에 담긴 타닌이 입안을 말끔히 씻어 내어 다시금 고기를 썰어 입에 물게 한다. 와인의 산도가 충분해 음식의 맛도 고양시킨다. 고기는 그냥 스테이크보다는 티본 스테이크가 좋다. 와인의 고향에서 먹는다면 그야말로 금상첨화다.

🍷 피렌체 언덕처럼

태양빛이 산자락으로 쏟아져 내리는 토스카나의 키얀티 지역은 풍성함과 넉넉함으로 여행자를 맞이한다. 도시 전체가 중세 박물관 같은 피렌체는 다양한 사람들을 끌어모은다. 이들은 우피치 미술관이나 티본 스테이크, 조각품 못지않게 와인에도 관심을 갖고 있다.

피렌체 아래로 펼쳐지는 키얀티는 광활한 지역이라서 이곳 와인들은 품질이 고르지 않다. 물론 여행의 피로를 달래려고 찾은 이름 모를 식당에서 마시는 와인 한 잔을 잊을 수야 없지만 와인 자체의 품질을 놓고 보면 들쭉날쭉한 편이다. 남쪽으로 좀 내려오면 이와는 달리 구릉의 경사가 가파르기 시작하고 해발고도가 높은 지역이 나온다. 이곳은 키얀티의 중간 지역으로 키얀티 클라시코라고 불린다. 가히 키얀티의 핵심이라 할 수 있다.

키얀티 클라시코는 곳에 따라 500~600미터 정도 높이의 산이 있다. 이처럼 높은 지역에 조성된 포도밭은 서늘한 기후 덕분에 오랫동안 익을 수 있는 장점이 있다. 과일의 맛은 결국 당도와 산도의 결합이니만큼 너무 달거나 시어도 좋지 않다. 한여름 40°C에 이르는 무더위에 포도가 타버릴 위험도 산봉우리에서는 상황이 달라진다. 아침저녁의 일교차로 당분 못지않게 산미도 충분한 포도를 확보할 수 있는 것이다.

🍷 금싸라기 땅, 콘카도로

키얀티 클라시코에는 수백 개의 양조장이 있다. 남서향 경사면에

폰토디 양조장 주위로 펼쳐진 콘카도로

자리잡은 판자노 마을은 유난히 태양이 좋다. 내리쬐는 햇빛의 뜨거운 온도를 품기에 좋도록 땅이 오목하게 생겨 주변보다 포도 익기가 수월하다. 그래서 이곳은 콘카도로(Conca d'Oro), 즉 '금조개'로 불리며 금싸라기 같은 땅으로 통한다. 이곳에 자리잡은 폰토디(Fontodi) 양조장은 매년 품질 좋은 와인을 만들어 낸다.

이 양조장은 르네상스 시대부터 판자노 인근에서 테라코타 타일을 만들어 온 피렌체 출신의 마네티 가문이 1968년에 보르고(작은 촌락을 뜻한다. 패션업체 페라가모 역시 '일 보로'라는 보르고를 매입하여 와인을 만든다)를 통째로 구입했을 때 그 보르고에 속해 있던 것이다.

특히 산지오베제 100퍼센트로 만드는 플라차넬로(Flaccianello)는 이 지역에서 으뜸으로 꼽힌다. 1981년부터 출시되고 있는 이 와인은 강하고 진하며 풍성한 향기와 긴 여운을 남긴다. 포도밭 이름인 플라차넬로는 포도밭에서 가까운 교회 이름을 따서 지어졌다. 이 땅은 옛날에 실제로 교회 소유였다. 라벨에 붙은 십자가가 이 사실을 상징하고 있다.

🍷 좋은 고기와 와인은 향이 통한다?

폰토디 양조장에서 직접 기르는 소 이야기를 빼놓을 수 없다. 플라차넬로의 맛을 배가하는 데 최고의 안주 거리가 되기 때문이다.

양조장 주인 조반니 마네티(Giovanni Manetti)는 이 지역 특산 소인 키아니나의 혈통 보존에도 관심이 많다. 기억할 수 없을 만큼 오랜 옛날부터 토스카나에서 서식하던 흰 소 키아니나는 큰 키와 육중한 몸무게 때문에 티본 스테이크의 두께가 손가락 길이만큼 두껍다. 10센티미터는 족히 넘는다. 2인분이라고 내온 스테이크는 5인분은 되어 보인다. 그냥 스테이크만 먹는다면 모르겠지만, 이미 전채와 파스타로 배가 거의 다 찼는데 메인 요리가 이 정도 양이니 기가 찰 노릇이었다.

외서 『앗 뜨거워』에도 소개된 적 있는 푸주한 다리오 체키니는 조반니의 친구이다. 다리오는 좋은 소고기에서는 길게 자란 풀맛과 거친 언덕의 맛이 나고 탁 트인 공기맛과 흙맛이 난다고 한다. 한 점 찍어 입천장에 올려붙여서 만약에 왁스 같은 기름이 끼는 것은 별로라고 한다. 그건 사료를 먹고 자란 맛이란다.

좋은 고기 맛은 좋은 와인에서 나는 맛과 비슷하다. 좋은 와인은 익으면 광물성 부케를 풍긴다. 먼지나 흙 내음 같은 것이다. 다리오는 소가 자연 속에서 뛰어 놀고 좋은 풀을 뜯어야 고기 맛이 좋다고 전한다. 그가 최근에 문을 연 '솔로치챠'라는 식당에 꼭 가보라. 푸주한답게 식당 메뉴는 여섯 코스의 고기 요리로만 구성해 놓았다. 그래도 약간의 채소·커피·물·와인이 제공된다. 자신이 좋아하는 와인을 가져가서 마셔도 된다.

조반니는 "키아니나 육축은 포도 재배에 긴요해요"라고 말한다.

키아니나가 뜯어 먹는 초원의 풀, 그 초원 옆에 조성된 포도밭에는 키아니나의 배설물을 쌓아두고 거름으로 쓴다. 포도밭 옆에 쌓아둔 퇴비는 양조장에서 직접 만든다. 소의 분뇨와 잘게 썬 포도나무 가지를 섞은 뒤 벌판에다 널어놓고 썩힌다. 가까이 가 보면 발효로 인해 생기는 이산화탄소를 확인할 수 있다. 양조장 주인 조반니 마네티는 화학 비료를 전혀 쓰지 않으며 친환경적인 포도밭 조성에 힘쓴다. 오직 땅에서 나는 것만을 사용한다.

폰토디의 숙성고(위)
여러 크기의 플라차넬로 병(아래)

토스카나의 토종 키아니나

 이렇게 세심하게 토질 관리에 힘쓴 결과, 2004 빈티지의 플라차넬로는 맛이 한층 좋아졌다. 우선 뭉클하게 코를 제압하는 향기와 입안을 온통 장악하는 질감이 좋다. 신선하고 자극적이며 뛰어난 구조를 가져 오래 숙성할 만하다. 농익은 와인에서 풍겨나오는 풍만한 맛뿐 아니라 균형 잡힌 와인에서 나는 세련되고 순한 맛이 느껴진다.

 1982 빈티지는 열었을 때의 어두운 향내가 금세 사라지더니 온화하고 깔끔한 입맛을 선사한다. 꼿꼿한 구조를 느끼며 삼키는 가운데 담백함을 느낄 수 있다. 스물일곱 살의 건장한 청년으로 성장한

와인이다. 한여름에 와인의 무성한 젊음을 맛보았다. 와인 애호가의 여름 탈출 방법이다.

맛! *Flaccianello*

산도 ●―●―●―●―○
타닌 ●―●―●―●―○
단맛 ●―○―○―○―○
도수 ●―●―●―●―○
가격 ●―●―●―●―○

2. 일상에서의 탈출을 꿈꾸다

소중한 사람의
생일을 축하할 때
프레스티지 샴페인

　영화 〈니키타〉에서 10대 문제아로 나오는 주인공은 정보기관 책임자에게 3년간 혹독한 훈련을 받고나서 충실한 작전 수행원으로 탈바꿈하였다. 영화 속에서 훈련 책임자가 니키타의 스물세 번째 생일을 기념하며 데리고 간 곳은 고급 레스토랑이었다. 머리가 희끗희끗한 소믈리에와 웨이터들이 군데군데 서 있는 식당이었다. 샹들리에가 휘황찬란하게 빛나고 클래식한 회화 작품들이 여기저기 걸려 있는 근사한 레스토랑에서 그 책임자가 주문한 와인은 1978년산 태탱저 샴페인이다. 니키타가 태어난 해인 1978년을 기념하려고 빈티지 샴페인을 주문한다. 생일 파티에서 책임자는 "너의 장래를 위하여"라며 건배를 제의한다. 건배 제의를 받은 니키타는 감격스러워한다.

🍷 샴페인 중의 최고 브랜드

프레스티지 샴페인이란 샴페인 회사의 최고 상품을 이르는 말이다. 현대자동차의 에쿠스에 해당된다고 할까. 샴페인 회사마다 저마다의 특성을 살려 프레스티지 샴페인을 내놓고 있지만, 몇 가지 공통점이 있다. 우선 프레스티지 샴페인은 거의 대부분 빈티지 샴페인이다. 북위 49도에 위치한 샴페인의 고장 샹파뉴(영어식으로 읽으면 샴페인)는 포도가 완숙되기 힘들다. 그래서 샴페인 회사들은 여러 빈티지를 혼합하여 샴페인을 만들고 계절이 좋은 때에만 특정 빈티지로 샴페인을 만든다. 둘째로 프레스티지 샴페인은 숙성을 기준보다 오래 시킨다. 빈티지 샴페인은 티라주(triage, 2차 발효를 위해 병에 당분과 효모를 주입하는 것) 후 최소 3년을 숙성하고 출시해야 하지만, 프레스티지급은 보통 7년이고 경우에 따라서는 10년 이상을 숙성한 후에 출시한다. 셋째로 그랑 퀴베(grand cuvee) 즉 한 번 짠 포도즙으로만 양조한다. 넷째로 샹파뉴에서 가장 토질이 훌륭한 그랑 크뤼(grand cru) 포도밭의 포도만을 사용한다.

🍷 탁월한 CEO 클리코 퐁사르댕

퐁사르댕은 그저 평범한 주부였다. 아이를 키우고 집안을 단속하는 여느 주부와 다름 없었다. 하지만 남편이 갑자기 세상을 뜨자 샴페인 회사의 경영을 맡게 되었다. 그녀는 남자들의 세계였던 샴페인 회사에서 최초로 여성 경영자가 되었다. 그녀의 최대 공적은 샴페인 찌꺼기를 제거하는 획기적인 도구를 고안한 것이다. 푸피트르

라 그랑 담

라 불리는 거치대는 나무로 된 'A자 모양'이다. 양면에 수십 개의 구멍이 뚫려 있어 샴페인 병들을 끼울 수 있으며 각도를 가파르게 하여 병주둥이가 나중에는 수직으로 땅바닥을 향하게 한다. 그렇게 함으로써 발효 후에 남는 효모 찌꺼기를 주둥이에 쉽게 모으고 그 찌꺼기를 한번에 제거하여 투명한 샴페인을 얻을 수 있다.

뵈브 클리코 퐁사르댕의 최고 브랜드 역시 그녀를 기려 '라 그랑 담(La Grand Dame)'으로 정했다. 라 그랑 담은 위대한 여성이라는 뜻이다. 그녀는 샴페인의 빛깔과 거품을 확실하게 잡은 시대의 영웅이다. 그녀 덕분에 병 속에서 잘 가꾸어진 거품은 투명한 연노랑색 바탕에서 그 매력을 지금도 드러낸다.

🍷 샴페인 백작

중세 시대 상파뉴 백작은 950년부터 1316년까지 샴페인 지역을 다스렸지만 루이 10세가 집권한 이후에 프랑스로 합병되어 명맥이 끊어졌다.

1734년에 설립된 태탱저 샴페인 회사의 프레스티지 샴페인 이름

샴페인 하우스
뵈브 클리코 퐁사르댕의 정문

거실 모습

30년 이상 근무한 직원들의 이름을 지하 셀러 곳곳에서 만날 수 있다.
사진에 보이는 Gerard Helene 역시 영예로운 장기 근속자의 이름이다.

을 풀어 쓰면 '샴페인 백작'이다. 샴페인 백작은 당시 이 지역의 백작 테오발드 4세(Theobald IV 혹은 Thibaud, Thibaut로도 씀)를 지칭한다. 그는 가문의 상속자이면서 스페인 나바레 지역의 군주였다. 12세기에는 십자군 원정을 다녀오기도 한 귀족이기도 하다. 십자군 전투에서 우연히 얻은 샤르도네 품종을 고향 샴페인 지역으로 최초로 반입한 인물이 그다. 상파뉴 포도밭의 원조라고 할 수 있다. 그가 반입한 샤르도네 품종은 샴페인 지역 여러 곳에서 재배되었다. 사실 당시만 해도 스파클링 와인은 엄두도 못 내던 시절이라 모든 와인에는 거품이 없었다. 태탱저에서는 그를 기념하여 샴페인을 만들 때 최고의 포도밭에서 나온 최고의 포도를 사용한다. 포도 역시 한 번 짠 즙으로만 양조한다.

🍷 007도 흠모하는 볼랭저 RD

잔다르크가 대관식을 했던 성당으로 유명한 상파뉴의 중심 도시 랭스에는 영화 〈007〉이 애호하는 볼랭저 샴페인 회사가 있다. 새로운 007영화가 소개될 때마다 거의 빠짐없이 등장하는 볼랭저의 프레스티지 샴페인은 RD이다. 최근에 데고르쥬망(degorgement, 찌꺼기를 걸러내는 작업)을 했다는 뜻으로 recently disgorged의 약자이다. 볼랭저 RD는 빈티지 샴페인의 숙성 조건인 3년을 훨씬 초과하는 장기간의 숙성이 특징이다. 10년 혹은 그 이상의 기간 동안에 병 숙성을 거친 볼랭저 RD는 깊고 그윽한 데서 우러나오는 부케가 인상적이다. 그늘지고 축축한 기운의 오래 묵은 향은 신선한 산미를 둘러싸고 있어서 개운하고 깔끔한 맛을 선사한다.

뵈브 클리코 퐁사르댕은 출시한 빈티지를 지하 계단에 표시한다.

생일 축하만큼 기쁘고 즐거운 일이 어디 있을까. 생일 맞은 이에게도 그렇고 축하하는 이에게도 마찬가지다. 생년에 맞는 샴페인을 준비하는 일은 여간 신경 써야 하는 일이 아니다. 그 해의 샴페인이 우선 생산되었어야 하고 그걸 찾아내야 한다. 마지막으로 손에 넣으려면 사야 하는데 유감스럽게도 가격대가 만만치 않다. 연도가 표시된 샴페인은 '0'을 하나 더 붙여야 한다. 올해 성년을 맞는 젊은 이들은 1989년산이 좋겠다. 로랑 페리에 포므리·볼랭저·뵈브 클리코·랑송·멈을 추천한다.

연도 샴페인이 생산되지 않았다면 깨끗이 연도 샴페인은 잊어버리자. 거품 그 자체가 유쾌하고 명랑하니 흘러넘치게 가득 따라 축하하자.

맛! *Bollinger RD*	맛! *La Grand Dame*	맛! *Comtes de Champagne*
산도 ●─●─●─●─○	산도 ●─●─●─●─○	산도 ●─●─●─●─○
타닌 ●─○─○─○─○	타닌 ●─○─○─○─○	타닌 ●─○─○─○─○
단맛 ●─○─○─○─○	단맛 ●─○─○─○─○	단맛 ●─○─○─○─○
도수 ●─●─●─○─○	도수 ●─●─●─○─○	도수 ●─●─●─●─○
가격 ●─●─●─○─○	가격 ●─●─●─●─○	가격 ●─●─●─●─○

다른 듯 같은 매력

와인명 | 크리스탈
구분 | 스파클링
맛 | 드라이
주품종 | 샤르도네
원산지 | 샴페인
국가 | 프랑스
소비자가격 | 50만 원대

산도: 적음 ─ 많음
당도: 적음 ─ 많음

와인명 | 헨켈 트로켄
구분 | 스파클링
맛 | 드라이
주품종 | 샤르도네
원산지 | 독일
국가 | 독일
소비자가격 | 3만 원대

산도: 적음 ─ 많음
당도: 적음 ─ 많음

와인명 | 로랑 페리에 그랑 씨에클
구분 | 스파클링
맛 | 드라이
주품종 | 샤르도네
원산지 | 샴페인
국가 | 프랑스
소비자가격 | 50만 원대

산도: 적음 ─ 많음
당도: 적음 ─ 많음

[All That Wine]

브랜드별 최고급 샴페인
프레스티지 샴페인

프레스티지 샴페인은 브랜드에 따라 한 가지 혹은 그 이상일 수 있다.

Billecart Salmon (빌르카르 살몽)	Cuvee N.F. Billecart (퀴베 N.F 바르카르)
Bollinger (볼랭저)	R.D. (Recently Disgorged)
Canard-Duchene (카나르 뒤셴)	Charles (샤를르) VII
Charbaut (샤르보)	Certificate (써티피케이트)
Deutz (도츠)	Cuvee William Deutz (퀴베 윌리암 도츠)
Gosset (고세)	Grand Millesime (그랑 밀레짐)
Heidsieck (하이드시크)	Diamant (디아망)
Piper Heidsieck (파이퍼 하이드시크)	Rare (레어)
Krug (크뤼그)	Collection (콜렉션)
Laurent Perrier (로랑 페리에)	Cuvee Grand Siecle (퀴베 그랑 시에클)
Moet et Chandon (모에 에 샹동)	Dom Perignon (동 페리뇽)
G. H. Mumm (멈)	Rene Laliu (르네 랄루)
Perriere Jouet (페리에 주에)	Fleur de Champagne (플뢰르 드 샹파뉴)
Pol Roger (폴 로제)	Cuvee Sir Winston Churchill (퀴베 써 윈스톤 처칠)
Pommery (포메리 에 그르노)	Louise Pommery (루이즈 포므리)
Louis Roederer (루이 뢰더러)	Cristal (크리스탈)
Ruinart (루이나)	Dom Ruinart (동 루이나)
Taittinger (태탱저)	Comtes de Champagne (콩트 드 샹파뉴)
Veuve Clicquot Ponsardin (뵈브 클리코 퐁사르댕)	La Grande Dame (라 그랑 담)

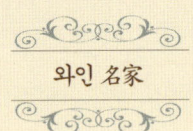

와인 名家

시칠리아,
익명성을 벗고 훨훨 날다

눈이 시린 푸른 바다가 있고, 뜨겁게 끓고 있는 화산이 있으며, 활기찬 생선 시장이 있고, 그런 여러 가지가 버무려져 잉태한 와인이 있으니 바로 시칠리아 와인이 그것이다. 아랍과 유럽 그리고 아프리카가 혼재된 시칠리아의 이국적 면모는 여행을 떠나거나 책을 읽지 않아도 와인 한 잔으로 느낄 수 있다.

🍷 세 발 달린 메두사의 나라

시칠리아는 삼각형 모양을 한 이탈리아의 섬이다. 아르키메데스는 평생 삼각형을 연구했는데 시칠리아 출신 기하학자의 의무였는지도 모르겠다. 시칠리아의 상

징은 트리나크리아로 트라이앵글의 그리스식 표현이다. 트리나크리아의 형상은 세 발 달린 메두사이다. 뱀으로 엉킨 머리카락을 가진 메두사의 얼굴은 태양을 상징하고, 세 다리는 삼면이 바다인 것을 뜻한다. 시칠리아의 와인 산업 역시 삼각형 구조를 이루고 있다. 개성 있는 테루아, 끊임없는 연구 개발, 그리고 기술 투자 이 삼박자가 시칠리아 와인의 미래를 밝히고 있다.

　시칠리아는 이탈리아는 물론이고 지중해에서도 가장 큰 섬으로 알려져 있다. 게다가 섬이라고 하기에는 너무도 다양한 지형을 가지고 있다. 유럽에서 가장 높은 활화산 에트나(Etna; 높이 3,315미터)가 동쪽에 위치한다. 해안선 또한 길이가 1,500킬로미터에 이른

시칠리아 풍광이 담긴 그림

다. 면적은 제주도의 5배나 된다. 이곳 사람들은 시칠리아를 대륙이라고 부르기에 주저하지 않는다.

🍷 익명을 벗고 하늘을 날다

　삼천 년 전부터 태양과 토지가 개성 만점의 와인을 빚어내고 있다. 하지만 섬의 지형적 불리함으로 인해 개발이 더딘 시칠리아는 주로 벌크 와인만을 생산해 왔다. 북부 이탈리아 와인의 구조 강화를 위해 강하고 진한 시칠리아 와인이 필요했다. 원산지 이름을 알리고 그 개성을 와인에 표현해야만 부가가치가 생기는 것이 와인 산업의 생리인데 시칠리아 와인은 아주 오랜 기간 동안 익명으로만 거래되었던 것이다.

　마르살라(Marsala, 주정 강화 와인의 일종으로 포도즙을 발효하는 중에 브랜디를 가하여 얻는 와인으로 도수가 높다)가 일찌감치 시칠리아를 알렸다. 주로 화이트 와인을 생산하는 시칠리아가 세계인의 주목을 받기 시작한 것은 네로 다볼라(Nero d'Avola) 때문이다. 시칠리아의 토속 품종인 검은 포도 네로 다볼라 속에는 시칠리아 와인의 미래가 들어있다. 고급 품종의 요소인 강한 힘과 타닌, 긴 여운 그리고 음식을 빛내는 복합적인 향과 맛 이 모두를 두루 갖춘 네로 다볼라. 명주로서 진행형인 네로 다볼라에 대하여 와인 애호가들의 관심이 쏠리고 있다.

　시칠리아는 요즘 이러한 관심들이 모여 변화하고 있다. 이탈리아 출신 와인 회사들의 대규모 투자가 이어지고 있다. 벌크 와인보다는 병입 와인으로 시칠리아의 개성을 표현하려는 노력들이 점차 늘고 있다. 이전에는 우수 와인이 원산지의 명성보다는 생산자의 명성에 의지했다. 하지만 요즈음은 이 지역의 테루아 연구가 한창이며 그 테루아에 걸맞는 원산지 표시 와인 등급 DOC에 대한 관심이 커지고 있다. 시칠리아 DOC 중에서 체라주올로 디 비토리아(Cerasuolo di Vittoria)가 맨 처음으로 DOCG로 승격되었다. 2005 빈티지부터 승격된 등급을 달고 시장에 나오는 시칠리아의 최상위 등급 와인이다.

와인의 진정한 평가는 인용 횟수나 평가 점수에 있다기보다는 애호가의 식탁 위에 있다. 공들여 장만한 저녁 식탁 위에 놓인 와인 한 병에는 삶의 기쁨이 있다. 메두사의 피 속에서 태어난 페가수스가 하늘로 힘차게 날아오르듯 네로 다볼라 역시 고급 레드 와인의 대열 속으로 사뿐히 뛰어오를 것이다. 오랜 역사와 전통을 지닌 개성 있는 테루아가 삼각형의 밑변이 되어 와인 성장의 동력에 박차를 가할 것이다. 이제 막 빛을 발하기 시작한 시칠리아는 고급 와인의 진행형이다.

🍷 맛의 연주자

시칠리아 와인을 음악계에서 찾는다면 중국의 젊은 연주자 랑랑(Lang Lang)이 제격이다. 세계가 주목하는 신예 피아니스트이자 무한한 잠재력을 가진 랑랑의 연주를 들어 보자. 트럼펫보다 더 크게 폭발하는 것이 랑랑의 피아노 연주다. 힘있게 터져 나오는 차이코프스키의 피아노 협주곡 1번을 들으면서 네로 다볼라를 마신다. 입안에서 진동하는 네로 다볼라의 안단테와 알레그로가 랑랑의 연

앙젤리 포도밭 / 사진 제공 나라식품

주처럼 느껴진다. 포르티시모는 네로 다볼라의 힘이고 피아니시모는 네로 다볼라의 여운이다.

시칠리아에서 명성이 자자한 타스카 달메리타(Tasca d'Almerita)가 만드는 최고의 레드 와인으로 로쏘 델 콘테(Rosso del Conte)가 있다. 주품종은 네로 다볼라. 1970년대부터 네로 다볼라의 우수성을 알리기 시작한 선구자적인 와인이다. 입에서 파동치는 과일 향이 끊김이 없어 매력적이다. 체리 향이 가득하며 타닌이 잘 익어 부드럽게 넘어간다. 여운도 길다. 강한 태양과 풍요로운 포도밭이 빚어낸 시칠리아의 클래식한 와인이다.

토스카나의 슈발 블랑이라 불리는 테누타 디 트리노로의 안드레아 프란케티도 시칠리아의 풍요로운 테루아를 놓치지 않았다. 그가 2003년 첫 출시한 파쏘피샤로(Passopisciaro)는 잊혀져 가는 토속 품종 네렐로 마스칼레제(Nerello Mascalese)로 담근다. 에트나 화산 중턱에 자리잡은 서늘한 포도밭에서 가을 내내 따스한 볕으로 익어가는 포도로부터 투명하고 맑은 와인을 얻는다. 활짝 핀 아로마 속에 시칠리아의 풍광이 녹아 있다.

맛! *Angheli*

- 산도
- 타닌
- 단맛
- 도수
- 가격

다른 듯 같은 매력

와인명	아란치오
구분	레드
맛	드라이
주품종	네로 다볼라
원산지	시칠리아
국가	이탈리아
소비자가격	2만 원대

산도 — 적음 / 많음
타닌 — 적음 / 많음

와인명	파소피샤로
구분	레드
맛	드라이
주품종	네렐로 마스칼레제
원산지	시칠리아
국가	이탈리아
소비자가격	15만 원대

산도 — 적음 / 많음
타닌 — 적음 / 많음

맛을 찾아 떠나는 다뉴브 기행
바하우 화이트

    더운 여름에는 단연 화이트 와인이 제격이다. 텁텁하고 묵직한 레드 와인은 가라. 가볍고 상쾌하며 맑고 탄력적이어서 흥이 넘치는 그런 화이트 와인이 좋겠다. 코를 잔에다 깊숙이 들이밀지 않아도 과일 한 소쿠리의 신선한 내음이 가득한 그런 화이트 와인 말이다. 바캉스를 떠나지 않아도 우리를 이국적인 곳으로 데려가 줄 것 같은 화이트를 찾아보라. 어떤 것이 좋을까. 와인도 브랜드가 중요하다. 스토리를 구성하여 에피소드를 알려 판매에 많이들 이용한다. 하지만 와인 자체는 음료이므로 우선 맛이 뛰어나야 한다.

🍷 다뉴브를 따라 달리는 담백한 맛길

우리 식단에 잘 어울릴 만한 와인으로는 역시 화이트 와인이 좋다. 야채나 나물 위주의 밥상에는 텁텁하고 거칠고 굵은 입맛의 레드 와인보다는 정갈하고 깔끔하며 담백한 화이트 와인이 아무래도 더 낫다. 우리 음식을 더 맛나게 하는 화이트 와인에는 다양한 의견이 있을 수 있는데, 우리에게는 익숙하지 않은 것으로 오스트리아 화이트 와인이 있다. 낯선 와인이란 점만 빼고는 전혀 뒤지지 않을 매력을 지녔다. 오스트리아의 화이트 와인은 바하우라는 곳이 명산지로 꼽힌다. 오스트리아 토종인 그뤼너 벨트리너와 독일이 고향인 리슬링이 대표적인 품종이다. 둘 다 맑고 깨끗한 입맛과 자연스런 향기를 지녀 음식을 받쳐주는 맛있는 와인이다.

인구 팔백만 명 남짓의 오스트리아에서 양조장을 찾는 일은 쉽다. 아무리 멀리 떨어진 포도밭이라도 비엔나에서 두 시간 안팎이면 족하다. 물론 비엔나에도 포도밭이 있다. 와인 생산 국가의 수도에는 거의 대부분 양조장이 없다. 프랑스 와인이 유명해도 파리와는 관계없고 이탈리아 와인이 이름이 나 있어도 로마와는 무관하다. 하지만 이곳 오스트리아의 수도 비엔나에는 근거리에 양조장이 있어 관광객을 활발하게 유치할 수 있다. 도심에서 버스를 타고 20분이면 포도밭에 도착할 수 있다. 비엔나를 독일어로 하면 Wien이다. 모음 순서만 바꾸면 Wein이 된다. 와인이란 말이다.

바하우(Wachau)는 코딱지만한 비엔나 포도밭의 약 두 배밖에 되지 않는 소규모의 원산지다. 도나우 강(영어로 '다뉴브')을 굽어보는 가파른 사면에 산재한 바하우에는 대부분 청포도를 심는다. 거칠고 황량한 모래 토양은 수분이 오래 머무를 수 없어 포도나무

생장을 위협하기도 한다. 2003년처럼 가물고 무더웠던 해에는 나무가 심각할 정도로 상할 수 있다. 그래서 유럽 연합에서는 바하우에 관개를 허용한다. 양조장별로 확보한 수원으로부터 길다란 관을 연결하고 언덕으로는 펌프의 동력을 통해 꼭대기까지 물을 공급한다. 나무 아랫부분에 검정색 관들이 바로 수로다. 오스트리아의 관개는 매년 실시하지 않는 편이다. 하지만 혹서기나 가뭄이 유독 심한 경우에만 한정적으로 관개를 한다. 관개 시설이 없으면 포도밭

바하우의 유명 포도밭 켈러버그

조성이 불가능한 칠레와는 경우가 조금 다르다. 특히 그뤼너 벨트리너는 수분을 많이 필요로 하는 탓에 기슭에 심고 리슬링은 혹독한 환경을 잘 버티므로 사면에 심는다.

비엔나에서 기차를 타고 크렘스 역에서 내리면 바하우에 거의 다 온 셈이다. 도나우 강을 따라 강 옆으로 조성된 포도밭은 근처 산등성이에 오르면 한눈에 볼 수 있다. 강남에서 북쪽을 바라보면 병풍처럼 늘어선 포도밭을 볼 수 있다.

🍷 2002년 런던 테이스팅

바하우 나들이는 양조장 에메리히 크놀(Emmerich Knoll)이 위치한 운터로이벤에서 시작된다. 여기 저기 산재한 이름난 포도밭에서 엄선한 그뤼너 벨트리너로만 만드는 비노테크퓔룽 1990 빈티지는 세계의 이목을 오스트리아의 그뤼너 벨트리너로 쏠리게 한 문제의 와인이다. 2002년 런던에서 샤르도네와 그뤼너 벨트리너 간의 블라인드 테이스팅이 있었고, 그 결과 대부분의 고평가 와인들이 프랑스 샤르도네가 아닌 오스트리아의 그뤼너 벨트리너로 밝혀졌고, 그 사실을 와인 저널리스트 잰시스 로빈슨이 《파이낸셜 타임즈》에 기고함으로써 그뤼너 벨트리너가 크게 관심을 받게 된 사건이다. 힘과 균형을 추구하는 비노테크퓔룽은 오랫동안 숙성할 만한 와인이라 여겨 에메리히가 가장 자신하는 와인이다.

운터로이벤 바로 옆에 붙어 있는 오베르로이벤 마을에는 양조장 프란츠 자버 피흘러(FX Pichler)가 있다. 포도밭 로이벤베르그는 바하우에서 가장 큰 단일 포도밭이다. 이곳 포도를 재배하는 마흔 개의 양조장 가운데 돋보이는 품질을 양조하는 피흘러의 그뤼너 벨트리너는 올곧은 향내와 풍부한 질감, 그리고 화려한 입맛이 특징이다.

그뤼너 벨트리너의 우수성을 널리 알린
에메리히 크놀의 비노테크퓔룽 1990

자버 피흘러와 그의 아들 루카스 (왼쪽)
슈피츠 마을을 배경 삼아 징거르리델에 선 프란츠. 그 집 안에서는 장자의 이름을 모두 프란츠로 한다. (오른쪽)

강을 따라 서쪽으로 가면 바이센키르헨 마을 프라거(Prager) 양조장을 만날 수 있다. 주변에 비해 오래된 포도나무를 많이 소유한 이곳에는 70년 된 그뤼너 벨트리너가 있다. 나무 줄기를 하늘로 향하도록 하는 '스톡쿨트르'라는 전통 방식으로 재배되는데 질감이 무척 풍부하고 구조가 단단한 풀바디의 와인이다. 집중된 포도맛을 얻기 위해 그루당 5송이 정도만 재배한다. 프라거의 와인 역시 런던 테이스팅 대회에서 우수한 성적을 보였다.

강을 따라 가면 슈피츠 마을이 나오는데 프란츠 힐츠버거(Franz Hirtzberger) 양조장이 있다. 마을 뒷산인 징거르리델 포도밭의 리슬링은 방향이 곱고 질감이 우아하며 섬세하고 균형적이라 찾는 이가 많다. 하지만 가파른 사면에서 힘들여 키우는 탓에 수량이 적어 구하기 힘들지만 바하우를 대표할 만한 와인이다.

프라거 양조장의 그뤼너 벨트리너

프란츠 힐츠버거 양조장의 리슬링

매년 찾아 나서는 도나우 와인 기행은 알려지지 않은 오스트리아의 진기한 화이트 와인을 맛보는 일이라 마음이 설렌다. 그중에서도 바하우는 최고로 치는 와인 마을이다. 비엔나에서 기차로 1시간 걸리는 바하우는 계곡을 따라 흐르는 도나우의 잔물결이 와인 아로

마에 깊이 영향을 미친다. 글라스에 따른 와인 속에는 유쾌한 향기가 넘친다. 상큼한 화이트 와인 한 모금에 여름이 즐겁다.

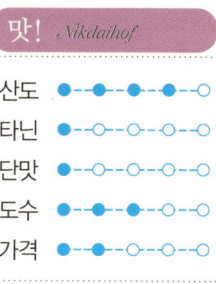

맛!	*Nikdaihof*
산도	●─●─●─●─●─○
타닌	●─○─●─○─●─○
단맛	●─○─●─○─●─○
도수	●─●─●─●─○─○
가격	●─●─○─○─●─○

다른 듯 같은 매력

와인명 | 고벨스부르그 트러디션
구분 | 화이트
맛 | 드라이
주품종 | 그뤼너 벨트리너
원산지 | 캄프탈
국가 | 오스트리아
소비자가격 | 미수입

산도: 적음 ─ 많음
당도: 적음 ─ 많음

와인명 | 로이머 케이퍼베르그
구분 | 화이트
맛 | 드라이
주품종 | 그뤼너 벨트리너
원산지 | 캄프탈
국가 | 오스트리아
소비자가격 | 미수입

산도: 적음 ─ 많음
당도: 적음 ─ 많음

[All That Wine]

런던 테이스팅 결과표
프랑스 샤르도네와 오스트리아 그뤼너 벨트리너와의 맛 시합
(2002년 10월 30일)

10위권에 오스트리아 7, 캘리포니아 2, 남아공 1 차지. 프랑스 해당 사항 없음

1	1990 Grüner Veltliner "Vinothekfüllung" Smaragd, Knoll, Austria	18.09
2	1997 Grüner Veltliner "Ried Lamm", Bründlmayer, Austria	17.78
3	1997 Chardonnay Tiglat, Velich, Austria	17.67
4	1990 Grüner Veltliner Steinriegl Smaragd, Prager, Austria	17.66
5	1998 Byron Chardonnay, Nielson Vineyards, Mondavi, California	17.63
6	2000 Grüner Veltliner Exceptionell, Freie Weingärtner Wachau, Austria	17.54
7	1999 Grüner Veltliner Spiegel Alte Reben, Loimer, Austria	17.51
8	1996 Kistler, Dutton Ranch, California	17.51
9	1999 Chardonnay 100 per cent Barrique, Mulderbosch, South Africa	17.48
10	1990 Chardonnay, Bründlmayer, Austria	17.33
11	1997 Yattarna, Penfold, Australia	17.15
12	2000 Grüner Veltliner Lamm, Schloss Gobelsburg, Austria	17.06
13	1999 Chardonnay Rey, Gaja, Italy	17.03
14	1997 Morillon "Zieregg", Manfred Tement, Austria	16.87
15	1995 Grüner Veltliner Kellerberg, F X Pichler, Austria	16.84

16	1999 Grüner Veltliner Wösendorfer Hochrain Smaragd, Rudi Pichler, Austria	16.82
17	2000 Chardonnay Grand Select, Wieninger, Austria	16.74
18	1990 Corton Charlemagne, Louis Latour	16.72
19	2000 Chardonnay Kumeu River, New Zealand	16.69
20	1997 Chardonnay, Hamilton Russel, South Africa	16.67
21	1999 Chardonnay, Gantenbein, Switzerland	16.55
22	1999 Eileen Hardy Chardonnay, Australia	16.51
23	1999 Kongsgaard Napa Valley Chardonnay, California	16.48
24	1997 Montrachet, Domaine Baron Thénard, Burgundy	16.48
25	2000 Morillon (Chardonnay) Ratscher Nussberg, Alois Gross, Austria	16.34
26	2000 "Weiss" (Chardonnay/Grüner Veltliner), Schwarz, Austria	16.25
27	1995 Grüner Veltliner Steinertal, Alzinger, Austria	16.25
28	1999 Grüner Veltliner Rosenberg Reserve, Bernhard Ott, Austria	16.24
29	1990 Les Clos Chablis, Dauvissat	16.21
30	1999 Grüner Veltliner Piri Privat, Nigl, Austria	16.13
31	1999 Meursault "Charmes", Louis Jadot, Burgundy	15.59
32	2000 Puligny Montrachet "Clavoillons", Domaine Leflaive	15.32
33	1999 Chardonnay Tiers, Petaluma; Australia	14.87
34	1996 Chevalier Montrachet, Etienne Sauzet, Burgundy	14.87
35	1992 Chassagne-Montrachet "La Boudriotte", Ramonet	14.84

자료 출처: www.jancisrobinson.com

[🌐]
해외 와인 박람회

한자리에서 수백 가지 와인을 맛볼 수 있는 와인 박람회는 가 볼 만하다. 입장료만 내면 되고 시음 와인은 모두 공짜다. 그러나 조심해야 한다. 술 앞에는 장사가 없다. 각 박람회에서는 개최국뿐 아니라 여러 나라 와인들을 만날 수 있다.

박람회를 즐기는 노하우

○ 삼키지 마라

여러 가지 와인의 맛을 보고 싶은가? 그렇다면 마시지 말고 뱉어라. 뱉는 것은 시음의 필수 코스이다. 삼키지 않아도 충분히 맛과 향을 느낄 수 있다. 살기 위해서라도 뱉어야 한다. 수박 먹은 후 씨를 톡톡 뱉는 것처럼 와인 맛을 본 후에 퉤퉤 뱉는다. 통 바닥에 잘게 썬 종이를 깔아 두면 뱉어낼 때 튀지 않아 좋다.

○ 진한 옷을 입어라

박람회에 갈 때에는 진한 색의 옷을 입는다. 와인이 튀었을 때를 대비하기 위해서다. 부지불식간에 셔츠가 점묘화의 캔버스가 될 수 있으니 진한 색을 입어야 한다.

All That Wine

○ 양손이 자유로워야 한다

시음을 하는데 입만 있으면 된다고 생각한다면 이런 경우에는 주로 마실 때의 전략이다. 이렇게 하면 이것저것 시음하기가 어렵다. 시음하면서 뱉고 그 느낌을 노트 필기하면 나중에 다시 꺼내 읽을 수 있어 좋다. 악수도 하고 카메라 촬영까지 하려면 손에 아무것도 들지 않는 게 좋다.

○ 운동화를 신는다

박람회장의 규모는 코엑스에 비할 바가 아니다. 몇 배 더 넓기 때문에 하루 종일 걷는다고 생각해야 편하다. 그러니 양복에 구두가 아니라 편한 옷에 운동화가 제격이다.

○ 호텔은 가까운 곳이 좋다

박람회장 근처 호텔이 최고다. 물론 이런 호텔은 값이 좀 나가지만 피곤할 때 들어와서 한숨 잘 수도 있고 와인 시음을 더 많이 할 수 있다. 세계 최대 규모의 비니탈리 기간 동안에 가까운 호텔을 마련하는 것은 하늘의 별따기라는 것을 미리 말해 둔다.

가볼 만한 와인 박람회

○ **프로바인** | www.prowein.de | 매년 3월 말 | 독일 뒤셀도르프

독일에서 열리므로 리슬링과 슈페트부르군더(피노 누와의 독어식 표현)를 실컷 맛볼 수 있다. 화이트 와인을 좋아한다면 꼭 가봐야 한다. 루푸트한자로 프랑크푸르트에서 비행기를 갈아타 뒤셀도르프에서 내린다.

○ **비니탈리** | www.vinitaly.it | 매년 4월 초 | 이탈리아 베로나

전 국토가 포도밭인 나라, 이탈리아의 박람회이니 만큼 다양한 와인의 맛을 볼 수 있다. 박람회의 규모도 제일 크다. 박람회가 열리는 곳에서 자동차로 운전해 이삼십 분만에 발폴리첼라, 소아베 등지를 가볼 수 있다. 비니탈리의 장점은 먹거리가 훌륭하다는 점이다. 에밀리아-로마냐 관과 풀리아 관에서는 꼭 점심을 먹어 보라. 예약은 필수다. 시장 같은 분위기의 박람회지만 제대로 먹고 마실 수 있다. 물론 이런 점이 이탈리아의 특징이지만 말이다. 로마나 파리에서 갈아타 베로나에서 내린다.

○ **비비눔** | www.vievinum.at | 매년 6월 초 | 오스트리아 비엔나

오스트리아의 그뤼너 벨트리너와 리슬링을 맛볼 수 있다. 비엔나에서 열리므로 밤에는 콘서트 관람도 가능하다. 비엔나 직행편이 제일 유리하다. 와인이 생산되는 유일한 수도, 비엔나에서 열리는 비비눔은 프로바인처럼 화이트 와인의 수준이 높지만, 최근 들어 츠바이겔트와 블라우프랑키쉬로 만든 레드 와인의 수준이 상당히 높아졌으니 꼭 시음해 보길 바란다. 대한항공 직행편이 있어 좋다.

All That Wine

○ 비넥스포 | www.vinexpo.com | 격년 6월 말 | 프랑스 보르도

와인의 메카 보르도에서 열리는 세계적인 박람회다. 쉽게 샤토 방문을 할 수 있는 지리적 위치이다. 여러 박람회 중에 가장 더운 계절에 열리는 게 단점이다. 에어프랑스를 타고 파리에서 보르도로 갈아탄다. 보르도에서는 자동차 운전을 권한다. 대중교통이 불편하지만 도로가 잘 정비되어 있어 찾기 쉬우므로 샤토 방문에 필수적이다. 차량은 공항 렌터카를 추천한다.

4대 박람회 중에서 유일하게 해를 걸러 개최되는데 2009년에는 보르도 비넥스포가 열렸으나, 2008년에는 홍콩에서 아시아 버전의 박람회를 열었다. 2010년 역시 홍콩에서 열릴 예정이다.

○ 서울 국제 주류 박람회 | www.swsexpo.com | 매년 5월 | 서울 코엑스

와인 숍에 단골이 되면 초대권을 쉽게 얻을 수 있다. 그러니 와인 잔 대여료 몇 천 원 정도만 있으면 수백 가지 와인을 맛볼 수 있다. 알코올 경험이 없는 사람들은 공짜로 따라 주는 잔을 마다하지 않고 홀짝 거리는 바람에 출구를 못 찾고 비스듬히 기대어 있기도 하고 만취하여 몸을 가누지 못할 수도 있으니 조심해야 한다.

[🛍]
해외 와인 쇼핑의 노하우

해외로 여행을 떠날 사람이라면 와인 숍에 꼭 들러 보시라. 와인을 싸게 사는 기쁨과 함께 지역 문화의 정취를 느낄 수 있을 것이다.

해외 와인 구입의 최소한의 원칙

○ 공항 면세점은 피한다

정말 살 데가 없다면 몰라도 와인 구매를 위해 공항 면세점으로 향하는 발걸음은 웬만하면 말리고 싶다. 쇼핑 시간이 없다면 할 수 없지만, 공항 면세점은 거의 모든 국가에서 최악의 시나리오이다. 왜냐하면 면세점에서 파는 와인값이 싸지 않기 때문이다. 물론 관세야 면세가 되지만 마진이 높다. 면세점 와인값이 많이 싸리라고 기대하는 것은 순진한 발상이다. 면세점은 단골들이 가는 곳이 아니다. 그냥 스쳐 지나가는 곳일 뿐이다. 와인 쇼핑을 제대로 하려면 전문점을 찾아가야 한다.

○ 가급적 최신 빈티지를 구입한다

올드 빈티지는 소장 기록이 분명해야 품질을 신뢰할 수 있다. 육안으로 봐서 멀쩡하다고 해도 여러 군데를 옮겨 다니며 전시용으로 사용한 이력이 많다면 곤란하지 않겠는가. 쇼핑에 실패했다고 물러 달라고 할 수도 없다. 그러니 뿌연 과거를 지녔을지 모르는 올드 빈티지보다는 최근 빈티지가 낫다.

○ 지역의 와인을 고른다

여행을 다녀온지 한참 지난 다음에 와인을 꺼내 마시면 여행의 추억이 되살아나 좋다. 그 지역에서 만든 와인은 유통 중의 움직임이 많지 않아 상태도 좋다. 보르도에 가서는 무조건 보르도 와인을 사는 것이 좋다.

○ 주류 반입 한도 1리터를 넘지 마라

해외 여행자가 많이 혼동하는 수치이다. 와인 한 병의 용량은 0.75리터. 그러니 한도에 여유가 있다. 그래서 상당수의 여행자들은 그냥 저지르고 만다. 두 병 사는 데 주저하지 않는다. 거의 대부분의 경우 마시기 위해 들여오는 와인인지라 세관에서도 엄격하게 검사하진 않는다. 그러나 규정에 걸리면 세금을 내야 한다.

○ 완충지로 포장을 잘 해서 짐 가방에 넣어야 안전하다

간혹 와인병이 파손되는 봉변을 겪을 수 있으니 충격을 완화할 수 있게 단단히 포장해야 한다. 떠나기 전 와인 전문점에 들러 적당한 가방을 준비해도 좋다. 잠수복 재질로 만든 휴대용 가방을 추천한다.

나라별 대표적인 와인 가게

와인을 주류로 간주하는 우리나라는 세금이 경제 협력 개발 기구(OECD) 국가 중에서 최고다. 따라서 우리나라에서 팔리는 와인은 고가다. 해외여행의 특혜인 주류 1병 반입을 양주에서 와인으로 바꾸면 어떨까. 만약 EU와의 FTA가 성사되면 세금 부담을 좀 덜 순 있겠다. 여기서는 이탈리아, 프랑스, 미국, 일본, 홍콩의 와인 숍을 소개한다.

○ 이탈리아 피렌체

이탈리아 피렌체에 도착했다고 하자. 피렌체의 상징, 두오모 성당을 둘러보다가 한 잔 하고 싶은 생각이 간절하다면 어떻게 해야 할까. 보통 지역 신문을 펼치거나 호텔 컨시어지(Concierge)에게 물어볼 것이다. 올 여름에는 그러지 말고 와인 숍을 찾으면 어떨까. 호텔에서 마시는 것보다 경제적이기도 하지만, 피렌체 문화를 생생하게 느낄 수 있기 때문이다. 옆에 앉은 할아버지에게 "보나세라"라고 인사말도 건네 보면서 현지를 생생하게 경험해 보자. 게다가 국내 시중 가격보다 훨씬 싸게 와인을 살 수도 있다.

피렌체는 토스카나 와인의 중심지다. 골목마다 르네상스의 숨결이 살아 있어 여기저기 둘러보다 보면 언제 해가 졌는지도 모를 정도다. 두오모 근처에 가면 골목마다 와인 숍과 레스토랑들이 즐비하다. 코퀴나리우스(Coquinarius, http://www.florence.ala.it/coquinar/)를 가 보시라. 걷다가 지치면 잠시 들러 스파클링 워터를 사 마셔도 되고 배고프면 파스타를 시켜도 좋다. 하지만 하이라이트는 지역 와인들이다. 이곳에서는 토스카나의 모든 와인을 한눈에 확인할 수 있으며 값도 합리적이어서 쇼핑할 만하다.

○ 이탈리아 알바

작은 거인 알바는 마을만한 도시이지만 영향력이 크다. 세계에서 두 번째로 큰 초콜릿 회사 페레로 본사가 있으며 숙성력이 우수한 바롤로와 바르바레스코의 중심지이다. 일년 내내 알바는 축제와 관광객으로 들떠 있다. 특히 9월부터 시작되는 수확기부터는 포도 뿐 아니라 타르투포 비앙코라는 흰 송로 버섯으로도 유명하다. 알바의 중심 사보나 광장에서 시작되는 '비토리오 에마누엘레 2세' 거리를 따라 5분 정도 걸으면 그랑디 비니(Grandi Vini, http://www.grandivinialba.com/)라는 와인 가게를 만날 수 있다. 알바의 대표적인 쇼핑 거리다. 양쪽으로 다양한 상점들이 즐비하여 알바를 방문하는 이라면 예외없이 이 거리를 찾는다. 그랑디 비니에는 주로 피에몬테 지방의 와인들이 진열되어 있다. 우리나라에서 구하기 힘든 바르톨로 마스카렐로의 바롤로나 페페 리날디의 바롤로를 추천한다. 와인 양조 방식이 백 년 전 아니 그 이전의 방식과 하나도 다르지 않다고 평가 받고 있어, 그야말로 바롤로의 역사를 고스란히 맛볼 수 있다.

○ 프랑스

와인의 메카 프랑스 보르도의 시내 중심가에는 큰 블록마다 와인 숍이 성업 중이다.

랑탕당(L'Intendant)은 나선형 구조로 된 실내 공간에 보르도의 특급 와인들을 빼곡이 채워 놓아 보는 재미가 쏠쏠하다. 지역 최고의 와인으로 평가 받는 샤토 마고나 샤토 라투르는 우리 소매가의 절반 정도면 살 수 있다. 파리에는 고급 와인 숍들이 많다. 레 카브 타이유방(Les Caves Taillevent, www.taillevent.com)은 희귀 와인을 많이 소장하고 있어 마니아들이 필수적으로 들르는 코스다. 생산자로부터 직접 와인을 구매하는 것이 이 가게의 원칙이다. 와인의 상태가 상당히 좋은 것으로 알려져 있다. 물론 다른 곳보다 훨씬 비싸기는 하지만 품질을 따진다면 시도해 볼 만하다. 레 카브 타이유방은 일본에도 여러 곳에 진출해 있다. 도쿄의 고급백화점 다카시마야에서도 만날 수 있다. 또 마들렌느 성당 근처에 가면 라비니아(Lavinia, www.lavinia.fr) 와인 가게가 있다. 종류도 다양하고 맛도 볼 수 있어 인기가 많다.

○ 미국

미국의 와인 센터는 어디일까. 합중국이니 여기저기 큰 곳이 많다. 그중에 뉴욕을 가보자. 엄청난 자본이 흐르는 뉴욕은 와인뿐 아니라 예술, 패션, 식도락의 센터이기도 하다. 뉴욕은 보르도보다 와인이 싸다. 왜 그럴까. 구매력이 커서 한번에 대량으로 구매하기 때문에 뉴욕으로 수출하는 단가가 낮아지기 때문이다. 뉴욕은 한마디로 소비자의 천국이다. 그래서 와인값이 세계에서 가장 싸다. 그래서 맨해튼에는 가 볼 만한 와인 숍이 정말 많다. 센트럴 파크 이스트에 접한 매디슨 애버뉴에는 셰리-레만(Sherry-Lehmann, www.sherry-lehmann.com)이 있다. 한때 경매 회사 소더비(Sotheby's)와 연합해 뉴욕 최고의 와인 경매를 벌이기도 했다. 퇴근 시간이 되면 정장 차림의 남성들이 줄지어 와인을 사 가는 모습이 인상적이다.

이번에는 버스를 타고 센트럴 파크를 횡단해 보자. 애커사(Acker Merrall & Condit, www.ackerwines.com)가 있다. 미국에서 가장 오래된 와인 숍이다. 주변은 고급 아파트들이 늘어서 있다. 와인 숍 한복판에 있는 테이블에서는 연신 포장하느라 여념이 없는 직원들의 땀방울을 볼 수 있을 만큼 주문이 많은 곳이다. 뉴욕에 온다면 한번쯤 들르면 좋을 듯하다. 경매로 고급 와인을 산 뒤 무리해서 한국으로 가져가지 말고 창고에 보관하면 좋다. 필요할 때마다 호텔이나 다른 장소로 배송 지시를 해 와인을 받을 수 있다. 이번에는 지하철을 타고 남쪽으로 내려가서 록펠러 센터로 가 보자. 경매 회사 크리스티(Christie's) 건물 옆에는 모렐(Morrell, www.morrellwine.com) 와인 숍이 있다. 길가에 놓여 있는 모렐의 의자에 앉아 샴페인을 홀짝거리면서 센터 한가운데 설치된 팀 보로프스키의 거대한 조각물을 감상해도 좋겠다. 심신의 피로를 푸는 데 그만이다.

○ 일본

일본에도 역시 와인 숍들이 많다. 물론 도쿄에 많이 몰려 있다. 미슐랭 가이드로부터 별벼락을 맞은 도쿄는 홍콩과 더불어 와인 애호가들의 필수 코스가 되었다. 일본 와인 숍의 특징은 박리다매를 지고의 가치로 삼고 있는 체인점이 있다는 사실이다.

그중에서 일본 전역에 체인점을 연 에노테카(Enoteca, www.enoteca.co.jp)의 규모가 가장 크다. 매월 주제를 정하고 현지의 샤토 성주를 초청해 벌이는 시음회는 오랜 전통을 이어오고 있다. 가격도 저렴한데 3만 원 정도면 여러 빈티지의 최고급 와인들을 맛볼 수 있다. 에노테카는 우리나라에도 진출해 있다. 갤러리아 백화점과 합작으로 운영하고 있다.

야마야(www.yamaya.jp) 역시 전국에 걸쳐 체인망을 확보하고 있다. 재개발로 천지가 개벽한 듯한 롯본기 힐스나 에비스 가든 플레이스에는 주요 건물마다 와인 숍이 들어서 있다. 타워팰리스를 연상시키는 롯본기 힐스 아파트 입구에는 샴페인과 보르도 특급 와인으로 무장한 와인 숍이 있다. 에비스 가든 플레이스에는 보르도 샤토를 이미테이션으로 건축한 샤토 레스토랑 건물이 웅장하게 서 있다. 프렌치 레스토랑 조엘 로부숑(Joel Robuchon)이 3개층을 차지하고 있는 건물 지하에는 보르도와 부르고뉴 최고급 와인을 소장하고 있는 와인 숍 라비네(La Vinee, www.lavinee.jp)가 있고, 바로 그 옆에는 생활 속에 작은 기쁨을 선사한다는 일상 와인 숍 파티 와인(www.partywine.com)이 있다. 두 가게가 극명하게 차이를 드러낸다. 라비네가 투자 등급 와인이라면 파티 와인은 일상생활 와인이다. 물론 라비네에도 저렴한 와인이 있고, 파티 와인에도 비싼 와인이 있지만 두 가게는 개성의 차이가 금방 느껴진다.

컨셉을 중시하는 전문 와인 숍들도 많다. 토라노몬에 있는 뱅쉬르뱅(Vin Sur Vin)이 그것이다. 특히 부르고뉴 와인을 선호하는 와인숍으로 매년 부르고뉴의 와인 생산자를 초청해 와인 시음과 경매를 이벤트로 연출하고 있다.

일본 와인숍의 특징은 이들 이외에도 다양한 형태의 와인숍이 존재한다는 것이다. 예를 들자면 백화점 와인 코너다. 일본의 백화점은 90년대에 세계 최고의 예술품 컬렉터였다. 지금은 그 위세가 많이 꺾였지만 와인에서도 예외가 아니다. 시내에 있는 수십 개의 백화점 지하 식품 코너마다 와인 숍이 있다. 소믈리에 복장을 하고 손님을 맞는 와인 코너는 일본 백화점의 기본이다. 예를 들자면 신주쿠의 이세탄(Isetan), 긴자의 마츠야(Matsuya), 미츠코시(Mitsukoshi), 마츠자카야(Matsuzakaya) 모두 와인 숍이 성업 중이다.

블로거에게 유명한 요모(Yomo)는 아카사카 전철역에서 도보로

10분 거리에 있는데, 와인 마니아들이 인정하는 고급 와인 집합소이다. 1624년부터 술을 팔고 있다는 전통이 깃든 가게다. 또한 긴자 마츠자카야 백화점 뒤에는 독일 와인 전문점 와이낙스(www.winax.co.jp)도 구경할 만하다. 초창기 와인 문화의 선두에는 독일 유학파 의사, 법률가들이 있었다. 지금이야 프랑스 와인이 넘버원이지만 그들은 자연스럽게 독일 와인을 일본에서 유행하게 만들었다. 와이낙스는 특히 스시와 궁합이 맞는 독일 와인을 잘 골라준다.

○ 홍콩

홍콩으로 가 보자. 와인 세금이 제로로 변한 홍콩은 기존에 있는 유명 먹거리와 함께 와인 자체를 위해 여행을 갈 정도로 매력적으로 변했다. 미슐랭 스타 중에 최상위급은 별 셋인데, 그런 식당은 그저 식당 방문을 위해서라도 원거리 여행을 해야 할 정도라고 평가를 받는다. 이제 홍콩 전체가 별 셋이 된 셈이다. 와인에 세금이 전혀 없고 해산물이 풍부한 홍콩은 식도락가와 와인 애호가들의 천국이 되었다.

우리나라에서도 영업하고 있는 왓슨스(www.watsonswine.com)는 홍콩 도처에 체인망을 구축하고 있다. 유명한 쇼핑 타운 퍼시픽 플레이스에도 지점이 있다. 세이부 백화점 지하로 가면 되는데 큰 규모에 다채로운 와인을 진열하고 있다.

1698년 영국 런던에서 시작하여 홍콩까지 발을 넓힌 BBR(www.bbr.com/hk)의 홍콩 지점도 있다. 유명인들의 단골 거래처로도 유명하다. 주요 고객은 아무래도 홍콩에 거주하는 외국인인 것 같다. 저장 상태가 훌륭한 고급 와인을 사기에 적합하며 개인 셀러도 분양한다. 하지만 종류가 왓슨스보다 적다. 얼마 전까지 우리나라 여성이 일하고 있어서 더 좋았다.

Casal di Serra Romanée-Conti Felsina Speri Chateau Latour Dom Perignon Pahlmeyer Castello di Ama Vosne-Romanée Lafite Renato Ratti Conca Les Beaux Monts Casal di Serra Romanée-Conti Felsina Speri Chateau Latour Dom Perignon Pahlmeyer Castello di Ama Vosne-Romanée Lafite Renato Ratti Conca Les Beaux Monts

3

어떤 유혹에도 흔들리지 않는다

가을의 풍요를 만끽할 수 있는 와인들

등산 동료들과 느끼는 자연의 맛
베르디키오

바다가 보이는 토함산에 올라서서 길게 야호를 외치면 산과 바다의 기운이 한아름에 달려온다. 자주 찾는 불국사와 석굴암이지만 살피고 또 살펴봐도 천 년의 지혜가 뭉클하다. 그 소박하고 단아한 탑들을 가슴에 품고 호텔로 돌아와 개봉하는 와인으로 마르케 지방의 화이트 와인 베르디키오를 추천한다.

🍷 푸른 빛의 포도 베르디키오의 고향

마르케(Marche)는 이탈리아 반도의 중부 동해안에 위치한 지방으로 무명지나 다름없다. 산악과 해안이 발달한 지형으로 보나 반

마르케의 풍요로운 들판

도에 자리잡은 위치로 보나 우리나라의 강원도와 비슷하다. 마르케는 주변 지방의 위세에 눌려 최근까지 변방 신세를 면치 못하고 있다. 와인과 관광의 관점에서만 보더라도 마르케는 인근 지방인 토스카나와 움브리아 그리고 에밀리아-로마냐 혹은 아부르쵸에 가려져 있다. 이런 불리한 형국을 극복하려는 시도가 가장 왕성한 분야가 와인이다.

고대 로마 시대부터 재배한 것으로 알려진 청포도 중에 베르디키오(Verdicchio)가 있다. 푸르다는 뜻의 베르데에서 비롯된 말로 말 그대로 푸른 빛이 돈다. 이 베르디키오의 고향이 바로 마르케다. 베르디키오는 신맛이 강한 편이라 맛이 아주 상쾌한 화이트 와인을 만들 수 있고, 스파클링 와인인 스푸만테 양조에도 잘 쓰인다. 베르디키오는 신맛이 분명해 해산물에도 잘 어울리며 다양한 스타일의 맛을 선사하는 까닭에 오늘날 마르케의 개성 있는 특산물이 되었다.

양조장에 따라서는 베르디키오의 수확을 최대한 늦추어 산도를 낮추고 당도를 높여 매력적인 화이트 와인으로 변모시키기도 한다. 굽이굽이 펼쳐진 높고 낮은 언덕에 아침마다 끼는 물안개를 활용하는 곳도 있다. 물안개 속에 잘 생성되는 보트리티스균은 베르디키오의 껍질을 갉아 내어 수분을 짜내는 효과를 발휘하는데, 양조장은 이런 균에 감염된 포도 알을 골라서 복합적인 아로마가 풍성한 와인을 만든다. 또한 포도를 제때에 따서 곧바로 양조하지 않고 별실에서 잘 건조시켜 특유의 너트 향이 만발한 와인, 일명 파씨토를 만들기도 한다.

화이트 와인의 숙성력은 무엇이 결정하나. 그것은 포도 속의 산도가 결정한다. 베르디키오는 이런 면에서 숙성력이 좋은 와인이다. 빈티지가 좋기만 하면 10년 혹은 15년 정도는 능히 묵힐 수 있

쿠프라몬타나 마을 본치(Bonci)
양조장의 베르디키오 수확 현장

다. 로마 교황령의 변방지란 어원을 가진 마르케에서 이런 숙성력을 가진 와인이 나온다는 것은 이 지방인들에게 큰 자랑거리다. 대다수가 가톨릭 신자인 이탈리아에서도 마르케는 여러 교황을 배출해낸 곳이기도 하다.

🍷 복숭아 향과 사과 향이 감도는 그 맛

2007년 어느 날 점심나절 마르케의 주도인 안코나의 식당에서 주문한 1995년이나 1997년의 베르디키오는 숙성력을 능히 짐작하게 하였다. 유년 시절의 베르디키오에서는 매운 향기, 풀 향기, 복숭아 향기, 감귤 향기를 느낄 수 있으며 뒷맛은 약간 쓴 아몬드 맛이 느껴진다. 잘 숙성된 베르디키오에서는 날카로운 질감이 둥글게 제련되어 부드럽게 입안을 감싼다. 코 끝에는 묵은내 속에 잘 익은

다양한 베르디키오 와인병 모양. 가운데 병은 값싼 이미지를 풍겨 오늘날 대부분의 베르디키오는 좌우편의 보르도나 버건디 스타일의 병에 담긴다.(왼쪽)
항아리를 닮은 와인병(위)

사과 향이 감돈다. 베르디키오는 샤르도네나 소비뇽 블랑보다 알이 크다. 다산 품종으로 나무에 주렁주렁 열린다. 불과 수 년 전까지만 해도 이런 베르디키오는 그저 저렴한 와인으로만 치부되었다. 하지만 우마니 론끼, 가로폴리, 본치 등의 생산자들이 열매솎기 등을 통해 품질을 향상시켰다.

저녁에는 나폴레옹 군대가 진지를 구축했었던 해안가 건물로 갔다. 포르타누보에 위치한 이곳은 지금은 호텔이 되었다. 해산물을 토마토 소스로 요리한 지역 음식은 우리의 해물찜과 비슷했다. 여러 생산자의 베르디키오를 순서대로 맛보면서 그 음식에 얼마나 잘 어울리는지 시도하는 일은 식사 순서와도 일치한다. 며칠간 화이트 와인만 마시다보면 눈은 본능적으로 레드 와인을 찾는다.

마르케 지방에서 레드 와인을 찾는다면 몬테풀치아노가 대표적이다. 토스카나의 명산지 몬테풀치아노와 철자는 같으나 토스카나에서는 거의 경작되지 않는 마르케의 토속 품종이다. 마르케의 와인 스타로는 우마니 론키(Umani Ronchi)가 있다. 1985년부터 시판하기 시작한 토속 품종인 몬테풀치아노 100퍼센트로 만든 레드 와인 쿠마로(Cumaro)가 10년째의 빈티지인 1994년 빈티지로 명망 있는 국제 와인 챌리지(International Wine Challenge)에서 최우수 레드 와인상을 거머쥐었다. 이로써 와인의 무명지로 천대 받던 마르케에 세계적인 관심이 쏠리기 시작한 계기를 마련했다. 미국 와인의 고품질 도래의 시기를 앞당긴 대부 로버트 몬다비의 고향도 이곳 마르케이다.

방한한 우마니 론키의 오너 미켈레 베르네티 (Michele Bernetti)

베르디키오는 원산지에 따라 두 가지 즉 베르디키오 데이 카스텔로 디 예지와 베르디키오 디 마텔리카로 나뉜다. 다소 긴 이름의 전자가 널리 알려져 있으며 후자는 생산 면적이 작다. 베르디키오는 전자의 이름을 줄여 부르는 게 일반적이다.

🍷 산과 바다가 낳은 자연스러운 맛

예지(Jesi)는 마을을 관통하여 흐르는 에지노 강에서 유래된 마을 이름이다. 몬테스키아보(Monte Schiavo)는 양조장의 위치대로

우수한 베르디키오를 생산하는 몬테 스키아보의 수확 연도별 와인들

베르디키오 데이 카스텔로 디 예지를 생산한다. 그 와인을 수확 연도별로 시음할 기회를 가졌다. 2005년부터 1998년까지의 와인을 차례로 맛보았다. 거의 십 년 묵은 1998년 빈티지를 한 모금 입안에 넣었다가 뱉었는데 혓바닥에 남는 게 있었다. 바로 화이트 와인의 생명인 산미다. 산도의 정도가 갓 출시된 일반 화이트 와인과 다를 게 별로 없었다.

마르케 와인의 무명성을 개별성으로 치환하려는 지역 양조 협회(Assivip)의 잔카를로 로씨(Giancarlo Rossi)는 "마르케는 미술의 라파엘로, 음악의 롯시니, 교육의 몬테소리가 태어난 곳이며 베르디키오는 마르케의 산과 바다가 탄생시킨 자연스런 와인"이라고 힘주어 설명한다.

여전히 베르디키오는 우리에게 무명 와인에 불과하다. 하지만 그 맛은 소박하고 가격도 저렴하다. 갈증 해소와 상쾌한 입맛을 회복시키며 무엇보다도 한 잔 걸치면 마르케의 산과 바다 내음이 바닷바람에 실려 온다.

동해에서 토함산을 넘어서면 불국사가 있듯이 아드리아 해에서 가파른 산등성이를 넘어서면 마르케의 포도밭이 펼쳐진다.

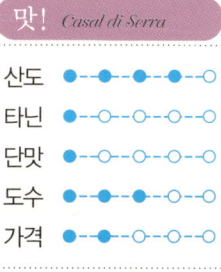

맛! *Casal di Serra*

산도 ●─●─●─●─○
타닌 ●─○─○─○─○
단맛 ●─○─○─○─○
도수 ●─●─●─○─○
가격 ●─●─○─○─○

다를 듯 같은 매력

와인명 | 산타 헬레나
구분 | 화이트
맛 | 드라이
주품종 | 샤르도네
원산지 | 센트럴 밸리
국가 | 칠레
소비자가격 | 2만 원대

산도: 적음—많음
당도: 적음—많음

와인명 | 콘티 디 부스카레토
구분 | 화이트
맛 | 드라이
주품종 | 베르디키오
원산지 | 카스텔로 디 예지
국가 | 이탈리아
소비자가격 | 3만 원대

산도: 적음—많음
당도: 적음—많음

부모님의 결혼 30주년을 축하하며
로마네 콩티

점과 선으로 표현한 작품으로 유명한 화가 이우환의 세 자매가 그의 결혼 기념 선물로 바친 로마네 콩티 1990년산 한 병. 자녀들은 부모님의 진주혼식을 위해 가진 돈을 몽땅 털었다. 와인 심미주의자이기도 한 그는 와인을 받아 들고는 그 정성에 너무 감복한 나머지 병을 결코 딸 수 없었다고 그의 저서 『시간의 여울』에서 고백한 바 있다.

로마네 포도밭과 콩티 왕자

세상에서 가장 갖기를 열망하는 와인을 하나 꼽으라면 나는 서슴

없이 로마네 콩티(Romanée-Conti)를 꼽는다. 그 맛의 특징은 벨벳, 고혹, 미스터리로 요약된다. 비단 같은 질감은 벨벳에 해당되고 장미꽃 이파리 같은 신선한 식물성 내음은 너무나도 고혹적이다. 향과 맛이 도대체 몇 가지인지 종잡을 수가 없다. 바로 옆에 있는 다른 포도밭과는 사뭇 다른 특유의 우아함과 세련됨이 대체 어디서 비롯하는지 도무지 알 길이 없다.

로마네 콩티는 지명을 와인 이름으로 삼는 부르고뉴의 평범한 원칙을 따르지 않는다. 마을 최고의 와인에만 적용되는 원칙을 따르면 된다. 바로 포도밭 이름으로 라벨을 표시하는 것이다.

로마네 콩티란 이름은 원래 '로마네'라는 포도밭에서 비롯되었고, 그 남쪽의 상당 부분을 콩티란 사람이 사들여 그 구역 이름을 로마네 콩티로 바꾼 데서 유래되었다. 그래서 로마네 콩티가 분가해 나가기 전까지는 명칭이 '라 로마네'라는 와인으로 양조되었다. 태양왕 루이 14세 시절까지만 해도 라 로마네로 불렸다. 하지만 콩티의 지분이 분할된 후에는 라 로마네가 라 로마네와 로마네 콩티로 나뉘었다.

그럼 콩티는 대체 누굴까? 어떤 인물이길래 자신의 이름을 포도밭에 붙일 수 있었단 말인가. 콩티는 정확히 콩티 왕자(Prince de Conti, 1717~1776)로 바로 프랑스 국왕 루이 15세의 장조카다. 콩티 왕자는 아버지를 일찍 여의고 열 살의 나이에 왕자 칭호를 얻어 이후 49년간 그 자리를 지켰다. 콩티는 출신지 콩티 쉬르 셀르(Conti-Sur-Selles)의 콩티를 따서 붙인 왕자의 칭호다. 풀어 쓰면 콩티 마을 출신의 왕자라는 뜻이다.

루이 15세의 애첩으로 베르사이유를 휘저었던 마담 퐁파두르는 콩티 왕자와 사이가 좋지 않았다. 절대 권력을 탐한 그녀에게 왕의

로마네 콩티 포도밭과 양조장의 이모저모. 최고라는 이름에 어울리지 않는 평범한 모습을 도처에서 볼 수 있다.

장조카는 항상 걸림돌이었을지 모른다. 왕자는 이 포도밭을 구매할 때 퐁파두르에게는 철저히 비밀에 부쳤다. 사사건건 트집을 잡던 그녀가 무슨 일을 저지를지 모를 일이었다. 결국 콩티 왕자는 그녀의 모함으로 베르사이유를 떠나게 되지만 길이 남을 최고의 와인엔 그의 이름이 붙는 영광을 누리게 되었다. 포도밭 문서는 1760년에 비싼 값(92,400리브르, 당시 주변 포도밭의 11배에 해당하는 액수)을 치른 후 왕자의 소유가 되었다. 포도밭 구매의 정황은 미국 음식 평론가 리차드 올네의 저서 『로마네 콩티』에 상세히 기술되어 있다. 1584년에 심은 피노 누와는 콩티 왕자가 밭을 차지했을 때도 그대로 유지되어 1945 빈티지까지 같은 혈통의 포도나무로 양조되었다. 16세기의 포도가 20세기 중반까지 이어져 왔다니 참 놀라운 일이다. 뿌리와 줄기 모두 프랑스산으로 360년 동안 순수 프랑스 토종 피노 누와로 전해 내려온 것이다. 그러나 왕자의 식탁에 오른 로마네 콩티는 오늘날과는 좀 달랐다. 그 당시에는 피노 누와 외에도 피노 블랑(청포도 일종)을 같이 심어 포도를 혼합하여 만들었다(검은 포도와 청포도를 같은 밭에 심고 같이 거두어 발효하는 것은 오래된 관습으로 독일, 오스트리아에서도 그 전통을 쉽게 찾아볼 수 있다).

🍷 최고 와인의 나이는?

1880년대부터 1910년대까지 기승을 부렸던 필록세라의 영향으로 프랑스 포도밭은 생태계에 근본적인 변화를 겪게 되었다. 포도나무 뿌리는 다 시들어 죽었다. 진드기들의 공격에 유서 깊은 포도밭은 맥을 못 췄다. 필록세라에 내성이 있는 미국산 대목에 프랑스

산 줄기를 접붙이는 방법만이 유일한 타결책이었다. 그러나 로마네 콩티는 미국산 대목을 탐탁치 않게 여겼다. 대신 포도나무의 번식을 달리하는 방법을 선택했다. 그로 인해 상당 기간 동안 피노 누와의 순수성을 지켜낼 수 있었다.

그들은 과연 로마네 콩티에 찾아온 필록세라를 어떻게 극복했을까. 이 지겹고 독성 강한 진드기가 창궐하는 동안에 그걸 박멸하려고 매년 이산화황을 밭에 뿌렸다. 이 방법은 1945년까지 지속되었

에티엔느 그리보가 태워 준 헬기를 타고 내려다 본 로마네 콩티 포도밭(왼쪽)
높이 솟은 십자가 주위에 관광객들이 몰린다.(오른쪽)

다. 그럼에도 불구하고 뿌리 파괴에 전매특허를 가진 필록세라에 의해 매년 조금씩 뿌리가 썩어 들어갔다. 마침내 양조장은 백기를 들었다. 1946년에 나무를 모조리 뽑아버리고 말았다. 그러니 1946년부터 1951년까지는 와인을 생산할 수 없었던 것이다. 땅속을 완전히 갈아엎고 이듬해인 1947년에 포도를 다시 심었다. 이렇게 해서

2008년 기준으로 로마네 콩티의 나이는 거의 환갑이 다 되었다.

그렇다면 1880년경부터 60년 동안에 로마네 콩티에 심은 포도나무는 어떻게 번식했을까. 답은 휘묻이다. 가지를 휘어서 묻는 방법이다. 가지에 굴성(휘는 성질)이 있는 포도나 덩굴장미에 주로 쓰는 방법인데, 땅을 길게 기는 가지를 선택해 껍질을 벗겨내고 그것을 땅속에 묻는 방식이다. 이후에 생장 조건을 잘 맞춰 주면 껍질을 벗긴 부분에서 뿌리가 나온다. 뿌리가 나오면 원래 나무와의 연결 부분을 잘라내 따로 키우면 된다.

🍷 최초의 거라쥐 와인

왕자가 마신 와인을 찾는가. 그렇다면 1760년부터 1945년까지의 빈티지를 찾아보라. 이 기간 동안에 양조한 로마네 콩티는 왕자가 마신 와인 그대로다. 같은 곳에 심은 같은 포도나무로 포도밭 면적은 전혀 변하지 않았다. 그 당시 수확량은 지금보다 훨씬 적은 것으로 추정된다. 오늘날은 보통 헥타르당 25~30헥토리터(100리터)를 짜낸다.

1.8헥타르(사방 135미터 내외의 면적)의 손바닥만한 밭에서 매년 평균 약 450상자(5,400병)를 생산한다. 거라쥐 와인, 컬트 와인이란 말은 90년대의 프랑스와 미국에서 생긴 신조어이지만 따지고 보면 로마네 콩티가 이들의 원조다. 로마네 콩티의 생산량은 보르도의 샤토 무통 로쉴드의 오십 분의 일에 지나지 않는다. 또한 연평균 3,000상자를 병입하는 보르도의 최고가 와인 샤토 페트뤼스의 육분의 일 밖에 되지 않는다. 그래서 로마네 콩티를 최초의 거라쥐 와

로마네 콩티 밭에서 나무에 달린 송이 숫자를 파악하고 있는 젊은 일꾼

인, 최상의 컬트 와인이라고도 한다. 생테밀리옹의 발란드로(약 1,000상자), 라 몽도트(약 800상자) 혹은 나파 밸리의 스크리밍 이글(약 600상자)보다 적다.

수작업으로 하는 수확, 극심한 가지치기, 여름철의 열매솎기 등을 통한 품질 향상이 가장 큰 특징이다.

로마네 콩티의 포도나무 관리는 무척 세심하고 치밀하다. 이들은 무엇보다도 포도가 좋아야 와인 맛이 좋다는 것을 잘 알고 있다. 2007년 6월에 로마네 콩티 포도밭을 찾았을 때에 그곳에서 일하던 젊은이가 있었다. 그는 꽃망울이 터진 송이의 개수를 세고 나무 하나 하나를 일일이 살피고 있었다. 그는 아마 양조장으로 돌아가서 작년 수치와도 비교할 것이다. 이번 빈티지에는 어떤 결과를 얻을 것인지 예측도 하고 말이다. 계절이 지나면 그중의 상당 부분은 열매가 익기도 전에 잘려나간다. 남은 송이에 당분이 집중되도록 희생해야 하기 때문이다. 수확할 때에 다시 한 번 선별 작업을 한다. 잘 익은 송이만을 거두어 다시 양조장에서 골라낸다. 고르고 또 골라낸 잘 익은 것으로만 로마네 콩티를 담근다.

🍷 맛의 비밀은 존재하는가

로마네 콩티의 양조 과정의 특징을 살펴보자. 오랜 세월 동안 포도를 밟아서 즙을 냈다. 이 방법은 1989년까지 계속되었지만 지금은 기계로 즙을 낸다. 혹자는 이런 전통적인 방법으로 이 와인의 신비감이 유지되었다고도 하지만 사실 양조상의 비밀은 없다. 양조 방식보다는 포도밭 그 자체가 와인의 수준을 결정하기 때문이다. 포도송이에서 포도 알을 골라 내지 않고 전체를 양조 통에 집어 넣는다. 그러면 가지에서 비롯되는 타닌을 확보할 수 있기 때문이다. 로마네 콩티는 품질이 좋지 않은 송이를 골라내기 위해 일찌감치 컨베이어 벨트를 사용했다. 양조장과 빈티지에 따라서 어떤 경우에는 포도 알의 타닌이 충분하면 가지를 제거하고 알만 골라내 발효시키기도 한다. 발효 후에는 통 바닥에 침전된 효모 찌꺼기를 완전히 제거하지 않는다. 한 번 정도만 거두어내고 그대로 둔다. 그러면 효모 찌꺼기에서 비롯되는 아로마와 힘을 얻을 수 있다. 맑은 와인을 얻기 위해 여과를 하지는 않지만 달걀 흰자로 정제를 한다. 오크 통을 만들 때도 색다르다. 3년 동안 건조시킨 오크 널빤지를 묵혔다가 사용한다. 와인에 지나친 오크 향이 스며들지 않게 하기 위해서다.

다시 말해 양조장에서는 되도록이면 공정에 간섭하지 않고 자연스럽게 와인이 숙성되도록 놔둔다. 자유방임형이라고 할까. 어찌 보면 하는 일이 거의 없을 정도로 내버려두는 것이 가장 까다롭지만 가장 효과적이라고 이들은 믿고 있다.

로마네 콩티에 쏠리는 관심은 사실 작명 방법이나 양조 특징에 있지 않다. 바로 가격에 있다. 세계에서 가장 비싼 와인이 바로 로마네 콩티다. 가격이 비싼 이유는 우선 공급을 훨씬 뛰어넘는 수요에 있다. 한때 코스닥에 벤처 열풍이 불었었다. 보수적인 투자자조차 코스닥에 발을 담그지 않으면 견딜 수 없었던 시절이다. 어떤 투자자들은 벤처 주식 매입보다는 공모주에 기대를 걸었다. 소규모 회사의 기업 공개에 수조 원이 몰리는 일도 다반사였다. 경쟁률이 수백 대 일에 이르니 고작 몇 주를 받는 경우도 있었다. 로마네 콩티도 이와 마찬가지다. 매년 수천 병을 병입할 뿐인데 전 세계 와인 중개상들은 서로 사겠다고 아우성이니 가격이 오르는 것이 당연하다. 경쟁이 치열한 발행 시장인 셈이다. 두 번째 이유는 유통 시장에서조차 매물을 발견하기 힘들다는 사실이다. 일반적으로 투자 등급 와인을 구매한 애호가들은 일부는 소비하고 일부는 경매장에 내다 팔지만 로마네 콩티는 그렇지 않다. 소량이다 보니 재판매보다는 직접 음용을 목적으로 한다. 결론적으로 발행 시장에서 한껏 부풀려진 가격은 매물 부족이란 매력을 지니고 다시 유통 시장에서 천정부지로 상승한다.

🍷 로마네 콩티를 만나는 유일한 방법

 로마네 콩티를 만나는 유일한 방법은 경매장에 가는 것이다. 2005년 맨해튼에서의 일이다. 1999 빈티지 36병에 해당하는 다양한 용기에 담긴 구성이 출품되었다. 낙찰가는 211,500달러. 병당 대략 6백만 원에 달한다. 하지만 국내의 상황은 사뭇 다르다. 2005년 조선 호텔에서 행한 아트옥션 와인 경매에서 로마네 콩티 1999년산 한 병이 출품되었다. 350만 원부터 입찰을 받았다. 주위가 좀 소란해지면서 가격이 비싸다는 말이 들리기도 했다. 지금과 비교해 보면 턱없이 낮은 가격이었다. 로마네 콩티 한 병이 그것도 세기의 빈티지라 할 만한 게 고작 350만 원이라니 정말 놀랄 일이 아닌가. 불과 4년 전인데도 완전히 다른 세계인 것 같다. 그러나 경매에 임한 응찰자들은 이런 사실을 잘 몰랐던 것 같다. 입찰 경쟁은 시시했고 결국 로마네 콩티는 370만원에 중년의 한 신사에게 낙찰되었다. 이 가격은 맨해튼 와인 경매 결과의 절반에도 못 미치는 아주 저렴한 값이다. 와인 정보가 빈약한 서울에서 가끔씩 벌어지는 이런 해프닝은 얼리어댑터인 애호가들에게는 횡재로 작용한다.

 2004년까지만 해도 서울에서 돈만 넉넉하다면 로마네 콩티를 구하기란 그리 힘든 일이 아니었다. 그러나 지금은 상황이 달라졌다. 돈만 있다고 해서 구할 수 있는 게 아니다. 선견지명이 있는 애호가들로 이미 예약자 명단이 꽉 차 있다. 대기자 명단도 꽤 길다. 예약자들은 로마네 콩티 한 병을 얻기 위해 다른 종류의 와인 열한 병을 부담 없이 함께 구입한다. 즉 한 병을 사려면 한 상자를 사야 하기 때문이다. 물론 그 상자엔 로마네 콩티가 한 병 밖엔 없지만 말이다. 2009년 3월말 홍콩에서 개최된 와인 경매에서는 1999년

로마네 콩티 2001

한 세트가 출품되었는데 몇 차례의 경합을 통해 결국 30,250달러에 낙찰되었다.

최고의 와인답게 로마네 콩티는 영화에서도 자주 등장한다. 극상의 맛을 지닌 존재뿐 아니라 극상의 사치품으로 욕망을 상징하는 소품으로도 소개된다. 불타는 건물 속의 아비규환을 리얼하게 그려낸 〈타워링〉에 등장한 1929년산 로마네 콩티 한 상자는 새로 개관한 초고층 건물의 높이보다 더 높은 인간의 출세욕과 물욕을 상징하는 역할을 담당했다. 2006년에 개봉한 〈포세이돈〉에서는 한 노신사가 유람선 카지노에 앉아 1988년산 로마네 콩티를 주문한다. 그는 자살을 결심하여 더 이상 금액 따위에는 크게 연연하지 않았다. 소믈리에는 5천 달러라고 반갑게 대꾸한다. 이 영화에서는 인생 마지막에 미련을 남기지 말고 좋아하는 것에 아낌없이 투자하라는 대상으로 로마네 콩티가 등장한 것이다.

로마네 콩티 포도밭은 구역별로 안식년을 실시한다. 내가 방문했을 때에는 마침 리슈부르 포도밭과 경계되는 구역이 쉬고 있었다. 지력을 회복하면 그 공터에는 다시 나무를 심는다. 텅 비어 있다 보니 토끼가 출몰해도 금방 눈에 띈다. 토끼는 어린 포도나무 가지를 굉장히 좋아한다. 로마네 콩티 포도밭에 갔을 때 녀석은 몸집이 꽤 컸다. 여러 해 동안 그 녀석이 먹어 치운 포도 알도 상당하리라.

　포도밭의 구분이 분명하지 않은 부르고뉴에서 로마네 콩티의 포도밭을 찾기는 식은 죽 먹기다. 본 로마네 마을 뒷산으로 이어지는 경사길을 조금만 걸으면 십자가가 보인다. 높이 솟아올라 있어 멀리서도 쉽게 볼 수 있다. 그 십자가의 왼편이 로마네 콩티다. 여행자라면 그 길을 놓칠 수가 없다. 날이 흐리거나 비가 와도 그 근처엔 항상 여행자들이 붐빈다. 십자가 주변에 서서 포도밭을 응시하는 각양각색의 여행자들은 마치 순례자 같다. 그들은 성지에 온 것처럼 낮은 목소리로 속삭인다. 예순을 바라보는 나무와 땅만 마냥 바라보고 있어도 표정엔 기쁨이 넘친다.

같은 매력의 대안을 찾을 수 있다면 로마네 콩티가 아니다.

[All That Wine]

로마네 콩티 한 세트를 구성하는 와인은 다음과 같다. 각각 그랑 크뤼급 레드 와인이며 피노 누아 100퍼센트로 만든다. 모두 합쳐 12병으로 한 상자에 담겨 팔려나간다.

	포도밭 면적	평균 수령	평균 생산량	특징
1. 로마네 콩티 Romanée-Conti	1.8헥타르	54년	450상자	모노폴(monopole), 동일 밭을 다른 생산자와 분할 소유하지 않고 전체를 다 소유한다.
2. 라 타슈 La Tâche	6.06헥타르	48년	1,870상자	모노폴(monopole)
3. 리슈부르 Richebourg	3.51헥타르	43년	1,000상자	
4. 로마네 생 비방 Romanée-St-Vivant	5.28헥타르	35년	1,500상자	
5. 그랑 에세조 Grands Echézeaux	3.52헥타르	53년	1,150상자	
6. 에세조 Echézeaux	4.67헥타르	33년	1,340상자	
몽하쉐 Montrachet	0.67헥타르	63년	250상자	DRC가 만드는 유일한 화이트 와인으로 역시 그랑 크뤼급이다.

* 1~4는 본 로마네 마을에 속하며 5~6은 플라제 에세조 마을에 속한다.
  가격은 번호의 오름차순으로 높아진다.

> 와인 名家

펠시나,
와인에 인문학을 담다

　이탈리아 키얀티는 포근하다. 날씨도 사람도 편안하다. 음식도 입에 잘 맞는 편이다. 소 내장을 토마토 소스로 볶은 것(trippa alla fiorentina, 양곱창 요리와 유사)이나 돼지 두루치기 같은 음식, 심지어 우거지국 같은 걸 보면 우리네 밥상이 떠오른다.
　키얀티에 가려면 피렌체를 지나야 한다. 도시 남쪽으로 이어지는 변화무쌍한 구릉 지대에 키얀티가 자리잡고 있어서다. 구릉들은 수천 년간 반복된 싸움에도 늘 미끈한 모습을 유지하고 있다. 수백만 명이 몰려오는 관광객의 발길에도 불구하고 여전히 고풍스런 자태를 지니는 좀처럼 닳지 않는 고전미가 넘치는 곳이다.
　해발 600미터까지 변화무쌍한 구릉은 높은 지대에서 보면 색깔이 다르다. 구름이 자욱하게 낀 재 너머에는 연한 하늘색과 잿빛으로 언덕이 빛나고 가까운 고개는 푸른색으로 빛이 난다. 키얀티는 "구름도 울고 넘는 울고 넘는 저 산 아래~"라는 유행가 가사가 어

완만하게 낮아지는 펠시나의 지하 셀러(위)
생산량에 비해 턱없이 좁은 숙성고는 여러 층으로 오크통을 쌓아 운용된다.(아래)

울리는 곳이다. 키안티에서도 클라시코야말로 압권이다. 다이나믹한 구릉은 클라시코에서 더욱 두드러지기 때문이다. 브롤리오나 산 펠리체를 찾아갈 때에는 온통 수풀로 빽빽한 울창한 삼림을 지나야 한다. 좀 더 동쪽으로 방향을 잡으면 펠시나에 도착한다.

치유와 순례의 터

파토리아 디 펠시나(Fattoria di Felsina)란 펠시나 양조장을 말한다. 카스텔로 대신에 파토리아라고 한 것은 양조장에 성이 없기 때문이다. 고유명사 펠시나는 유서가 아주 깊다. 로마보다 앞선 에트루리아의 도시 국가 이름이기 때문이다. 켈트족은 펠시나를 멸망시키고 새로운 도시를 건설하였는데 훗날 볼로냐로 발전한 곳이다.

펠시나 양조장은 펠시나만큼 오래되진 않았다. 하지만 양조장 터는 천 년의 역사를 자랑한다. 터 이름은 그란챠(Grancia)이며 보건소 역할을 하던 곳이었다. 지역민들을 치료하거나 순례자들이 지나면서 휴식하던 곳이기도 하다. 오래된 이름을 간판으로 내건 이유는 이곳 포도밭에 가 보면 바로 알 수 있다. 세월이 흘러 세상이 변해도 이곳은 거의 변하지 않았다. 포도나무와 올리브 나무, 잡목들로 우거진 해발 400미터 되는 넓은 산등성이에서 서남쪽으로 바라보면 토스카나의 보석, 시에나가 한눈에 들어온다. 구백 년 묵은 옛집이 덩그러니 남아 있는 걸 보면 마치 중세에 와 있는 듯한 착각이 들 정도다. 주인집 가족들도 그 건물에서 여전히 살고 있다.

펠시나는 1982년 이 집에 사위로 들어온 쥬제페 마조콜린(Giuseppe Mazzocolin)에 의해서 활기를 띠기 시작했다. 그는 라

펠시나 양조장의 한 부분으로 과거에는 보건소 건물이었다.(위)
여러 품종의 올리브 나무로부터 각각의 기름을 짠다. 이렇게 차려 놓고 올리브 테이스팅을 실시한다.(아래)

펠시나 소유의 천 년 된 건물로 현재는 비어 있다.(위)
양조장에 서면 카스텔로 베라르뎅가 마을이 보인다.(오른쪽 위)
토스카나의 흔한 토양 '알바레제'로 뒤덮인 포도밭(아래)

틴어와 그리스어를 가르치던 선생님에서 와인 메이커로 변신한 인물이다. 그는 최고의 품질 와인을 목표로 삼았다. 그래서 이전에 심었던 포도나무를 조금씩 종자를 바꾸어 모두 새로 심었다.

카스텔누오보 베라르뎅가(Castelnuovo Berardenga)에 자리 잡은 펠시나에서는 주목할 와인이 세 가지 있다. 우선 란챠(Rancia)라 불리는 키얀티 클라시코 리제르바다. 란챠는 터의 이름인 그란

차에서 차용한 것이다. 란챠의 테루아는 암석 토양이다. 갈레스트로(galestro)와 알바레제(albarese)가 혼합되어 있다. 갈레스트로는 토스카나에 분포하는 편암을 일컫는다. 육안으로 광물 입자를 알 수 있을 정도로 모양이 거칠다. 실제로는 아주 세립된 것을 포함하여 얇은 판 모양으로 쪼개지는 성질을 지녔다. 땅속을 파보아 깊지 않은 구역에 갈레스트로가 분포해 있으면 배수가 용이하고 뿌리가 광물질의 에너지를 포도 알로 흡수하기 쉽다. 알바레제는 흰 빛깔을 지녀 토스카나 포도밭에서 쉽게 눈에 띈다. 알칼리성 토양으로 칼슘이나 마그네슘 등이 풍부한 석회암의 일종이며 수분을 잘 함유하면서 배수에도 능한 특성을 지닌다.

펠시나는 키안티의 전형성을 추구하기 위하여 산지오베제로만 양조한다. 두 번째 와인 폰타롤로(Fontalloro) 역시 산지오베제 100퍼센트이다. 하지만 란챠와는 포도밭이 다르다. 폰타롤로는 세 구역의 밭에서 포도를 거둬 만드는데, 그 중 두 구역이 키안티 클라시코에서 벗어나 있다(그래서 폰타롤로는 키안티 클라시코란 원산지 명칭을 붙이지 못한다). 시에나에서 가까운 곳이라서 원산지 명칭은 키안티 콜리세네지(Chianti Colli Senesi, 시에나 언덕의 키안티란 뜻)에 속하는 구역이다.

🍷 깊고 순박한 맛을 넘어선 '그 맛'

란챠와 폰타롤로는 사실 자동차 한 대 정도가 겨우 지나갈 만한 오솔길로 구분된다. 폰타롤로 밭은 점토질이 클라시코 지역보다 풍부한 편이다. 그래서 란챠보다 강건함과 풍부한 질감을 지녔고 오

펠시나의 대표 와인인 란챠와 폰타롤로

크 통 숙성도 6개월을 더 한다. 마지막으로 카베르네 소비뇽으로 만드는 마에스트로 라로(Maestro Raro)가 있다. 햇빛이 가장 잘 드는 1.5헥타르의 구역에서 나온 포도로만 양조한다. 캘리포니아나 칠레의 화려한 카베르네 소비뇽과는 달리 복합적이지만 담백하고 간결한 뒷맛을 오랫동안 즐길 수 있다.

　란챠와 폰타롤로는 주인을 닮은 와인이다. 드러내려고 하거나 나서려는 뉘앙스를 찾기 힘들다. 깊은 맛을 주며 순수하고 순박한 산지오베제의 과실 맛이 생생하게 살아 있다. 그러나 여기에서 머물면 수준급이라 할 수 있을까? 란챠와 폰타롤로는 복합성이 분명하게 느껴지며 균형이 잘 잡혀 숙성력이 뛰어나다. 그래서 몬탈치노급 산지오베제가 나오는 곳으로 손꼽을 때 반드시 이곳이 포함된다. 산지오베제라고 해서 다 같은 산지오베제가 아니다. 키얀티보다는 키얀티 클라시코가, 키얀티 클라시코보다는 비노 노빌레 디 몬테풀치아노가, 비노 노빌레 디 몬테풀치아노보다는 브루넬로 디 몬탈치노가 낫다. 같은 포도라도 어떤 토양에 심느냐가 중요하다.

라틴어 대신 와인을 연구하는 쥬제페 마조콜린

키얀티 클라시코 내에서도 마찬가지다. 주변보다 더 나은 와인을 생산하는 키얀티 클라시코가 있는 법이다. 와인의 특별함을 쉽게 알 수 있는 수단은 그 와인의 숙성력에 있다. 토양을 잘 길어 올린 포도를 흠없이 정성껏 양조하면 틀림없이 그 땅의 맛을 드러내게 되어 있다.

청년의 나이에 이른 폰타롤로가 궁금해졌다. 1990년 빈티지이다. 디캔팅을 통해 바로 잔으로 옮겨진 와인에서 식물성 부케가 흘러넘친다. 송로버섯 같은 향기에 박하 향이 배어 있다. 질감은 오랜 시간이 흘렀음에도 여전히 꿈쩍 않고 버티는 인내가 느껴진다. 이 모든 특성은 키얀티보다는 몬탈치노에 있는 것들이다.

쥬제페는 양조학을 선택하면서 인문학을 버리지 않고 대신 와인 속에 자신의 철학을 녹여냈다. 그는 특히 지역과 지역성을 중시한다. 캡슐에 크게 표시된 로고 '베라르뎅가'를 보면 알 수 있다. "왜 지명이 카스텔누오보 베라르뎅가인데 카스텔누오보는 제외했냐?"

라고 물었다.

그랬더니 그는 다음과 같이 대답했다.

"카스텔누오보는 이탈리아 전역에 분포하는 이름이라 베라르뎅 가만을 삼았다."

맛! *Felsina*

산도 ●—●—●—●—○
타닌 ●—●—●—●—○
단맛 ●—○—○—○—○
도수 ●—●—●—○—○
가격 ●—●—●—○—○

다를 듯 같은 매력

와인명 | 카스틸리오니
구분 | 레드
맛 | 드라이
주품종 | 산지오베제
원산지 | 키안티
국가 | 이탈리아
소비자가격 | 3만 원대

와인명 | 페폴리
구분 | 레드
맛 | 드라이
주품종 | 산지오베제
원산지 | 키안티 클라시코
국가 | 이탈리아
소비자가격 | 6만 원대

잠이 잘 오지 않을 때
아마로네

   양 한 마리, 양 두 마리, 양 세 마리…… 양 구백 오십 칠 마리, 아무리 양을 세도 잠이 오질 않는다. 온갖 망상이 꿈길을 훼방한다. 아무래도 가을을 타나보다. 강력한 처방이 필요하다. 한 모금으로도 온갖 망상을 날려버릴 처방전을 찾는다면 아마로네를 추천한다. 도수가 높아 알코올 반응이 즉각적으로 일어나는 강한 와인이지만, 터질 듯이 풍성한 과일 향과 진하고 두꺼운 감촉이 그 속에 진을 치고 있어 모든 것을 덮어버릴 만한 힘이 있다. 휴식에 들기에 그만이다. 양들을 침묵하게 해 편안하고 안락하게 해 줄 것이다.

🍷 실수로 빚어진 쓴맛

아마로네가 무슨 뜻인고 하니 쓰다, 달지 않다는 말이다. 달게 만들어 먹던 레드 와인의 스위트 버전이 어느 날 우연한 실수로 인해 맛이 변해 나오게 된 와인이다. 아마로네는 포도즙의 당분이 모조리 발효되어 버린 결과 탄생하게 되었다.

아마로네는 북부 이탈리아 지방 베로나에 속한 발폴리첼라 지역이 고향이다. '셀러가 가득한 계곡'이란 뜻을 가진 발폴리첼라는 오랜 양조의 전통을 지닌 곳이다. 발폴리첼라 고장의 일반 와인은 이 고장의 이름을 따 발폴리첼라라고 부른다. 코르비나, 코르비노네, 론디넬라 등의 검은 포도를 사용해서 만드는 레드 와인이다. 과일 향이 풍부하고 신맛이 두드러져 일상 생활에서 음식과 함께 편하게 마신다. 발폴리첼라의 제법을 약간 바꾸면 아마로네가 된다. 포도밭에서 제때에 따서 바로 발효하면 발폴리첼라, 말려서 나중에 발효하면 아마로네가 되는 것이다.

발폴리첼라 지역 레씨나 마을에서 치즈와 살라미를 3대째 수작업으로 생산하는 코라도 베네데티(Corrado Benedetti)

통풍이 잘 되는 2층에서 포도를 건조한다.

나무 상자에 단층으로 포도를 깔아 건조한다. 어떤 양조장에서는 플라스틱보다 나무로 된 상자를 선호한다.

포도를 줄에 꿰어 건조하는 방법은 생산량이 많은 양조장에서는 찾아보기 어렵다.

발폴리첼라는 수확한 포도를 그대로 압착하여 만들지만 아마로네는 수확한 포도를 압착하지 않고 별실로 가져가서 말린다. 통풍이 잘되는 곳에 포도를 두는데 그냥 바닥에 놓지 않고 새끼줄 같은 데다 매달아 두거나 볏짚 위나 돗자리 같은 데다 넣어 두기도 한다. 대나무를 사용하며 포도 위에 포도를 두는 법이 없다. 주로 건물의 2층 공간을 활용하여 포도를 말리는 이런 방식을 가리켜 '아파시멘토(appassimento)' 기법이라고 하는데 그 말은 '말리는' 혹은 '시든' 이란 뜻이다.

발폴리첼라에서는 이런 건조 방식을 4세기부터 시행하였다고 한다. 양조장 테데스키(Tedeschi)의 여주인 사브리나는 "이미 그 당시에도 건조를 통한 집중된 와인 양조는 이 지역에 널리 퍼져 있었다"고 말한다. 포도를 말리는 방식은 1500년이 지나도 별로 변하지 않았다. 오늘날은 기술이 발달해서 포도를 열을 가해 말릴 수도 있겠지만 이 고장에서는 이런 방식이 허락되지 않는다. 단 온도 변화를 하지 않는 한도 내에서의 통풍과 환기 시스템은 구축할 수 있다.

🍷 보다 풍부하고 보다 진한

옛날 발폴리첼라 지역의 최고급 와인은 레치오토(recioto)였다. 가장 잘 익은 포도를 선별하여 딴 다음 발효를 시키다가 단맛을 남기기 위해 중단시키는 와인이다. 오늘날에도 전통이 고스란히 남아 있다. 레치오토 델라 발폴리첼라가 그것이다. 레치오토는 포도송이 중에 맨 위에 달린 포도 알이 꼭 귀처럼 생겼다고 해 붙여진 이름이다. 귀를 뜻하는 '레치아(recia)'에서 비롯되었다. 레치오토를 발효

테데스키 양조장의 오크 숙성고

하다가 어느 날 발효가 중단되지 않고 모두 다 발효되어 버린 일이 있었다. 우연한 사고였다. 양조장 책임자가 맛을 보니 단맛이 나질 않았다. 당분이 모두 에탄올로 치환된 것이다. 완전 발효되어 쓴맛이 났다. 소주의 뒷맛과 비슷한 알코올 맛이 났던 것이다. 사람들은 진하고 강하며 기운이 넘치는 이 와인을 아마로네라고 부르기 시작했다. 1900년대 초에 우연히 발견된 아마로네는 1990년대부터 품질이 개량되어 오늘날 베네토 지방 최고의 레드 와인이 되었다. 사실 아마로네의 맛은 잔당 함유량에 따라 달라서 단맛이 별로 없는 것도 있고 단맛이 나는 것도 있다.

발폴리첼라 지역에는 이렇게 해서 발폴리첼라, 레치오토, 아마로네의 세 가지 레드 와인이 자리를 잡게 되었다. 레치오토는 디저트

한 양조장의 벽화, "형제는 용감했다!"

와인이므로 식사에는 발폴리첼라와 아마로네가 쓰여 두 가지 레드 와인이 있는 셈이다. 그러나 가볍고 활기찬 발폴리첼라와 무겁고 중후한 아마로네의 맛의 차이가 무척 큰 편이었다. 사람들은 발폴리첼라보다 좀 더 질감이 풍성하고 아마로네보다는 좀 더 마시기 쉬운 와인을 원했다. 식탁 위에서 즐기는 와인을 더없는 낙으로 삼아 온 이탈리아 사람들에게는 당연한 요구였는지도 모르겠다.

마지(Masi)라는 아마로네 생산자는 늘 품질 향상에 골몰하였다. 드디어 여러 차례의 실험 끝에 1964년 어느 날 획기적인 양조 기법을 터득하였다. 리파쏘(ripasso)란 것인데 아마로네 양조 과정 중에 생긴 효모 찌꺼기와 수확한 포도를 합해서 발효하는 방법이다. 이를 통해 일반 발폴리첼라보다 질감이 풍부하고 진한 와인을 만들어 냈다. 마지 양조장에서는 이 와인에 캄포피오린(Campofiorin)이란 브랜드를 달아 전 세계로 수출하고 있다.

스페리 아마로네의 다양한 용기들

    1990년대에 들어서서 마지는 효모 찌꺼기 대신 아예 건조된 포도를 일반 포도와 혼합하여 양조하기 시작했다. 목적은 기존의 아마로네의 거칠고 강한 타닌의 흔적을 발폴리첼라에 입히는 것으로 발폴리첼라의 구조도 강화되고 어느 정도의 숙성력도 제고되는 효과를 거두었다.

    아마로네는 연탄색을 띤 와인이다. 오랜 시간 동안 껍질에서 색을 빼기 때문에 색이 무척 검다. 칠흑 같은 밤을 연상케 하는 아마로네의 색깔은 단순한 검은 색이 아니다. 그 속에 있는 레스페라트롤이란 효소로 인해 심혈관 계통에 특히 좋다는 분석이 나와 있다. 아무리 강하고 진한 맛과 향이 풍부한 와인이어도 신선하지 않으면 좋은 와인이라고 보기 힘들다. 그래서 아마로네는 산도가 받쳐 주어야 한다. 신선함이 살아 있는 아마로네는 소년의 미소를 잃지 않은 중년의 노신사처럼 매력적이다.

최고의 아마로네를 꼽으라면 나는 주저하지 않고 로마노 달 포르노(Romano dal Forno)와 퀸타렐리(Quintarelli)를 고른다. 그지없이 행복한 날에 미련 없이 개봉할 와인으로 이만한 게 없다. 긴장의 연속이던 시절 불면의 밤을 지샌 시절을 깡그리 날려 편안한 안식으로 인도할 와인이다.

다를 듯 같은 매력

와인명	로마노 달 포르노
구분	레드
맛	드라이
주품종	코르비나
원산지	아마로네
국가	이탈리아
소비자가격	80만 원대

와인명	베르타니
구분	레드
맛	드라이
주품종	코르비나
원산지	아마로네
국가	이탈리아
소비자가격	20만 원대

3. 어떤 유혹에도 흔들리지 않는다

로맨스를 위한 와인
샤토 라투르 · 동 페리뇽 로제
팔메이어 샤르도네

"가을에 편지를 하겠어요. 누구라도 그대가 되어 받아 주세요. 낙엽이 흩어진 날~"

한없이 낭만적이 되는 가을날에는 누구나 러브 스토리의 주인공이 되고 싶다. 정열을 있는 그대로 보여 주는 레드 와인이나 황금빛이 찬란하게 빛나는 화이트 와인을 테이블 위에 올리자. 레스토랑에는 지금 사람들의 즐거워하는 소리가 가득하다. 스테이크 접시에서는 포크가 접시에 부딪쳐 나오는 달그락거리는 소리, 콸콸콸 와인 따르는 소리, 여기에다 당신이 속삭이는 애정 어린 목소리로 인해 당신의 애인은 지금 사랑에 빠져들어 간다.

🍷 여성의 마음을 사로잡고 싶다면, 샤토 라투르

남성은 마음에 드는 여성을 꼬실 때 전력투구한다. 그녀를 위한 것이라면 무엇도 아까울 게 없다. 발 킬머 주연의 영화 〈세인트〉에서의 한 장면도 그렇다. 천재 여성 과학자가 풀어낸 저온 핵융합 기술의 공식을 팔아 치우기 위해 발 킬머는 그 여성에게 접근한다. 근사한 레스토랑으로 그녀를 데리고 간다. 그리고 소믈리에에게 와인을 청한다. 두꺼운 와인 메뉴를 힐끗 보더니 샤토 라투르 1957년산을 주문한다. 주문을 받고 어안이 벙벙한 소믈리에는 다음과 같이 응대한다.

"선생님, 라투르는 사백 파운드가 넘는 고가 와인인데요." (사실 이런 행동을 보이는 소믈리에는 진정한 소믈리에라고 보기 힘들다. 왜냐하면 소믈리에는 뛰어난 와인 지식 못지않게 매상을 올려야 유능하다고 인정 받기 때문이다.)

주인공은 천연덕스럽게 "그렇다면 두 병 주세요"라며 보기 좋게 멘트를 날린다. 어리둥절한 소믈리에는 곧장 사라진다. 그 다음은 일사천리로 진행된다. 최고급 와인을 마시며 주인공은 끊임없이 여성을 공략한다. 결국 그는 그녀와 친해지는 데 성공한다.

이름에서 알 수 있듯이 탑(프랑스어로 La Tour)을 라벨에 새긴 라투르(Latour)는 프랑스의 대표적인 와인이다. 보르도 지방 포이약(Pauillac)이 원산지다. 같은 마을에 있는 무통 로쉴드나 라피트 로쉴드보다 강하고 단단한 감촉을 자랑한다.

라투르의 특징은 강한 뒷맛과 풍부한 향이다. 그래서 라투르를 가장 남성적인 와인이라고도 한다. 그것은 카베르네 소비뇽의 껍질과 씨에서 비롯되는 타닌 성분 때문이다. 한 모금을 입에 물면 입천

지롱드 강변에 연한 라투르의 포도밭에는 우아한 성과 웅장한 물탑이 솟아 있다.

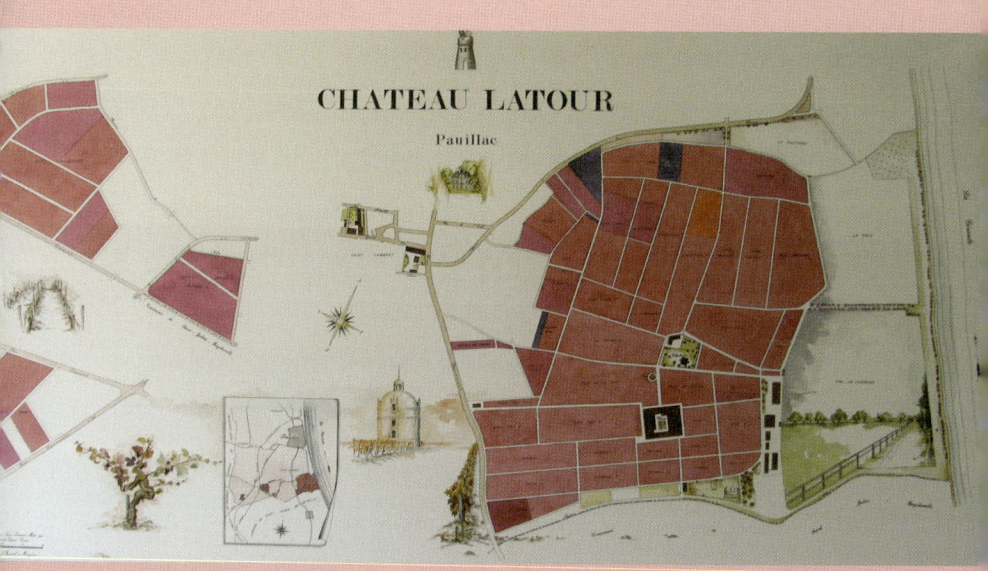
샤토 라투르의 포도밭 지도

장 전체가 코팅 처리된다. 침샘을 막아 입이 바짝바짝 마르는 느낌이 난다. 얼얼하게 굳어버린 입안의 느낌 때문에 텁텁하다고 하는 것이다. 하지만 이런 마술 같은 느낌도 곧 풀린다. 끊임없이 퍼지는 과일 향의 신선함이 입안 전체로 퍼지기 때문이다. 드디어 균형 잡힌 맛의 세계로 나아가게 된다.

라투르는 오랜 기간 동안 비교적 고른 수준의 와인 생산에 성공하고 있다. 경매 시장의 단골 빈티지로는 1961·1982·1990·2000년이 있다. 최근에는 2005년 빈티지의 실적이 탁월하다. 이런 빈티지의 라투르는 어떤 남성들에게는 시음용이라기보다는 관상용 혹은 소장용이다.

2008년 홍콩의 와인 세금이 완전히 면제되었다. 그래서 홍콩에서 와인 경매가 본격화되면서 세계적인 경매 회사의 각축전이 벌어지고 있다. 크리스티 와인 경매 회사는 2008년 11월 첫 경매를 실시했다. 경매의 하이라이트 물품으로는 샤토 라투르 셀러에서 직접 보내온 와인들을 대거 선정했다. 샤토 라피트 로쉴드가 메독 최고급 와인이라고 믿는 중국인들에게 대안을 제공한 셈인데 사실 크리스티의 대주주는 샤토 라투르의 주인이기도 하다.

상대방에게 강한 인상을 주려는 마음은 남녀가 다르지 않다. 라투르가 담긴 글라스를 통해 진하고 뜨거운 마음을 전할 수 있다. 단번에 마음을 빼앗고자 한다면 우람한 모양의 탑이 그려진 라투르를 기억하자.

위생 관리가 철저한 샤토 라투르의 셀러

🍷 로맨스그레이를 위해, 동 페리뇽 로제

연애 시기를 놓친 이를 위해 동 페리뇽 로제를 추천한다. 그들에게 마침내 사랑이 찾아왔을 때 이 샴페인을 들라고 권하고 싶다. 그리고 빛깔을 음미해 보라. 탐스러운 분홍빛 바탕 위에 용솟음치는 거품은 청년 못지않은 열정을 표현하는 것 같다. 품위 있는 검은 포도 피노 누와와 우아한 청포도 샤르도네를 혼합하여 색을 낸 동 페리뇽처럼 둘이 만나 하나가 된다.

샴페인이 어느 날 우연히 발견된 것처럼 사랑도 어느 날 우연히 찾아온다. 하지만 붙잡아야 내 사랑이 된다. 샴페인 지방의 이른 봄에 와인 저장고에서 병이 가끔 깨진 채 발견되었다. 오빌레르 수도

엉 프리메르에 제공된 라투르 와인들

원에서 신앙을 연마하던 페리뇽 신부가 발견하기 전에도 병은 수없이 터졌다. 사람들은 이 일을 보고도 대수롭지 않게 여겼다. 그러나 페리뇽은 그 일을 그냥 지나치지 않고 그 이유를 파악하려 했다.

매년 좋은 포도를 얻을 수 없는 샴페인 지역에서 어쩌다 훌륭한 빈티지를 얻게 되는 해에만 동 페리뇽을 생산한다. 즉 동 페리뇽은 빈티지 샴페인이다. 여기에 로제란 부제가 더 붙으면 일반 샴페인보다 좀 더 귀한 대접을 받는다.

2008년 봄에 출시된 최근 빈티지 로제는 1998년산이다. 십 년이 지난 다음에 시장에 등장했다. 보통 연도를 표시하는 빈티지 샴페인은 3년 숙성이 최소 조건인데 동 페리뇽 로제는 무려 십 년을 숙성한다. 그러니 출시 직후 맛을 보아도 깊은 맛이 난다. 대부분의 와인들이 몇 년 내로 소비되어 없어지고 말지만 동 페리뇽 로제는 동년의 샴페인들이 다 사라지고 난 후에 유유히 등장한다. 그래서 젊은 시절을 다 보내고 인생의 황혼기에 활력을 얻는 이들을 연상하게 한다.

　1963년에 개봉한 신상옥 감독, 최은희 주연의 〈로맨스그레이〉는 중년의 남성들이 젊은 여성에게 눈을 돌려 벌어지는 소동을 해피엔딩으로 유쾌하게 그린 영화다. 자신의 핸디캡을 극복하고 최고의 미각을 발휘하여 샴페인의 참맛과 향을 빚어낸 동 페리뇽. 이 샴페인을 마침내 사랑을 찾아 그 사랑과 함께 달콤한 연애의 세계로 나아가는 로맨스그레이에게 바친다.

🍷 잊혀진 사랑을 찾은 여자에게, 팔메이어 샤르도네

　와인 한 병으로 남자의 마음을 사로잡을 수 있다고 생각한 여자가 있다. 영화 〈폭로〉에서 데미 무어는 한때는 애인이었던 부하 직원을 유혹하기 위해 치밀하게 작전을 짰다. 둘은 나파 밸리로 애정 여행을 떠날 만큼 사랑했던 사이였고, 특히 그 남자는 와인에 심취해 있었기 때문에 데미 무어는 와인으로 그를 유혹할 준비를 했다. 그녀는 그에게 팔메이어(Pahlmeyer) 샤르도네 1991년산을 건넨다. 그러자 분위기는 더 이상 상사와 부하가 아닌 옛 연인으로 변하면서 영화는 곧장 위기로 치닫는다.

　"와! 팔메이어 샤르도네 1991! 어떻게 이걸 구했나?"

　남자가 말한다.

　옛 애인의 애정 공세에 분위기는 고조되고 옛날을 추억하는 남자는 무기력한 방어력을 드러낼 뿐이다. 결국 송사에 이른 사건은 치밀하게 유혹을 준비한 데미 무어의 성희롱 자작극으로 결말이 난다.

팔메이어 양조장은 미국 캘리포니아 나파 밸리에 있다. 전직 변호사 출신인 팔메이어는 오푸스 원(Opus One) 같은 고급 와인을 만들고 싶었다. 전해지는 이야기에 따르면 로버트 몬다비가 샤토 무통 로쉴드와 합작하여 오푸스 원을 만든 것을 벤치마크했다고 한다. 그는 샤토 린치 바쥬에 합작을 제의했으나 결과가 신통치 않아 결국 스스로 고품질 와인을 만들지 않을 수 없었다고 한다. 팔메이어는 출시된 후 〈폭로〉 덕분에 더 유명해졌다. 우연히 영화 소품 담당자에 의해 선택된 것이 와인을 명품 반열에 오르게 한 것이다.

팔메이어가 유명하게 된 데는 영화의 공이 크지만 와인 품질도 역시 뛰어나다. 수작업으로 하는 포도 재배와 포도 품질을 최상으로 하기 위한 가지치기, 새 오크 통 사용, 소량 생산 등으로 고품질의 와인 생산에 성공했다. 포도원의 규모가 작아 부티크 와인(boutique wine)에 속하는 와인이다. 영화 속 1991는 이 와인의 데뷔 빈티지(dubut vintage)라 유혹 당하기가 더 쉬웠다. 무언가를 모으고 아끼는 사람들은 처음으로 등장하는 물건에 애착을 지닌다. 팔메이어는 아직 국내에 수입되지 않았지만 캘리포니아에서는 어렵지 않게 구할 수 있다.

와인 속에는 추억과 시간이 녹아 있다. 그 속에는 빈티지를 구성하는 봄, 여름, 가을, 겨울이 순서대로 스며 있고, 통과 병을 거쳐 익어가면서 와인들은 여러 빈티지들을 겪는다. 시간을 과거로 돌리고 싶을 때 와인만 한 게 없다. 와인은 타임머신이다. 자녀가 태어난 해의 빈티지 와인을 준비해 두었다가 결혼식 피로연에 쓰려는 와인 애호가들은 이미 이러한 매력을 확신하고 있다.

아련한 기억으로만 남아 있는 사람, 아낌없이 다 주고픈 연인을 다시 만난다면 아름다웠던 추억을 온전히 회복시키는 팔메이어를 준비해 보자.

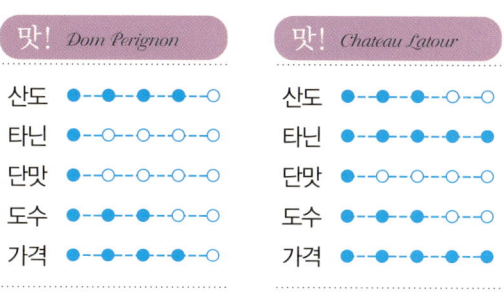

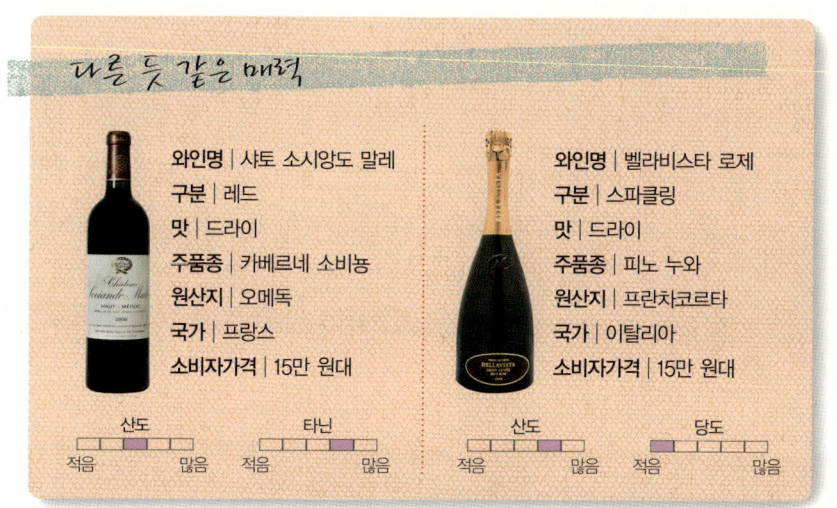

3. 어떤 유혹에도 흔들리지 않는다

와인 名家

아마,
예술에 담긴 열정에서
영감을 얻다

아마추어의 어원은 사랑 혹은 애호란 뜻의 아마다. 상업적 목적 없이 그저 좋아서 매달리는 사람들을 아마추어라고들 한다. 우리는 때때로 가볍고 성의가 부족한 이들을 아마추어('왜 이래 아마추어 같이!')라고 일컫지만 사실 큰 성과는 그들의 가슴 속에서 피어나는 열정으로 이루어진다.

  기존의 후진 품질을 개선하려는 노력은 지구 마을 도처에서 목격된다. 와인 세계도 마찬가지다. 어느 누가 품질 향상을 꾀하지 않겠는가. 토스카나의 전통 양조장 중에 포도밭의 특성을 열심히 알아보고 그 개성에 애착을 느끼고 틈나는 대로 애호하는 예술 작품을 통해 영감을 얻으려 하는 곳이 있다. 이 양조장의 이름이 공교롭게도 아마다.

🍷 고급 슈퍼 와인으로 변신한 키얀티 클라시코

키얀티 클라시코(Chianti Classico)는 키얀티의 고정관념 때문에 힘든 시절을 보냈다. 키얀티는 도매급으로 저급 와인 취급을 받았었다. 그래서 키얀티 클라시코 양조자들은 전통적인 키얀티 이미지로는 미래가 없다고 여겼다. 그중의 일단은 국제 품종을 위주로 양조하기 시작했다. 그런 와인을 가리켜 이른바 슈퍼 투스칸이라 한다. 토스카나의 질서를 뛰어넘는 아방가르드 정신으로 무장한 와인이다. 이를 통해 마침내 이탈리아 와인이 국제 시장에 등장하게 되었다. 그러나 슈퍼 투스칸만으로는 진정한 이탈리아 테루아의 전형성을 빚을 수 없다고 주장한 사람들도 있었다. 그들이 바로 '슈퍼 키얀티'라고 불리는 와인을 양조해 냈다. 기존 키얀티의 이미지를 완전히 탈피하여 새로운 키얀티를 완성하였다. 슈퍼 키얀티의 무대는 키얀티의 한복판 키얀티 클라시코다.

키얀티 클라시코 한가운데 자리잡은 슈퍼 키얀티는 질감, 균형감, 피니쉬, 숙성력 분야에서 두드러진다. 지역 와인과 키재기를 하면 한 뼘이나 차이가 날 정도로 품질이 우수하다. 어떤 와인이 이에 해당할까? 세련된 산지오베제로 정평이 난 카스텔로 디 아마(Castello di Ama)가 대표적인 생산자이다.

산지오베제

🍷 아마를 사랑한 남자

사랑이란 뜻의 '아마'는 와인에 대한 사랑과 포도밭에 대한 사랑 그리고 예술에 대한 사랑이다. 2대째 양조장을 이끌고 있는 마르코 팔란티(Marco Pallanti)는 이곳에 장가들어 오게 된 양조 전문가이다. 그는 1982년 빈티지부터 아마 만드는 일을 거들기 시작했다. 그로부터 10년 후에 양조장의 딸 로렌자 세바스티(Lorenza Sebasti)와 결혼했다. 사실 처가에서는 아마를 그저 투자 목적으로 사둔 셈이었는데 나중에 토양의 개성과 풍광의 찬란함에 감동을 받아 그냥 눌러 앉게 되었다.

"해발 500미터의 포도밭에서 이렇게 포도가 잘 익는 것은 축복이죠."

마르코는 십 년에 몇 번 정도 주어지는 놀라운 빈티지는 그저 신의 축복이라고 말한다.

"이렇게 높은 곳에서 제대로 익은 포도를 얻기란 참 어렵습니다. 하지만 우리는 소출을 줄이고 완벽하게 숙성된 산지오베제를 얻는 데 열중합니다."

그의 솜씨로 인해 키얀티 클라시코의 수준이 높아졌다. 그는 또한 바롤로나 바르바레스코에나 있는 싱글 빈야드 개념을 일찌감치 활용하였다. 이는 토스카나에서는 매우 드문 일이다. 벨라비스타(Bellavista)와 카주챠(Casuccia) 포도밭의 포도만으로 와인을 만든 것이다. 빈티지에 따라 새 오크 통의 비율을 조절하지만 포도의 집중도가 높아 키얀티와는 달리 100퍼센트 오크 통을 사용한다. 벨라비스타는 고도가 높으며 토양은 암석이 주로 분포되어 있다. 점토질과 석회암이 많은 카주챠에 비해 색이 좀 연한 편이고 질감은

예술 사랑의 한 예로서 거울을 재료로 한 설치 작품이 양조장 마당에 놓여 있다.(위)
산지오베제의 혁명을 모티브로 한 조명 설치 예술품. 거꾸로 배치하여 'LOVE'가 드러나게 함
으로써 아마 양조장의 간판 예술품이 되었다.(아래)

갈레스트로 토양의 단면을 보여주기 위해 파내었다.(왼쪽)
양조장 주변에는 올리브 나무가 많다.(아래)

마르코 팔란티

담백하고 간결한 느낌이다. 2001년 봄에는 주변 포도밭에 서리가 내려 품질이 크게 훼손되었지만 산꼭대기의 사면에 위치한 포도밭 두 곳에는 영향이 없었다. 그 결과 싱글 빈야드의 품질은 1997년보다 좋다고 한다.

벨라비스타 2001은 산지오베제에다 말바지아 네라를 혼합하여 만드는데 포도밭 토양 그대로를 병에 담으려는 의지가 여실히 드러난다. 와인의 질감을 투명하게 엿보는 듯한 느낌이 들 정도로 섬세하다. 참 맑고 깨끗한 느낌이다. 그렇다고 힘과 여운이 빠지는 것도 아니다. 신선한 포도의 향취가 생생하게 살아있으면서도 질감이나 여운 그리고 전체적인 조화가 느껴진다. 2002년부터 4개 빈티지의 키얀티 클라시코 시음에서는 2003년의 풍성함이 두드러졌다. 풀바디의 풍만한 질감은 삼키는 즐거움을 제고시킨다.

🍷 이탈리아 와인 컬렉션의 필수 아이템

한편 메를로로만 양조하는 라파리타(l'Apparita)는 지역에서 손꼽히는 슈퍼 투스칸이다. 키얀티 클라시코를 기존의 키얀티를 재던

너울대는 키얀티 언덕(위)
수확 연도별 시음 와인들 (왼쪽)
키얀티 클라시코의 로고인 검은 수탉(오른쪽)

잣대로 보면 곤란하다. 벨라비스타, 카주챠 그리고 라파리타는 토스카나에서 알아주는 고급 와인으로 이탈리아 와인 컬렉션에는 꼭 필요하다. 2006년 봄 로스엔젤레스에서 경매가 있었다. 쟈키스에서 정기적으로 실시하는 경매였다. 거기서 라파리타 1997이 출품되었다. 낙찰 결과는 병당 120달러였다. 이탈리아 와인 가격치고는 상당히 높은 편이다. 당시의 가격으로 보자면 보르도 2등급 샤토 코스 데스투르넬(Chateau Cos d'Estournel) 2000에 육박한다. 슈퍼 세컨드의 대표 주자인 샤토 린치 바쥬(Chateau Lynch Bages) 1996과도 비슷한 결과를 보여 준다.

　와인 투자는 포트폴리오를 어떻게 구축하느냐에 따라 그 성패가 결정된다. 투자 등급 와인의 세계는 프랑스뿐 아니라 이탈리아의 고급 와인도 포함된다. 계란을 한 바구니 안에 다 넣지 않는 것이 포트폴리오의 본질이듯이 투자 와인 선별에는 프랑스 와인뿐 아니라 이탈리아 와인도 필요하다.

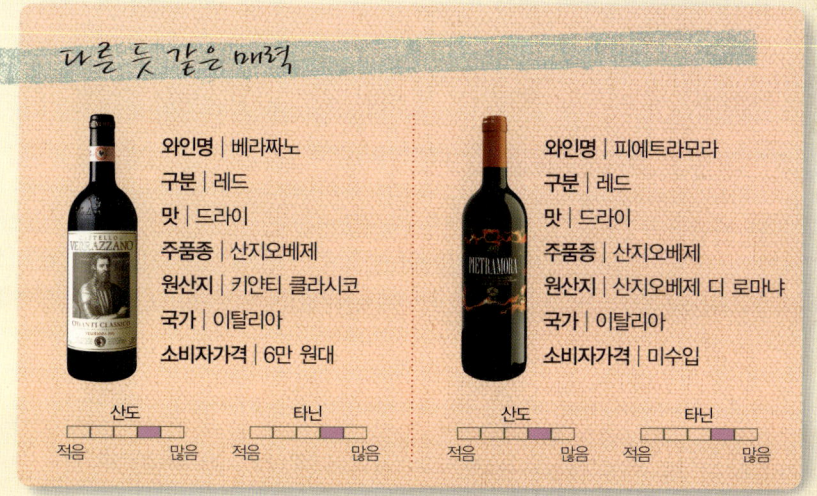

다를 듯 같은 매력

3. 어떤 유혹에도 흔들리지 않는다

아름다운 여성을 닮은 와인
본 로마네 AF 그로

우아한 여성을 꿈꾸는 당신에게 본 로마네를 추천한다. 와인의 왕, 왕의 와인으로 알려진 부르고뉴 와인 중에는 그 어떤 것보다도 여성스런 와인이 있다. 마시기 전부터 장미나 체리의 방향을 은은하게 풍기며 얇은 꽃잎을 여러 개 배어 문 것처럼 살포시 감기는 와인이 있다. 바로 본 로마네가 그것이다.

🍷 가장 여성스럽고 가장 프랑스다운 와인

본 로마네는 가장 여성스런 와인이면서 동시에 가장 프랑스다운 와인이다. 맛의 스타일을 봐서도 그렇고 역사를 돌아봐도 그렇다.

본 로마네의 향기와 질감에서 프랑스를 프랑스답게 만드는 엠블렘 마리안느가 느껴진다. 그렇다면 마리안느는 누구인가. 그녀는 가상의 인물이다. 그러나 그녀는 요술 공주 세리나 캔디와는 다르다. 프랑스 정치사에서 잉태된 인물로서 현실 세계에 큰 역할을 하고 있다.

프랑스는 대혁명을 통해 왕권 사회에서 공화국으로 변화하였다. 그 변화는 지금까지도 프랑스인들에게 자부심으로 남아 있다. 프랑스의 공식 엠블렘은 삼색기이지만 비공식적인 엠블렘이 두 개 더 있다. 하나는 수탉이고, 하나는 마리안느이다. 수탉은 주로 프랑스의 국토나 문화 혹은 역사를 대변한다. 프랑스 월드컵에서 마스코트로 둔갑한 것이 바로 수탉이다. 반면 마리안느는 프랑스의 가치를 대변한다.

마리안느는 관념 속의 여성이다. 프랑스는 그녀를 자유와 이성의 알레고리로 사용한다. 가상의 인물 마리안느는 프랑스 공화정을 상징한다. 왜 여성으로 공화정을 상징한 걸까. 1830년 들라크루아를 그린 그림에 힌트가 있다. 왼손에는 장총, 오른손에는 삼색기 깃발을 든 여성이 작품 '민중을 이끄는 자유의 여신'에 등장한다. 자유를 앞장서서 외치고 있는 이 여성의 모습이 마리안느의 모태이다. 1848년에 프랑스는 국가의 상징인 여성상을 공포하고 그 이름을 마리안느라고 하여 공식화하였다. 그래서 프랑스 공화정 정부를 뜻하는 단어 la République는 여성 명사이다. 프랑스 정부의 엠블렘에도 마리안느의 측면 얼굴이 등장한다.

마리안느는 전국 도처에 깔려 있다. 시청이나 법원에는 필수적으로 비치되어 있다. 교회나 성당에서 결혼하지 않으면 반드시 마리안느 동상 앞에서 서약하는 것이 결혼 관례이기도 하다.

AF 그로의 본 로마네

    어머니의 한없는 사랑 같은 여성의 풍요로움이 마리안느에 담겨 있다. 프랑스에서는 매년 우리나라의 춘향이 선발 대회처럼 마리안느 선발 대회를 열기도 한다. 마리안느를 가장 많이 닮은 이로 선발되면 프랑스를 대표하는 인물로 활동하게 된다. 여배우 브리짓 바르도, 가수 미레이유 마티외, 여배우 카트린느 드뇌브, 슈퍼모델 레티시아 카스타 등이 이에 선정되었다. 이들의 활약은 곧 프랑스 문화의 영향력을 상징한다.

    이러한 마리안느를 와인의 소재로 차용한 와인이 화제다. 프랑스 내륙에 자리 잡은 부르고뉴 지방에는 가족이 양조장을 대대로 운영하는 도멘느 에이 에프 그로(AF Gros)가 있다. 황금의 언덕이라 일컬어지는 동향 언덕배기의 길다란 지역 꼬뜨 도르에서 포도를 재배한다.

🍷 땅의 소리에 귀 기울인 은둔자

중세 암흑기에 신앙의 심지를 잃지 않으려고 산간 벽지에 수도원을 짓고 고행을 마다하지 않은 사람들이 있었다. 하늘의 가르침을 사모한 이 수도사들은 포도원을 가꾸며 세속과 구별된 생활에 힘썼다. 레드 와인을 만들기 위해 오직 피노 누와만을 키웠으며 어떤 땅에 심어야 이 포도가 더 잘 여무는지를 연구하고 기록했다.

포도의 맛은 밭의 특성에 따라 달라지는데 수도사들은 수백 년 전부터 이 사실을 간파했다. 땅의 소리에 온 정신을 집중하고 있던 터라 그 땅에서 나온 포도의 맛으로 땅의 기운을 구분했다.

부르고뉴의 본 로마네 마을을 살펴보자. 마을 뒤로 이어지는 오르막으로 오르면 약 350미터 정도의 완만한 산을 오를 수 있다. 이 마을과 산 사이에 완만한 구릉으로 동향 언덕이 발달해 있다. 마차 한 대가 겨우 지나갈 수 있을 만한 좁은 길을 사이에 두고 제각각 다른 대접을 받는다. 이 두 밭의 특징을 잘 파악하고 있던 수도사들은 피노 누와의 맛이 서로 다름을 알고 있었다. 그들은 이런 사실들을 기초로 하여 특정 밭에 이름을 붙였고 다른 밭과 구분하였으며 오늘날 그 차이는 와인 품질의 차이로 이어져 오고 있다.

땅의 소리를 듣다 보면 각각의 차이에 민감해진다. 지역간의 차이를 살피면 땅의 차이를 발견할 수 있고, 땅의 차이를 살피면 땅의 소리를 들을 수 있다. 수도사들의 구원을 향한 기도와 노동으로 인해 부르고뉴 와인은 끊임없이 발전해 왔다. 테루아는 이러한 땅의 차이가 문자화된 용어다.

🍷 화려하면서도 우아한 본 로마네

코트 도르 지역 중에서 북쪽에 자리 잡은 코트 드 뉘 지구는 여러 마을을 굴비 꿰듯 꿰고 있다. 각각의 마을은 고유의 토양과 풍토, 각기 다른 경사면과 해발고도에 따라 특색 있는 와인 맛을 길러내고 있다. 그중에서 쥬브레 샹베르탱, 샹볼 뮈지니, 부조, 본 로마네가 이름난 마을이다. 명배우 안소니 퀸을 닮은 듯한 쥬브레 샹베르탱은 빳빳한 윤곽을 지녀 그 속의 단단함을 제대로 보여 주는 것이 그 배우의 굵은 턱선과 뼈대를 생각나게 한다.

샹볼 뮈지니는 외유내강의 표본이다. 비단 같은 감촉 가운데 우뚝 솟아오르는 기운찬 구조가 묘한 기분이 들게 한다. 부조는 중세 와인 문화의 씽크탱크, 끌로 드 부조가 자리 잡은 유서 깊은 마을로 부르고뉴의 중심이다. 수도원의 역사성이 와인 한 잔에 녹아 있어 더없이 추억하게 만드는 와인이다. 본 로마네는 아주 화려하면서 고혹적인 동시에 신비로운 와인이다. 다른 마을에서 느낄 수 없는 그 우아함이란 잊기 힘들 정도다. 특히 본 로마네는 최고급 포도밭들이 즐비해 있다. 저 유명한 로마네 콩티, 라 타슈 등이 모두 본 로마네 마을 뒷산에 포진해 있다. 사실 본 로마네의 마을 이름은 본이었으나 포도밭 로마네 콩티와 로마네가 너무 유명해져 마을 이름에 로마네를 병기하여 오늘날 본 로마네가 된 것이다.

에이 에프 그로의 본 로마네에서도 역시 예의 화려하면서도 우아한 특질을 느낄 수 있다. 라벨에 새겨진 마리안느의 표정은 와인 종류마다 다르다. 본 로마네의 마리안느는 활기차고 뇌쇄적인 인상에다 똑바로 쳐다보는 눈빛이 매혹적이다. 그녀는 포도나무의 이파리로 머리띠를 하고 포도 알로 귀걸이를 삼았다.

AF 그로의 수확 현장

피노 누와(왼쪽)
시간이 지나면 와인의 외양을 갖출 포도즙(오른쪽)

　　아름다운 여성을 상징하는 피노 누와는 우아함과 화려함이 주된 특징이다. 질감이 매끄럽고 산뜻한 신맛을 띤다. 피노 누와의 개성이 거울로 비친 것처럼 분명하게 표현된 부르고뉴, 그중에서도 가장 아름답고 화려하게 피노 누와를 드러내는 곳이 본 로마네로 이곳이야말로 프랑스 와인의 전형을 만날 수 있는 곳이다. 에이 에프 그로의 본 로마네는 맑고 투명한 빛깔과 간결하면서도 섬세함이 느껴져 피노 누와의 매력을 제대로 보여 준다.

　　본 로마네는 다섯 가지 매력을 지녔다. 색이 주는 농염함, 장미 향내가 뿜어내는 화사함, 석회암 반석이 주는 생동감, 깔끔한 신맛이 주는 경쾌함, 입안을 살포시 적시는 우아함이 그것이다. 뻣뻣하고 텁텁한 한 줄 알았던 레드 와인의 세계에서 이처럼 여성적인 섬세함과 복합미를 보여주는 와인이 또 어디 있으리.

암반에서 솟아나는 오색약수처럼 본 로마네의 다섯 가지 특징은 와인에 대한 갈증을 해소해 준다. 바닷가의 모래알처럼 많은 와인 중에서 본 로마네는 진하고 뻣뻣한 와인보다는 섬세하고 부드러운 맛을 찾는 이에게 해갈의 기쁨을 선사할 것이다.

3. 어떤 유혹에도 흔들리지 않는다

중국에서
성공을 꿈꾼다면
라피트

중국에서 활동하는 많은 기업가들에게 하나의 와인을 추천한다면 라피트 로쉴드(이하 라피트)가 최고다. 중국에서 가장 인기 있는 와인이기 때문이다. 대단한 인기는 곧 가격에 반영되기 마련이다. 라피트는 같은 급의 라투르나 마고보다 훨씬 비싸게 팔리고 있지만 인기는 좀처럼 식지 않는다. 라피트 양조장이 대중을 위해 양산하는 레정드조차 리틀 라피트라 불리며 상당한 가격대에 판매되고 있다.

🍷 억만장자의 식초

라피트가 최고로 등극한 정확한 이유를 밝히기란 여간 힘든 게

샤토 라피트 로쉴드의 리셉션 데스크

아니다. 유력한 이들로부터 합리적인 답변을 이끌어 내기도 힘들기는 마찬가지다. 그나마 타당성 있는 이야기들을 종합해 보면 우선 라피트의 중국어 발음이 아주 수월하다는 점이다. 뜻이 통해서가 아니라 단순히 음성학적으로 소리를 쉽게 낼 수 있다는 것이다. 외국어 발음을 어려워하는 우리들에게는 설득력이 전혀 없는 것도 아니다. 또 다른 이유로는 1855년 등급의 결과 라피트가 다른 양조장보다 1등급으로 먼저 뽑혀 최상단에 기록되어 있다는 점이다.

실제로 1855년 메독 와인 등급 심사에서 라피트는 1등급 와인으로 선정되었으며 명세서에 가장 먼저 이름이 올라 있다. 와인 평론가 잰시스 로빈슨이 쓴 글에 따르면 어떤 이들은 라피트라는 소리 자체가 중국인들에게 매력적으로 작용한다고 한다. 음성학적으로 라피트는 무척 쉽고도 경쾌한 발음이란 것이다. 샤토 탈보가 우리나라에서 인기 있는 이유와 일맥상통한다. 인기가 높은 것은 인정

3. 어떤 유혹에도 흔들리지 않는다 285

할 수 있지만 그로 인해 가격이 너무 비싸지는 것은 좀 그렇다. 라피트는 동급의 다른 와인들보다 크게는 두 배 이상 비싸다.

라피트를 소재로 하여 2008년 출간된 외서 『억만장자의 식초』는 큰 화제를 불러온 세기의 와인 경매에 대해 의구심을 갖고 출발한다. 저자는 와인 경매장의 열기를 묘사하면서 책의 첫 페이지를 시작한다. 런던 크리스티 경매장의 1985년 12월 5일, 이날은 와인 경매의 역사가 다시 쓰여진 날이다. 1776년의 이날은 경매회사 창립자인 제임스 크리스티가 처음으로 경매한 날이기도 하다.

경매장을 가득 메운 입찰자들의 관심은 오직 단 한 병에만 쏠려 있었다. 약 이백 년 묵은 와인 한 병이 출품되었는데 여러 사람의 경합으로 결국 15만 6천 달러에 낙찰되었다. 이 가격은 와인 경매 사상 최고의 낙찰 가격이란 기록을 남겼다. 와인 한 병에 15만 달러가 넘다니 한 잔에 약 2천만 원이 넘는다는 말이다.

낙찰된 와인은 1787년 빈티지의 샤토 라피트(현재 샤토 라피트 로쉴드)였으며 한때 미국의 대통령 제퍼슨의 소유로 추정되기도 했다. 낙찰자는 미국 잡지 포브스의 일가였다. 종전 기록은 1870년 빈티지 샤토 라피트 로쉴드인데 낙찰가는 3만 8천 달러였다. 이 와인은 여로보암인데 6병 들이 용량으로 4.5리터

에릭 로쉴드 남작 / 사진 제공 나라식품

들이 한 병이었다. 단일 병 최고가 기록으로 따지면 이 역시 샤토 라피트 로쉴드로서 1822년 빈티지이며 3만 1천 달러였다.

잘못하면 졸부의 돈장난으로 비쳐질지 모르는 최고가 와인 한 병을 어떤 저자가 혹은 어떤 출판사가 책 한 권으로 묶으려고 할까. 가장 비싼 와인 한 병을 둘러싼 『억만장자의 식초』는 기실 그 와인이 진짜가 아닐 거라는 의구심을 파헤친 이야기다. 거기에 덧붙여 경매 회사의 내부 사정, 경매 회사들 간의 경쟁, 와인 전문가의 속사정, 투자 와인의 세세한 정보, 그리고 속물적인 인간성과 과시욕을 드러내고 있다. 저자는 실제 벌어진 일들을 미스터리 논픽션으로 마감했다. 줄거리에 등장하는 사건은 모두 실재했던 일이다. 다만 어느 미국인 사업가가 치르고 있는 소송만 진행형일 뿐이다.

🍷 라피트는 정말 최고일까

라피트, 마고, 라투르, 오브리옹, 무통 로쉴드 이렇게 다섯 샤토의 양조장 와인은 애호가라면 누구나 다 한자리에서 마셔보고 싶은 욕망을 품는다. 그들은 어느 때가 되면 자연스럽게 이 메독 1등급 와인들 중에서 과연 어떤 것이 최고일까라는 의문을 가진다. 도토리 키재기 같기도 한 등급의 우열 가리기는 사실 각자의 취향에 달려 있는 문제지만, 그렇다 해도 여전히 줄을 세우고 싶은 마음은 끊이질 않는다.

독수리 오형제로 불리는 1등급 와인 다섯 가지는 사실 메독 지역에 있는 와인끼리의 경쟁의 결과지만, 오늘날 보르도가 세계 와인의 중심으로 기능하는 까닭에 지역의 와인이 아닌 세계의 와인으로

가운데가 라피트의 책임자 샤를르 슈발리에(Charles Chevalier)

확장되었다.

　라피트가 최고라고 답하는 사람들이 많다. 그렇다면 왜 라피트가 최고일까. 그 물음에 답한 이들의 이야기이다. 샤토 라피트는 보르도의 포이약 마을에 있는 포도원으로 메독을 대표하는 양조장이다. 나폴레옹 3세가 파리 만국 박람회에서 자국의 문화적 위용을 드러내려고 마련한 그 유명한 '1855년 등급 품평회'에서 당당히 첫 번째로 1등급 반열에 오른 와인이다. 마고, 라투르, 오브리옹이 순서대로 라피트의 뒤를 따랐다. 1787년 기준으로 와인 가격을 줄 세워 봐도 결과는 같다. 당시 라피트는 마고보다도 17퍼센트, 라투르보다는 40퍼센트, 오브리옹보다 무려 133퍼센트 비싸게 거래되었다. 결국 라피트는 18세기부터 지금까지 보르도 전체를 대표하는 최고급 와인이라고 할 수 있다.

엉 프리메르 기간 중에 라피트 로쉴드를 시음하려면 예약을 하고 개별 방문해야 한다.
1 시음 장소
2 시음 와인: Chateau Duhart Millon, Chateau Lafite Rothschild, Carruades de Lafite(세컨드 와인)
3 시음자들이 편하게 시음할 수 있도록 진열하였다.

🍷 질리지 않는 맛

현대 와인 경매의 선구자 마이클 브로드벤트는 기록에 살고 기록에 죽는 와인 경매사이다. 1985년은 그에게 평생 잊지 못할 한 해였다. 그가 종전의 낙찰가 기록을 갈아 치울 수 있는 기회를 잡았던 것이다. 이해에 팔린 샤토 라피트 한 병은 단일 병 낙찰가 기록으로 가장 비싸게 팔렸다. 빈티지는 1787. 브로드벤트는 그의 인생에서 라피트 1870년 빈티지의 맛이 최고라고 고백했다.

애호가들이 꼽는 라피트 맛의 매력은 공감대가 있다. 참 좋은 맛이라는 것이다. 매일 먹는 된장찌개나 김치가 질리지 않는 것처럼 라피트는 자주 마셔도 여전히 매력적이라는 것. 갓 담근 와인이라도 라피트는 라투르에 비해 훨씬 부드럽고 자연스럽다. 보르도의 전형적인 맛 즉 클래식 보르도 스타일의 전형으로 꼽히며 특히 제비꽃 향기가 넘실거린다. 숙성되면 그 어떤 와인보다도 더 오랫동안 맛을 유지한다. 지금도 자주 경매 출품되는 19세기 라피트를 보면 알 수 있다.

자신을 드러내려는 강렬함이 전혀 거북하지 않고 무척 자연스럽게 느껴진다. 삼키면 입안 가득 감도는 강건함 속에 미묘한 여린 기운도 자리잡고 있어서 시음자에게 복합성이란 특질을 제대로 보여준다. 아주 미세한 조직으로 구성된 부드러운 질감 속에 굳게 버티고 있는 심지 같은 단단함이 있어 '피네스'가 가득한 와인이다.

최근 들어 중국인들이 고급 와인을 싹쓸이하다시피 하고 있다. 와인을 음용의 대상이 아닌 부의 과시용으로 인식하고 있다는 방증이다. 중국은 이미지 즉 체면을 중시하는 나라다. 어떤 와인을 마시느냐, 어떤 와인을 선물하느냐를 놓고 체면을 크게 따진다. 라피트 한 병으로 당신 고객의 체면을 높일 수 있으니 중국에서 큰 성공을 거두고 싶다면 라피트를 기억하라.

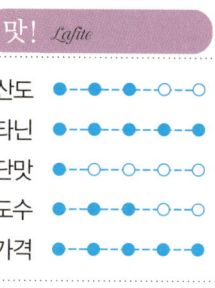

와인 名家

알바,
지역민의 자존심을 지키다

감나무와 밤나무가 우거진 피에몬테 풍광은 우리 강산과 비슷하다. 울긋불긋 단풍으로 물든 수풀 사이로 포도밭이 삼원색처럼 찬란하다. 요기로 밤을 쪄 먹고 디저트로 감 샤베트를 즐겨 먹는 피에몬테로 가려면 자동차 도시 토리노를 경유해야 한다.

🍷 황홀한 순례길

저마다 고유의 향토색을 드러내는 유럽의 와인 명산지를 다니는 기분은 다닌 사람만 안다. 그림처럼 능선이 펼쳐진 풍광을 살펴보는 재미

알바 시내의 한 이정표

훤히 뚫린 라모라 언덕에 소재한 레나토 라티 양조장. 셀러가 아주 넓어 양조 작업을 하기에 완벽한 시설을 갖춘 곳이다.

가 좋다. 가는 곳마다 즐비한 맛집에서 지역의 구석구석에 녹아든 음식을 맛보노라면 그곳 정취와 문화를 통째로 맛보는 기분이 든다. 한적한 시골 마을의 넉넉한 인심, 푸근한 인상이 늘 포근하게 다가온다.

프랑스 보르도는 보르도 나름대로 건축물이 웅장해서 좋고, 부르고뉴는 시골 정취가 검박해서 좋으며, 독일 라인가우는 아기자기하게 굽이치는 강물이 보기 좋고, 오스트리아 바하우는 다뉴브의 바람을 맞아 출렁이는 체리 나무의 소리가 정겨워 좋다.

이탈리아는 어떤가. 팔색조처럼 다양한 지방색을 지닌 그곳에서 오래 묵힐 만한 와인으로 손꼽히는 바롤로 마을과 바르바레스코 마을 역시 애호가들이 즐겨 찾는 곳이다. 굽이굽이 이어지는 높고 낮은 능선을 타고 사방으로 펼쳐진 이 마을은 굳이 와인 애호가가 아니라도 많은 관광객들이 찾는 명소가 되었다. 자전거 경주족이나 드라이브를 즐기는 이들 혹은 파워 워킹을 나서는 이들 모두에게 인기가 있다. 이 두 마을의 중심에 알바라는 작은 도시가 있다.

알바는 작은 도시지만 그 영향력은 대단하다. 명산지 바롤로와 바르바레스코 사이에 위치하여 오래 전부터 상업이 발달한 곳이다. 와인을 통으로 거래하던 시절에는 와인보다는 복숭아, 헤이즐넛 등이 돈이 되었다고 한다. 바롤로 주민들은 새벽 2~3시에 봇짐을 싸 들고 고개를 넘어 알바 시장에 도착했다. 힘겨운 여정이었을 것이다. 쉬지 않고 걸어야 겨우 아침에 당도할 수 있었다고 주민들은 회고한다.

바르바레스코로 가는 오르막 길에서 내려다 본 알바 시내

🍷 알바의 송로버섯 타르투포

알바는 초콜릿과 와인뿐 아니라 송로버섯으로도 유명하다. 타르투포(tartufo, 영어 truffle에 해당)라 불리는데 색깔은 검은 것과 흰 것이 있다. 흰 송로버섯은 타르투포 비앙코라 해서 더 귀하게 대접받는다. 이탈리아, 프랑스, 크로아티아 등지에서 주로 생산되는데, 우리나라에는 아직 재배되지 않는 것으로 알려져 있다.

타르투포는 향 때문에 먹는다. 그 향이 생경한 우리에게는 그저 냄새로 밖엔 느껴지지 않지만 서양인들은 이 향을 무척 좋아한다.

마구간에서 나는 냄새 같기도 한 타르투포는 가을에서부터 겨울까지 채취한다. 그 기간 동안 알바는 온통 타르투포 향기로 덮인다.

  비슷한 것으로 송이버섯이 있으나 타르투포는 감자처럼 땅 속에서 자란다는 점이 다르다. 눈에 잘 띠지 않으니 동물의 도움 없이는 캐낼 수 없다. 왕년에는 돼지가 이 역할을 맡았으나 식욕 앞에 물불을 가리지 않는 탓에 요즘은 개에게 그 자리를 넘기게 되었다. 타르투포를 캐려면 개도 훈련을 받아야 한다.

  타르투포는 주로 참나무 밭 근처의 습한 곳에서 자라는 것으로 알려져 있다. 매년 채취 허가서를 받은 사람만 캘 수 있다. 물론 신청금도 내야 한다. 묘한 것은 타르투포가 자라던 곳에서 또 자란다는 것이다. 그래서 채취자들은 그 장소를 숨기는데 자식에게도 알려 주지 않는다고 한다. 독일 작가 파트리크 쥐스킨트의 명작『향수』의 살인자가 알바로 숨어들었다면 타르투포를 싸그리 다 파내어 버렸을 것이다.

타르투포 매니아인 프랑스 배우 제라르 드파르디유

송로버섯은 가격도 엄청나다. 흰 것은 100그램 단위로 약 500유로나 한다. 점점 소출이 줄어 가격은 더 오를 것이다. 무게 또한 아마도 금 다음 가는 물건일 것이다.

타르투포가 하도 귀하다 보니 사람들은 작은 대패로 얇게 저며 향을 느낄 정도의 소량만을 음식에 넣어 먹는다. 그 두께는 습자지보다 더 얇다. 타르투포의 계절에 알바의 식당에 가면 메뉴가 일반 메뉴와 타르투포 메뉴가 있다. 타르투포 메뉴는 거의 세트로 나오는데 음식마다 타르투포를 넣는 게 특징이다. 물론 일반 메뉴의 가격보다 두 세 배 더 비싸다. 이 지역 전통 파스타인 타야린이나 오믈렛 위에 타르투포를 약간만 넣어도 접시 가득 그 향기가 넘친다. 레스토랑에 들어서자마자 향내를 맡을 수 있을 정도다.

알바의 타르투포 경매는 유서가 깊다. 매년 치열한 경합 끝에 낙찰된다. 점보 사이즈가 출품되면 이내 해외 토픽감인데, 두 손으로 받쳐 들 정도의 거물이 채취되면 수억 원을 호가한다. 2007년 12월

경매봉과 타르투포

전통 음식에 곁들이는 타르투포

에 열린 경매에서는 1.5킬로그램의 흰 타르투포가 자그마치 3십 3만 달러에 낙찰되었다. 이 금액은 역사상 최고가 와인 한 병의 값보다 비싼 것이다.

🍷 알바의 자존심, 바롤로

알바에서는 사시사철 초콜릿 향기가 진동한다. 이탈리아에서 처음으로 재벌 반열에 오른 사업가 페레로가 이곳에 그의 이름을 딴 초콜릿 공장을 세워 지역 사회에 크게 이바지하고 있다. 요사이 페레로 광고가 TV에 자주 등장한다. 밀크 초콜릿 향기가 사방에 가득한 오후를 보내다가 어느덧 해가 기울면 이번엔 헤이즐넛 향취에 마을이 흥건히 취한다. 페레로의 작업 내용이 달라진 결과이다. 상업적으로야 알바의 초콜릿 공장이 자랑거리가 되겠지만, 이 지역 주민들의 자존심은 초콜릿 공장이 아니라 바롤로 양조장에 있다.

장미와 타르로 대변되는 강건한 레드 와인 바롤로는 알바의 자존심이다. 바롤로는 11개의 마을에서 생산되는데 라 모라가 그중 하나다. 라 모라의 바롤로는 특히 향기가 뛰어나다. 이곳보다 남쪽에 위치한 몬포르테나 세라룽가의 바롤로는 구조감이나 강건함이 특성이다. 장미 꽃잎 향이 아주 자연스럽게 향을 뿜어내어 시음하는 동안 긴장감은 어느새 사라져버리고 그저 순수한 꽃향기에 숲 속을 거니는 기분마저 든다. 그래서 매년 열리는 알바 와인 전시회(Alba Wines Exhibition)는 행사장이 마치 장미꽃밭 같다.

알바의 대표 기업인 페레로는 세계적인 초콜릿 회사다.(위)
매주 토요일 오전 장이 서면 전통 수제 초콜릿 장수를 만날 수 있다.(왼쪽 아래)
바롤로의 이정표(오른쪽 아래)

🍷 한 권의 책으로 완성된 알바의 포도밭

알바 최고의 자존심인 바롤로의 유명한 포도밭을 모조리 분석한 사람이 있다. 바로 레나토 라티(Renato Ratti)라는 인물로 프랑스 부르고뉴에만 포도밭 특성이 부여된 줄 알았던 많은 애호가들에게 지적 호기심을 일으킨 장본인이다. 라 모라 마을에 위치한 양조장 레나토 라티는 산중턱 동남향의 비탈진 곳에 있는 포도밭을 중심으로 조성된 유서 깊은 양조장이다. 지금은 고인이 된 레나토는 바롤로와 바르바레스코의 여러 밭 가운데 특히 좋은 포도가 나오는 구역을 정해 그 내용을 책으로 편찬했다. 이른바 '크뤼'의 분석 책이다. 크뤼는 특정 구역을 뜻하는 말로 이곳에서는 개성 있는 와인이 나온다. 그는 평생 동안 바롤로를 생산하는 마을의 모든 포도밭을 누비며 토양을 세밀하게 관찰하여 바롤로와 바르바레스코의 개성을 활자화하였다.

알바 와인 전시회에 출품된 바롤로 콘카

프랑스 부르고뉴의 크뤼처럼 크뤼 와인은 해당 포도밭의 독특한 토양적 성질을 담은 단일 포도밭 와인이며, 여러 곳의 포도를 섞어 만드는 일반 와인과 구분되는 품질을 지니고 있다.

레나토 라티 2004년도 바롤로 콘카는 라 모라의 장미빛 향취를 와인에 잘 담아냈다. 입안을 감미롭게 적시는 풍부한 질감 속에 맑게 피어오르는 꽃향기는 섬세하고 진하다. 타닌의 강도가 상당한 편이어서 여운을 길게 남겨 훗날 제대로 익으면 어떤 맛이 날지 궁금하다.

맛! *Renato Ratti Conca*

산도 ●—●—●—●—○
타닌 ●—●—●—●—●
단맛 ●—○—●—○—○
도수 ●—●—●—●—●
가격 ●—●—●—●—○

다른 듯 같은 매력

와인명 | 폰타나프레다
구분 | 레드
맛 | 드라이
주품종 | 네비올로
원산지 | 랑게
국가 | 이탈리아
소비자가격 | 5만 원대

산도: 적음—많음
타닌: 적음—많음

와인명 | 알도 콘테르노 일 파봇
구분 | 레드
맛 | 드라이
주품종 | 네비올로
원산지 | 랑게
국가 | 이탈리아
소비자가격 | 20만 원대

산도: 적음—많음
타닌: 적음—많음

바람의 유혹에도
흔들리지 않는다
레 보몽

어떤 유혹에도 미혹되지 않는 불혹은 양조가에도 적용되는 말이다. 유행을 좇는 동료들을 따르기보다는 자신만의 와인을 만들기 위해 내면의 소리에 귀기울이려는 와인의 장인이 있으니 그가 바로 에티엔느 그리보(Etienne Grivot)다.

🍷 와인 애호가가 꿈꾸는 곳, 본 로마네

와인 애호가마다 꿈꾸는 곳이 다를 수 있다. 하지만 많은 애호가들이 공통으로 꿈꾸는 곳은 프랑스 부르고뉴 지방의 본 로마네일 것이다. 바롤로나 몬탈치노 혹은 라엔헤센의 유명 생산자들은 한결같

백년전쟁 이후 병원으로 세워졌으나 현재는 박물관이 된 '오스피스 드 본.'
이 박물관을 관람하기 위해 매년 오십만 명 이상의 사람이 입장권을 산다.

곁가지 제거에 한창인 일군들

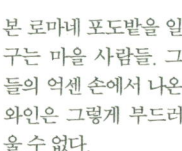

본 로마네 포도밭을 일구는 마을 사람들. 그들의 억센 손에서 나온 와인은 그렇게 부드러울 수 없다.

이 본 로마네의 피노 누와처럼 인상 깊은 와인을 만들고 싶어 한다.

  본 로마네는 피노 누와가 화려하고 감미롭게 춤추는 마을이다. 미려한 방향과 매혹적인 질감 그리고 유명세가 합쳐져 피노 누와의 최고봉으로 알려져 있다. 이 마을에는 마을 이름을 쓰는 빌라쥬 와인과 특정 포도밭 이름을 마을 이름에 병기하여 표시하는 프리미어 크뤼(Premier Cru) 그리고 포도밭 이름만으로 표시해도 익히 알만한 그랑 크뤼(Grand Cru), 이 세 가지의 와인을 생산한다.

  그랑 크뤼 포도밭은 여섯 군데가 있다. 그중 세 군데에는 로마네라는 말이 붙어 있다. 로마네는 로마인이란 뜻으로 전문적인 와인 재배에 몰두했던 로마인들을 추억하여 붙혀진 이름이다. 가장 좋은 포도밭 세 군데 모두 로마네란 말이 붙은 걸 보면 로마인의 문화가 프랑스의 내륙 깊숙한 곳까지도 침투했음을 엿볼 수 있다.

1866년 본 마을은 마을 이름에 로마네란 말을 덧붙여 본 로마네로 개명했다. 오늘날 로마네란 말은 이곳에서만도 네 가지 용도로 쓰이고 있다(마을 이름 본 로마네, 포도밭 이름 로마네 콩티, 로마네 생 비방, 그리고 라 로마네이다). 로마의 후예인 이탈리아 사람들이 가끔 하는 농담 중에 '프랑스 와인은 이탈리아 와인의 아류'라고 하는 주장에 힘을 실어주는 증거라고나 할까.

🍷 부르고뉴답다는 것

본 로마네에 있는 여러 양조장 중에 맨 처음 방문한 곳은 도멘 장 그리보(Domaine Jean Grivot)이다. 독일에서 활동하고 있는 와인 전문가 조엘 페인의 추천으로 고른 곳이다. 와인값에 비해 품질도 좋고 주인의 인품 또한 훌륭하다는 추천사였다.

16세기부터 이곳에 정착하여 살아온 그리보 집안은 본격적인 양조로만 본다면 현재의 책임자 에티엔느 그리보(1959~)는 5대째 양조장 책임자이다. 그는 모두 열여덟 가지의 레드 와인과 한 가지의 화이트 와인을 만든다.

"레드 와인을 열여덟 가지 만들고 있고 게다가 본 로마네에서 화이트 와인을 만든다고?"

그 말을 듣자마자 되물었더니 피식 웃으며 화이트 와인은 그냥 가족끼리 마시기 위해 만든 것이지만 최근에는 달라는 곳이 있어 팔기도 한단다. 열여덟 가지의 와인이라니. 와인 한두 가지에 집중

남아 있는 가장 오래된 와인이라며
셀러 깊은 곳에서 꺼낸 에티엔느

하는 보르도에 비하면 여간 많은 게 아니다.

 부르고뉴에 익숙하지 않다면 선뜻 이해가 되지 않겠지만 거기선 와인의 품질이 곧 포도밭의 품질이다. 포도밭이 좋아야 와인이 좋다. 그래서 포도밭의 위치에 따라 와인의 등급이 매겨지고 그 등급을 라벨에 표시한다. 그러니 포도밭의 위치가 상이한 와인은 같은 품종으로 만들었다고 해도 다른 와인이 된다. 하지만 세밀하게 구분된 밭의 특징을 와인으로 표현해 내기가 그리 녹록하지가 않다. 그렇기 때문에 부르고뉴 와인의 장점인 개별성이 시시때때로 단점인 비예측성으로 치환되기도 한다. 우리는 주변에서 값비싼 부르고뉴 와인을 마실 때마다 실망한다는 푸념을 자주 듣는다. 결국 포도밭의 테루아가 와인의 개별성을 제대로 표현하려면 양조가의 집념이 있어야 한다.

수확 연도별 레 보몽(왼쪽)
망울이 필 것 같은 피노 누와(오른쪽)

   품질의 비예측성은 에티엔느도 예외가 아니다. 그가 아버지를 이어 1982년부터 양조한 직후 10년간 품질이 확 떨어졌다. 그는 어떻게 해야 할지 몰라 묵묵히 양조에만 힘썼다. 그는 당시 인기 있던 레바논 출신의 한 양조가의 도움을 받았는데 발효 전에 며칠 간 저온으로 포도를 침용(포도를 압착하지 않고 통에 그대로 내버려 두면 중력에 의해 아랫 부분의 포도가 터져 색소와 타닌이 자연스럽게 빠져나와 강한 스타일의 와인이 된다)시키는 것을 중요하게 여겼다. 낮은 온도에서 길게는 일주일 정도 침용하면 우선 색이 진해지고, 과일 아로마가 풍부해지며, 오랫동안 숙성할 수 있는 타닌이 배어나오게 된다. 그는 몇 번의 빈티지를 겪고 난 다음에 1987년 빈티지가 주변 양조장의 품질보다 훨씬 뛰어나다고 자신했던 적도 있었다. 열심히 하면 다 되는 줄 알았다. 강건하고 밀도 높은 와인을 갈망한 에티엔느는 이런 실험을 즐겼지만 고객들은 달랐다. 고객들은 부르고뉴답지 않다며 와인을 사질 않았다. 에티엔느는 그때 고객의 7할을 잃었다고 회고한다.

장 그리보의 와인 도서관. 빈티지별로 소장하고 있다.

🍷 불혹이 되어 깨달은 와인의 비밀

1993년에 들어서 에티엔느의 경험은 무르익었다. 더 이상 그 누구의 도움도 필요로 하지 않았다. 그는 그 양조가와의 친분은 그대로 유지했지만 더 이상 조언은 듣지 않기로 했다. 나이 마흔이 되어보니 와인 양조가 무엇인지 이제 좀 깨닫게 되었다고 한다. 그는 틈틈이 헬리콥터를 조종하며 스트레스를 해소하기도 한단다. 말수가 적은 그가 무척 꼼꼼하게 헬기를 체크하더니 능숙하게 착륙을 해 보였다.

에티엔느는 양조장에서만 변화를 시도한 게 아니다. 그는 아버지의 포도나무 재배 방식에 수정을 가했다. 당시 많은 양조장들이 포도밭에 비료를 썼다. 비료를 사용하게 되면 결국 포도나무 스스로 튼실히 성장해 나가는 데 방해가 된다. 토양 자체가 화학비료에 길들여져 자연스런 생태계의 동력을 잃게 된다. 요사이 유기농법이니 비오디나미 농법이니 하는 방법이

3. 어떤 유혹에도 흔들리지 않는다

시도되는 것도 이런 우려 때문이다.

　이제는 대부분의 양조장에서 자연친화적인 농법을 쓰지만, 이때만 해도 비료의 도움을 많이 받던 시절이었다. 에티엔느는 포도나무의 생장이 자연스러워야 좋은 포도를 얻게 된다는 걸 여러 경험을 통해 깨닫고나서는 더 이상 화학 비료에 의존하지 않았다. 돌이켜보면 에티엔느 자신도 많이 달라졌다고 한다. 처음 아버지의 뒤를 이어 와인을 만들 당시보다 더 겸허해지고 경험도 많아졌으며 무엇보다도 편안한 마음으로 양조장에 들어선다고 한다. 그 결과 1998년 빈티지부터는 이곳의 와인이 확실히 달라졌다는 평가를 여기저기서 얻었다.

　품질에 비해 여전히 합리적인 가격이 큰 매력인 이곳 와인 중에 하나를 소개한다. 본 로마네 마을의 포도밭 중에 레 보몽(Les Beaux Monts, 0.94헥타르)에서 생산한 것을 수확 연도별로 시음했다. 갓 담근 2006년산에서는 새 오크 통에서 비롯되는 바닐라 향기에 체리와 장미향이 넘실거렸고, 2005년산은 오크의 풋내는 사라지고 화려한 체리 향기가 자연스럽게 흘러나왔다. 무더웠던 2003년산은 농익은 과일 향의 일부가 묵은 부케로 화하기도 했으며, 좋은 빈티지인 2002년산은 방향, 질감, 여운의 삼박자가 잘 갖추어져 맛보는 즐거움이 있었다. 뛰어난 빈티지인 1999년산은 질감이 무르익어 가볍게 입안을 자극했지만, 굉장한 타닌이 내면에 도사리고 있고 삼키는 동안 시음자에게 강한 숙성력을 자랑했다. 어느 빈티지를 맛보아도 본 로마네라면 응당 갖추고 있어야 할 미려한 터치와 풍만한 과일 향이 풍성했다.

　본 로마네 와인을 구하고 싶다면 라벨 중앙에 새겨진 Vosne-

Romanée를 확인해 보라. 세상 속에서 흔들리지 않고 자기 길을 가자면 여러 장애물을 만나기 마련이다. 자력만으로는 앞으로 나아가기 힘들 때가 많다. 인생 사십이면 불혹이라지만 여전히 미혹되는 것 같다. 누구라도 그러하듯이 넘어지면 일어나면 된다. 유혹에도 굴하지 않는 자신을 위하여 에티엔느 그리보가 만든 본 로마네 레 보몽을 권한다.

[🎞] 영화 속의 와인

하늘의 별처럼 많은 개봉 영화 중에서 와인을 주제로 한 것은 보기 드물다. 최근에야 그나마 몇 편이 제대로 와인을 조명하고 있다. 이런 영화를 보면서 와인 전반의 이해를 제고할 수 있다면 재미도 살리고 와인 지식도 얻을 수 있어 좋다. 이미 막을 내려 영화관에서 볼 수 없지만 DVD가 있으니 꼭 챙겨 보자.

○ 사이드웨이 | Sideways | 2004

캘리포니아 포도밭의 풍경을 아름답게 그린 영화다. 와인 영화 중에서도 스토리가 꽤 인간적이다. 개봉 후 영화 속에 등장하는 와인이 인터넷에 알려져 애호가들에게 궁금증을 유발하기도 했다. 처량한 이혼남이 망연자실하여 애지중지 아껴 온 샤토 슈발 블랑 1961 빈티지를 결국 개봉해 버리고 말지만, 그 장소는 공교롭게도 와인과 음식의 조화라는 찬란한 궁합에 걸맞지 않는 후진 곳이었다. 샤토 슈발 블랑 1961을 패스트푸드 가게에서 개봉한 것이다. 그것도 콜라 잔에 따르고 말았다. 그 장면은 두고두고 여운이 남는다. 정말 대단하고 훌륭한 와인은 기쁘고 의미 있는 날에 개봉해야 하지 않겠느냐고 믿는 남자 주인공에게 상대 여배우가 말한다. 그 와인을 개봉하는 그날이 바로 의미 있고 대단한 날이라고. 이 대목에서 철학적인 깊이가 느껴진다.

메를로보다는 피노 누와의 매력을 한껏 드높인 영화다. 영화에서 메를로보다는 피노 누와가 더 맛있다는 주장이 반복되는 바람에 이후 와인 소비 패턴의 변화가 일어났다고 알려졌다. 영화를 계기로 피노 누와의 매출이 상당히 증가한 반면 메를로의 매출은 감소했다. 영화에 등장하는 최고의 피노 누와는 리슈부르이다. 셀러 안의 다른 와인은 다 손대도 좋으나 리슈부르만은 놔두라는 부탁을 하는 장면때문이다. 리슈부르는 부르고뉴 최고의 포도밭 중 하나이며 뛰어난 질감과 방향의 레드 와인이다. 조연으로 출연한 여배우 산드라 오는 캐나다 국적의 한국인이기도 하다.

○ 어느 멋진 순간 | A good year | 2006

은행의 딜러인 주인공이 어린 시절의 추억이 담긴 양조장을 갑자기 상속 받고나서 벌어지는 이야기로 정통 와인 영화라고 하기엔 다소 미흡하다. 와인 양조가의 관점이 아니라 양조장을 소유한 사람의 관점으로 영화가 진행된다. 〈글래디에이터〉의 러셀 크로가 주연이라 개봉 전부터 화제였다. 로즈마리가 사람처럼 크게 자란다는 프로방스의 멋진 풍광이 볼 만하다. 말끔하게 차려 입고 양조장으로 와서 전문적 조언을 하는 컨설턴트는 땀 범벅인 누더기 같은 작업복을 입고 있는 포도원 책임자의 모습과 대조를 이룬다. 아빠를 찾을 목적으로 캘리포니아에서 건너온 여대생을 통해서는 이미 미국이 국제적으로 입지가 단단한 와인 생산국임을 느끼게 한다.

소량 생산에다 소출마저 극도로 줄이고 새 오크 통 숙성을 통해 고품질 와인을 탄생한 생테밀리옹의 차고 와인(garage wine)에 대한 이야기도 나온다. 소규모 생산자라면 누구나 그런 타이틀로 불리기를 희망한다. 왜냐하면 와인 생산자 모두는 스스로의 와인이 구분되길 희망하며 이를 통해 가격에서도 남다른 대우를 받을 거라고 믿기 때문이다.

영화에 소개되는 와인은 대부분이 가상의 이름이지만, 프로방스를 대표한다고도 할 수 있는 명양조장 도멘느 탕피에(Domaine Tempier)의 와인은 진짜다. 도구로 쓰인 빈티지는 1969이다. 이 와인의 풍미를 만끽하고 있는 삼촌(그가 주인공에게 양조장을 물려 주었다)에게 주인공이 "왜 와인을 좋아하세요?"라고 물었더니, 삼촌이 대답했다. "와인은 거짓말을 못하기에."

○ 와인 미러클 | Bottle shock | 2008

와인 애호가나 포도원 소유자가 아닌 실제로 포도밭에서 와인을 생산하는 와인 메이커의 일대기를 다룬 정통 와인 영화라고 할 만하다. 영화는 실제 이야기를 바탕으로 제작되었다. 미국 와인 샤토 몬텔레나의 성공 스토리를 주제로 하고 있는데, 몬텔레나는 1976년에 있었던 이른바 '파리의 심판'에서 최우수 화이트 와인으로 선정되었다. 와인을 제대로 만들기 위해 은행 대출을 시도하지만 여의치 않아 파산 일보 직전까지 간 주인공이 애지중지 만든 와인으로 결국 회생한다는 내용의 영화다.

당시 파리 시음회를 주관한 30대의 스티븐 스퍼리어는 캘리포니아 이곳저곳을 방문하면서 와인 맛을 본다. 그의 발품으로 캘리포니아 와인은 지금 전 세계를 돌아다닌다고도 할 수 있다. 그는 여전히 왕성한 활동을 하고 있는 와인 전문가인데, 분야로 보면 파커처럼 시음 전문가라고 할 수 있다.

   포도에게는 주인의 발품이 최고의 비료라는 주인공의 고백은 마치 삼킨 후에도 여전히 머무르는 뒷맛처럼 여운이 남아 영화가 끝났는데도 자리에서 금세 일어서지 못한 채 한참 동안 스크린을 바라보게 한다. 와인 생산에 얼마나 많은 땀을 흘려야 하는가를 생각하게 만든다. 영화를 본 후에 와인 전문점으로 가서 샤토 몬텔레나의 화이트 와인을 구매한다면 적극 찬성이오, 만약 영화를 보지 못했더라도 추천하고픈 와인이다.

   이외에도 와인 학습에 도움이 되는 DVD 잰시스 로빈슨의 〈와인 코스〉가 있다.

기다림 끝에 행복을 찾다

겨울의 견고함으로 다져진 와인들

청춘을 돌려다오
돌리아니

　천진난만했던 시절로 돌아갈 순 없지만, 그때 그 친구들을 만나 추억을 떠올릴 수는 있다. 연말이면 산타클로스를 만나리라는 기대에 부풀어, 장난감이나 동물과도 격의 없이 친구로 지내던 그 순진무구했던 시절로 다시 돌아갈 수 없지만, 동창들을 만나 이야기꽃을 피우다 보면 시간 가는 줄 모른다. 이런 자리에 빠질 수 없는 와인이 바로 돌리아니다. 마치 "내 청춘을 돌려다오"라는 노래 소리가 들리는 것 같다.

1940년의 돌리아니 시내 풍경

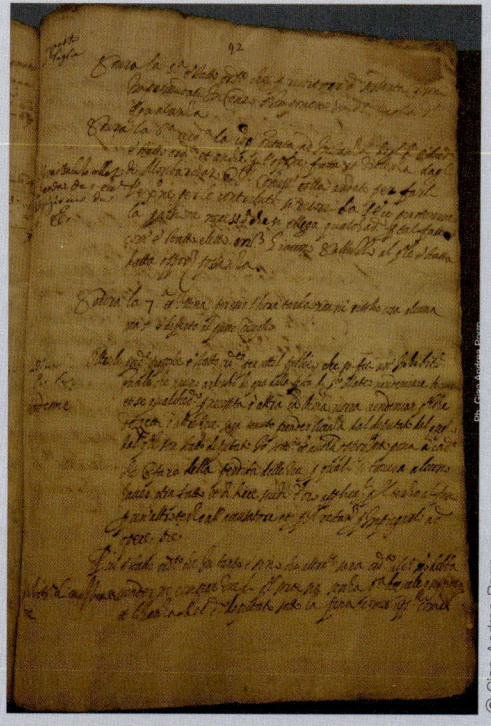

1593년에 기록된 돌리아니 마을 돌체토의 수확 명령서

🍷 순수함을 간직하기 어려운 것처럼

돌리아니(Dogliani)는 이탈리아 피에몬테 지방에서 나는 돌체토로 만든 와인이다. 돌체토는 보통 평범한 포도로 알려져 있지만, 돌리아니의 돌체토는 좀 다르다. 이탈리아 정부는 그 특색을 인정하여 2005 빈티지부터 최상위급인 DOCG로 상향하였고, 그 원산지명을 돌리아니로 정했다. 이는 바롤로 마을에서 나오는 와인의 원산지명을 그냥 바롤로라 칭하는 경우와 같다.

피에몬테를 대표하는 여러 포도 중에서 돌체토는 네비올로와 바르베라 다음으로 인기를 끌고 있지만 사실상 꼴찌나 마찬가지다. 이런 무명성을 타개하면서 돌리아니의 품질을 향상하려는 양조가들에게 돌체토는 만만치 않은 존재로 보인다. 돌체토는 재배하기가 무척 까다롭다. 돌체토 와인이 오랫동안 평범하면서 그저 그런 와인으로 치부되었던 것도 이런 점 때문이다.

돌체토는 타닌이 많아 산도를 잃지 않고 농익히기가 매우 힘들다. 순수함을 잃지 않고 어른이 되는 것처럼 어렵다. 그게 바로 돌체토의 특징이다. 농익으면 산도는 떨어지게 마련이다. 어떻게 하면 산도를 유지하며 완숙시킬 수 있을까? 돌리아니 마을의 양조자들은 모두 여기에 마을의 존망이 달려 있다고 믿고 있다. 돌체토는 껍질이 두꺼워 타닌이 많다. 타

돌리아니의 돌체토

안개 자욱한 랑게 지역의 돌리아니 포도밭을 알프스가 병풍처럼 감싸고 있다.

닌이 많은 네비올로도 있지만, 돌체토는 네비올로보다 색소가 많이 함유되어 더 진한 색깔을 띤다. 그래서 돌체토는 네비올로처럼 늦게 수확할 수 없다. 늦도록 포도밭에 두면 포도가 농익어 타닌은 부드러워지겠지만 산도가 떨어지기 시작한다. 가을이 깊어갈수록 산도가 더 높아져 맛이 좋은 네비올로와는 달리 돌체토는 훨씬 이른 시기인 9월 중순경에 수확해야 한다.

🍷 자연 친화적인 유기농 포도밭

밀라노 출신의 니콜레타 보카(Nicoletta Bocca)는 돌체토의 한

양조장 페케니노의 포도밭. 포도밭 너머 세라룽가 달바가 보인다.

계를 넘어서려고 노력하는 양조가 중 하나다. 그녀는 어린 아들이 뛰어노는 포도밭이 깨끗하길 바라는 마음으로 일찌감치 유기농 포도 재배를 시작하였고 2008년부터 비오디나미 농법(화학 비료를 전혀 사용하지 않고 자연환경을 중시하는 농법) 인증을 받았다. 아이들이 마음껏 뛰어놀 수 있는 깨끗한 포도밭을 조성하는 것은 양조장을 위해서나 이웃을 위해서도 꼭 필요한 일이다.

1992년부터 돌리아니 마을에서 산 페레올로(San Fereolo) 양조장을 운영하고 있는 그녀는 오로지 돌체토 생각뿐이다. 양조 전통이 1세대에 머물러 있어 부모 세대로부터 노하우를 전수받은 게 없지만 시간이 흐르면 결국 좋은 와인을 만들 수 있다고 믿는다.

그녀의 미래는 결국 돌체토의 타닌을 얼마나 부드럽고 매력적으로 만드느냐에 달려 있다. 그녀는 이를 위해 일단 포도밭의 지력을 회복하려 했다. 비오디나미 농법으로 전향한 것은 적절하다고 본다. 언덕 꼭대기에 위치한 산 페레올로는 주위의 환경에 영향을 받지 않으니 지극히 자연 친화적으로 재배하는 그 농법은 결실을 보기가 쉬울 것이다.

페케니노(Pecchenino) 양조장은 숙성력이 우수한 돌리아니 생산자이다. 일조량이 좋은 언덕받이에서 키운 돌체토는 십 년이 지나도 싱싱하게 살아 있다. 싱글 빈야드인 브리코 보티(Bricco Botti) 1995년 빈티지를 시음했는데, 그 숙성력이 참 돋보이는 와인이다. 오랜 세월을 잘 버틴 구조가 달콤하고 향기로운 부케를 뿜어낸다. 1998년 빈티지도 감미로운 질감을 지녔으며 제비꽃, 감초, 블루베리의 향취가 물씬 풍긴다.

돌리아니에서 가장 보수적으로 양조하는 키오네티(Chionetti)는 돌체토를 오크 통에 넣지 않고 스테인리스 스틸 통에만 넣는다. 오크에서 스며나오는 타닌과 향취가 돌체토에게 좋지 않다고 여기기 때문이다. 여기 와인은 그 무게감과 질감 그리고 아로마가 참 좋다. 과일즙이 그대로 포도주로 변화했다는 애길 들으니 맛의 자연스러움이 배가 되는 것 같다.

프란체스코 보스키스(Francesco Boschis)도 지나칠 수 없는 양조장이다. 조각난 포도밭에서 세 가지

니콜레타 보카

의 돌리아니를 구분하여 양조한다. 양조장 바로 뒤편에 있는 비냐 데이 프레이(Vigna dei Prey)는 진흙 토양이며, 질감이 풍성하고 타닌이 강해서 돌체토의 힘을 느낄 수 있다. 양조장 오른쪽 경사면에 위치한 소리 산 마르티노(Sori San Martino)는 칼슘이 풍부한 석회암 토양이며 블랙 커런트 플레이버가 있고, 입맛은 담백하며 질감은 우아하고 부드럽다. 마지막으로 이웃의 밭을 임대하여 여러 번 사용한 바리끄로 담그는 비냐 델 칠리에조(Vigna del Ciliegio)가 있다. 양조장 주인의 친구가 만드는 살라미와 투마(피에몬테 전통 치즈)의 맛이 기막히게 좋다.

돌리아니에도 오래된 양조장이 있다. 일찌감치 돌체토의 매력을 감지한 사람은 다름 아닌 이탈리아 초대 대통령 루이지 에이나우디(Luigi Einaudi)다. 1897년 돌리아니에 양조장을 세웠고 지금은 대

오로지 스테인리스 스틸 통으로 숙성하는 키오네티 돌리아니

통령의 외증손자가 책임을 맡고 있다. 이곳이 돌체토의 고향으로 간주되는 것도 무리가 아니다.

 양조장에서는 새로운 기술을 시도하고 있다. 보르도와 토스카나에서도 널리 쓰이는 마이크로 옥시저네이션(micro-oxygenation, 타닌이 많은 포도즙에 미세한 튜브를 통해 산소를 주입함으로써 와인의 구조와 질감을 부드럽게 변모하는 방식)을 사용하여 각진 와인의 맛을 좀 둥글게 한다. 또한 최상의 포도를 얻기 위해 가지치기와 열매솎기에도 열심이다. 강한 타닌으로만 뭉쳐진 와인보다는 성분들이 고루 조화된 와인이 오래 숙성하는 법이다. 산 페레올로 1997년산과 1999년산을 연이어 시음하였다. 단단한 타닌은 세월 앞에서 서서히 녹아내리지만, 여전히 촘촘한 조직을 유지하면서 마시는 내내 그 구조감을 시음자에게 제공하는 와인이다. 지역에서 생산되는 거대한 몸집의 수소를 뜨거운 물로 삶아낸 요리인 볼리토(우리식으로 하면 수육)에다 돌리아니를 곁들이면 소주에 수육 한 점 곁들인 것 같아 푸짐하고 넉넉한 기분이 들어 좋다. 이게 바로 돌리아니의 맛이다.

돌리아니는 어린 시절을 떠오르게 하는 묘한 힘이 있다. 힘의 원천은 세련됨이나 강건함보다는 질박함이나 천연덕스러움 같은 것이다. 거칠고 강한 타닌 하나를 무기 삼아 세계 시장에 선보인 돌리아니는 젊음 하나만으로도 세상에 부러울 것 없던 그 시절로 회귀시키는 묘약이다.

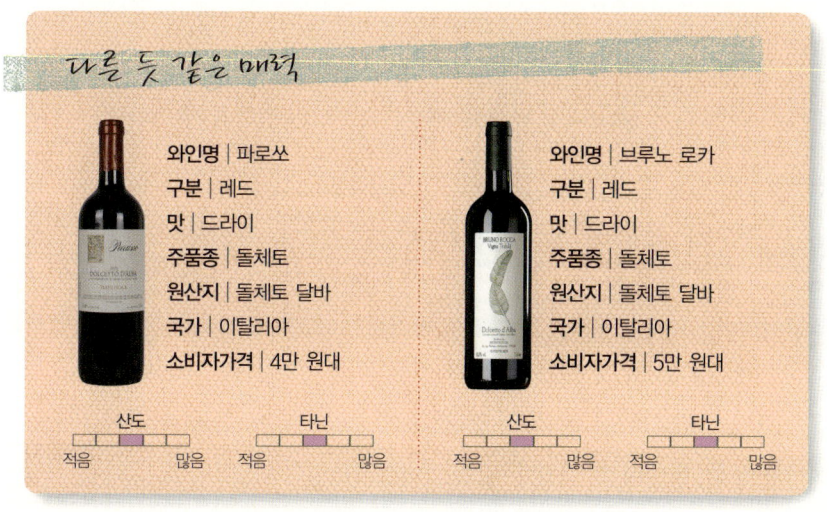

식탁에서 즐기는 와인 게임
샤토 브라네르

와인 알아맞히기 게임을 통해 와인 맛을 구별해 내는 능력을 키우고 모임의 즐거움도 배가할 수 있다. 이런 게임에 가장 어울리는 와인은 뭐니뭐니 해도 샤토 브라네르다. 주옥 같은 소설 속에 등장하는 보르도 생줄리앙 마을의 레드 와인 브라네르를 추천한다.

빈티지만 좋다면 무슨 와인인지 알아맞히겠소

영화로도 잘 알려진 〈찰리와 초콜릿 공장〉의 원작자인 영국인 소설가 로알드 달은 약 50년 전 발표한 소설 『맛』을 통해 와인에 대한 환상을 통렬하게 비판한다. 줄거리는 이렇다. 빈티지만 좋다면 무슨 와인이든지 그 이름을 다 맞힐 수 있다고 호언장담하는 한 식도락가가 있다. 와인에 대한 자신의 능력과 지적 소양을 과시하고 싶어 하는 속물적 근성의 캐릭터다. 한편 이런 식도락가의 입맛을 사로잡을 귀한 와인을 엄청나게 많이 가지고 있는 컬렉터가 있다. 그는 고급 와

브라네르 뒤크뤼 1934. 양조장에 겨우 두 병 남은 것 중 라벨 상태가 더 우량한 것으로 찰칵.

인을 가진 것만으로는 모자라 그걸 자랑하지 않고는 못 배기는 성격이다.

어느 날 저녁 두 사람은 와인 알아맞히기 내기를 한다. 컬렉터가 라벨을 감추고 내놓는 와인을 식도락가가 알아맞히는 놀이다. 그 전에 몇 차례 있었던 내기에서는 매번 식도락가가 이겼다. 이번에도 역시 식도락가는 와인 전문가로서의 해박한 지식을 과시하며 와인의 이름을 알아맞히려 한다. 귀납적 추론을 통해 점점 그 범위를 좁혀가는 방식이 그가 즐기는 방법이다. 보르도를 확신하면서 생 줄리앙으로 좁히는 장면, 광채가 나지 않으니 등급이 낮은 와인일 것이라며 4등급으로 구체화하는 장면, 베슈벨(Chateau Beychevelle)도 아니고 그렇다고 탈보(Chateau Talbot)도 아닌, 그렇다면 바로 브라네르 뒤크뤼(Chateau Branaire Ducru)라고 확언하는 장면 등은 마치 추리소설을 읽는 듯한 재미를 준다. 마침내 식도락가는 제공된 와인이 생 줄리앙 마을의 브라네르이며 빈티지는 1934년이란 결론에 도달한다. 그는 "어서 병을 돌려 라벨을 보이시오"라며 추

론의 결과를 확인하려 한다. 그 순간 컬렉터의 하녀가 등장한다. 그녀는 식도락가에게 안경을 내민다. 식도락가가 컬렉터의 서재에 놓고 미처 챙기지 못한 소지품이었다. 그것은 그가 컬렉터의 서재에 들어가 이미 와인병을 미리 봤다는 것을 암시하는 단서였다.

🍷 새벽 2시의 와인 셀러

봄마다 찾아가는 보르도 여행 중 한동안 브라네르에 머물렀다. 여러 연도의 브라네르와 함께 곁들인 이 지역 음식 민물 장어 조림의 맛에 반해 밤 12시가 넘었는데도 우린 계속 먹고 마셨다. 그러다가 제대로 숙성된 1949년 빈티지를 맛보고는 모두 보르도 와인, 특히 생 줄리앙의 숙성력을 실감하고 있었을 때 로알드 달의 소설이 갑자기 떠올랐다. 곧바로 맞은편에 앉은 성주에게 와인 셀러에 가서 소설의 주인공을 만나고 싶다고 부탁했다. 시간은 이미 새벽 2시를 지나고 있었다. '왜 길게 늘어진 저녁 식사의 끝자락에 기억이 났을까. 좀 더 빨리 생각이 났다면 여유롭게 둘러볼 수 있었을 텐데……' 이런 생각이 전혀 없었던 것도 아니다. 맨 정신에 그것도 깜깜한 한밤중에 지하의 와인 창고를 가겠다니, 하지만 와인 더미 속에서 1934년 빈티지를 꺼내든 순간 오길 잘했다는 생각이 들었다. 마치 소설 『맛』 속의 주인공을 만난 기분이랄까.

소설에 등장하는 브라네르는 보르도 생 줄리앙 마을의 아담한 샤토(원래 의미는 프랑스어로 '성'이지만 현재는 자기 소유 포도원을 둔 양조장을 지칭한다)다. 생 줄리앙은 남으로는 마고, 북으로는 포이약과 이어지는 명산지 순례길의 중간에 위치한다. 소설의 묘사처럼

샤토 브라네르 뒤크뤼

화려한 향기, 비단 같은 질감의 마고와는 다르며, 굵은 심지가 박힌 강건한 스타일의 포이약과도 또 다른 특징을 지녔다. 두 마을의 특징을 합쳤다고나 할까. 엷은 듯하면서도 굵고, 화려한 듯하면서도 순박한 느낌이다. 한마디로 중용의 미를 표현한다.

샤토 브라네르는 지롱드 강에 연한 샤토 베슈벨과 내륙에 떨어져 있는 샤토 탈보 사이에 있다. 브라네르의 포도밭은 카베르네 소비뇽 위주로 경작하는데 메를로와 프티 베르도 함께 재배한다. 하지만 브라네르는 소설의 시대적 배경이 지난 다음에는 오랫동안 별다른 조명을 받지 못했다. 샤토의 소유권이 시장에 돌아다녀 일꾼들이 일에 집중하기 힘들었다. 현재의 오너가 매입한 후에야 상황이 달라졌다.

4. 기다림 끝에 행복을 찾다

샤토 브라네르 뒤크뤼의 지하 셀러

새로워진 브라네르는 지속적으로 세심하게 포도나무를 관리하는 교과서적인 양조 기술을 적용하여 오늘날 생 줄리앙 4등급 와인 중에서 가장 뛰어난 품질을 보이고 있다. 품질의 우수성은 와인 평론가의 평점이나 엉 프리메르 시장(En Primeur, 수확한 이듬해 봄철에 숙성 중인 와인을 평가한 후에 곧바로 거래가 체결되는 시장으로 와인은 훗날 병입된 다음에 인도된다. 오래된 보르도의 거래 방식이다)의 출시 가격에서 확인할 수 있다. 특히 2000년 빈티지 이후부터는 4등급 와인 중 발군의 실력을 보이고 있다. 파커도 이 대목에서는 동의하고 있다. 이제 브라네르는 품질, 평가, 가격면에서 한때 국내 최고 인기였던 탈보나 베슈벨 둘 다를 제쳤다. 다만 한 가지 모자란 것이 있다면 인지도뿐이다.

🍷 심지 곧은 전략가의 와인

보르도 그랑 크뤼 협회 회장을 전례 없이 연임했던 지금의 오너는 최소한 아시아 시장에서만큼은 샤토의 인지도 확장 노력을 게을리 하지 않았다. 보르도 와인에 대해 좋은 이미지를 가진 중국이나 우리나라의 시장을 더욱 키우기 위해 그는 매년 한 번 이상 비행기를 타고 왔다.

이 정도 되면 애호가들은 브라네르의 주인장이 누구일까 궁금해질 것이다. 와인은 주인을 닮는 법이니 그 주인을 알면 맛의 비밀을 알게 될지도 모르겠다.

생 줄리앙 중에서도 브라네르는 그 맛과 질감이 독특하다. 파커는 이를 아주 '클래식'하다고 표현한다. 고전적이란 뜻이니 옛 맛을

파트릭 마로토와 부인 에버린

낸다고 보면 되겠다. 진하고 걸쭉하고 단내가 많이 나야 인기 있는 와인으로 대접 받는 세상에서 브라네르의 주인장은 심지 곧은 전략가다. 와인은 그를 닮아서 풍성한 질감 속에 뚜렷한 기운을 띤다. 덜 진하고 덜 걸쭉할지언정 와인의 골격은 제대로 갖추어야 한다고 믿는다. 꼿꼿한 대나무 심지가 잔 속에 박혀 있는 느낌이랄까. 샤토 브라네르의 주인 패트릭 마로토(Patrick Maroteaux)는 한때 은행가였다가 사업가로 변신해 브라네르를 구입했다. 많은 시행착오 속에 시련도 많았지만 이제 그는 소망한다. 소설 속의 와인을 재현하는 것이다. 그는 소설의 주인공처럼 최고의 와인 빚기를 소망한다.

브라네르의 장점은 숙성력이다. 소설에서 마신 와인은 십수 년 묵은 와인이다. 결국 맛의 비밀은 얼마나 오랫동안 맛과 향을 지니느냐에 달려 있다. 패트릭 마로토는 농익은 포도를 얻기 위해 소출을 극도로 줄이고, 양조장에서는 오크 사용을 절제해 자연스러운 와인이 탄생되도록 한다. 생 줄리앙 자갈 토양의 미네랄을 잔뜩 흡수한 브라네르는 맛의 화신이 되어 오늘날 생 줄리앙 마니아의 셀러 속에서 숙성되고 있다.

와인 名家

독일,
장인 정신이 빛나다

　프랑스 와인과 이탈리아 와인의 특징을 각각 고급성, 다양성이라 규정한다면 독일 와인은 어떤 특징을 가질까. 애석하게도 무명성이라고 대답하는 사람들이 꽤 있을 것이다. 그러나 자세히 알고 보면 독일 와인은 '전문성'이 특징이라 할 수 있다. 와인 분야에서도 독일인의 장인 정신이 여지없이 빛나기 때문이다.

🍷 역시 리슬링

　독일 와인하면 바로 리슬링이요, 리슬링하면 바로 독일 와인이다. 오늘날 독일 외에도 리슬링을 재배하는 곳은 많다. 프랑스의 알자스, 오스트리아, 헝가리, 북이탈리아, 호주, 미국 심지어 칠레까지 리슬링 영역이 넓게 펼쳐져 있다. 생산자들은 누구나 할 것 없이 모두 라인 강변에서 자라는 리슬링을 벤치마크하고 있다.

명품 와인을 양조하기 위해서는 아주 일상적이고 지루한 과정을 거쳐야 한다. 와인의 우수성은 단조로운 과정을 얼마나 충실히 따랐느냐, 얼마나 실수를 줄였느냐, 얼마나 정성을 쏟았느냐에 따라 결정된다.

독일 와인의 우수성은 이미 리슬링으로 증명됐다. 그 사실이 우리들에게 새로울 뿐이다. 화이트 와인 시장에서 리슬링은 자동차 시장에서 메르세데스 벤츠에 해당한다. 한마디로 특급이다. 레드를 만드는 카베르네 소비뇽에 필적할 수 있다. 맛, 향기, 숙성력에서 리슬링을 따라올 청포도가 없으며 검은 포도에도 많지 않다.

세계적으로 리슬링을 애호하는 사람들이 참 많다. 그 이유는 리슬링이 음식과 잘 어울리기 때문이다. 음식이 미처 내지 못하는 새로운 맛을 선사함으로써 식탁을 풍성하게 만든다. 애호가들은 프랑스의 샤르도네보다 오히려 리슬링을 더 높이 평가한다. 이유는 간단하다. 샤르도네는 오크 통의 참나무 향기가 듬뿍 더해져 가공된 맛이 느껴지지만, 리슬링은 와인 그대로의 맛을 간직하고 있기 때문이다.

🍷 최고봉은 켈러와 에곤 뮐러

스위트 리슬링 분야의 최고 전문가는 에곤 뮐러(Egon Müeller)이다. 현 세대에서만 인정 받는 게 아니라, 지난 세기 아니 그 전 세기부터 대단한 와인으로 평가 받고 있다. 매년 양조장이 위치한 고장에서 실시하는 경매에서 에곤 뮐러의 최고급 와인은 최고가로 낙찰된다. 최고 등급 트로켄베렌아우스레제는 한 병이 사천 유로로 2008년 여름에 낙찰되었다. 에곤 뮬러의 포도밭인 샤르츠호프베르그는 보르도의 쏘테른처럼 보트리티스의 축복을 받는 곳이다. 샤토 디켐처럼 포도알에 귀부 곰팡이가 기승을 부려 흉물스럽게 포도송이가 일그러진다. 에곤 뮬러는 샤토 디켐에 필적하는 스위트 와인으로 알려져 있다.

드라이 리슬링 분야는 켈러(Keller)를 꼽고 싶다. 클라우스 피터 켈러는 매일 아침 7시가 되면 영낙 없이 포도밭에 나타난다. 빼어난 테루아를 지닌 중세 명산지를 구입한 이후에 매일 거듭되는 작업 속에서 그는 단순하고도 이루기 힘든 명제를 깨달았다. '포도나무의 재배가 와인 품질을 보장한다'는 사실이다. 켈러는 가지에서 나오는 송이 수를 조절하고 송이가 완숙되기 전에 반을 제거하여 송이 크기도 조절한다. 잎사귀의 수를 조절하여 광합성을 늦추고 그럼으로써 오랫동안 서서히 포도가 익게 한다. 다뉴브 강가의 오스트리아산 화이트 명주들의 도수가 14도를 웃돌지만, 켈러의 리슬링은 높아야 13.2도다. 리슬링 같은 청포도는 서늘한 기후에서 서서히 익을 때 매력을 발산한다.

켈러는 와인 전문지 《월드 오브 파인 와인(World of Fine Wine)》과의 인터뷰에서 "훌륭한 와인을 생산하려면 먼저 훌륭한 와인이 뭔지 알아야 한다. 그래서 가장 먼저 할 일은 여행을 하면서 세계의 훌륭한 와인을 마셔봐야 하고, 두 번째로는 포도밭에서 열심히 일해야 한다."라고 답변했다.

켈러의 명성은 1980년대 말부터 생기기 시작하였다. 200년 이상의 양조 전통이 있지만 고품질 와인으로서의 평가는 이때부터이며 다소 늦은 감이 없진 않으나, 오랜 세월 독일은 스위트 리슬링에 매

후바커 포도밭에 서 있는 켈러 양조장의 오너 클라우스 피터 켈러(왼쪽)
후바커 포도밭의 리슬링, 포도가 이렇게 성겨야 병충해가 없고 알이 골고루 잘 익는다.(오른쪽)

독일 와인 가이드

진한 전통을 감안한다면 스위트가 아닌 드라이 리슬링으로 신기원을 이룬 켈러 양조장의 업적은 실로 대단한 것이다.

아민 디엘과 조엘 페인이 공동으로 펴내는 《독일 와인 가이드》는 독일 와인을 이해하는 데 필수적인 지침서이다. 책의 평가 결과를 종합해 보면 켈러의 수준을 짐작할 수 있다. 1994년부터 2005년까지 열두 번의 빈티지 중에서 켈러는 도합 63종의 와인이 최우수 품질로 평가받았다. 이는 오랜 세월 왕관을 차지했던 에곤 뮐러의 40종보다 앞서는 것이며 독일 전체 양조장 중에서 최고의 결과를 보인 것이다. 명성은 독일에만 머물러 있지 않았다. 2002년도 비니탈리(이탈리아 와인 박람회) 조직 위원회는 과거 샤토 마고, 베가 시실리아 등에게 수여한 최고의 양조장 수상자로 켈러를 선정했을 정도다.

🍷 독일 와인에 대한 몇 가지 오해

우리나라에서 독일 와인은 변방 신세다. 첫 번째 이유는 달다는 선입관 때문이다. 알고 보면 '드라이'한 화이트 와인도 정말 많다.

라인가우 뤼더샤임 마을의 포도밭에서 내려다본 라인강

사실 드라이 와인이 더 많다. 한동안 우리나라에 스위트 와인이 대량 수입된 탓에 다양한 맛을 체험하기가 어려웠을 뿐이다. 리슬링은 오크 칩으로 바닐라 맛을 강하게 내는 신세계 화이트 와인보다 덜 달다. 잔당 함유량이 많다고 해서 더 달지는 않다. 중요한 것은 당분이 산미와 얼마나 잘 균형을 이루느냐다. 당분이 많아도 칼날처럼 상큼한 산미가 있는 리슬링이 오히려 오크 향 가득한 화이트 와인보다 덜 달게 느껴진다.

두 번째 이유는 라벨 읽기가 쉽지 않기 때문이다. 사람들은 독일어로 된 라벨이 마치 해독하기 힘든 고문서 같다고도 한다. 그러나 부르고뉴도 난해하긴 마찬가지다. 조금만 관심을 기울이고 나라마다 개성 있는 와인이 있다고 믿으면 라벨 읽기가 그리 어렵게 느껴지지 않을 것이다.

독일 와인의 영향력은 참으로 크다. 독일에서 가까운 프랑스 알자스에 가보면 마치 독일 와인 경연장 같다. 리슬링을 주로 재배하는 점에서나 병 모양이나 라벨의 알파벳 구성만 봐도 그런 느낌이 든다.

샴페인의 최고봉인 크룩, 볼랭저, 멈도 독일 출신이다. 샴페인은 하우스 스타일이 중요하다. 매년 일정한 맛을 내야 하기 때문이다. 크룩은 독일 출신답게 정확한 블렌딩 기법을 통해 6대째 대를 이어가고 있다. 차고 와인 라 몽도트로 유명해진 생테밀리옹의 샤토 카농 라 가펠리에와 같은 지역에서 비오디나미 농법으로 양조하는 샤토 라투르 피작도 모두 독일 출신이다.

독일 와인은 신세계로도 많이 뻗어나갔다. 호주를 대표하는 울프 블라스와 헨슈케 역시 독일 이민자들이 세웠다. 캐나다는 또 어떤가. 캐나다 최초의 유럽산 포도가 리슬링이다. 오늘날 캐나다를 세계 와인 지도에 올린 아이스와인(Icewine) 역시 독일의 아이스바인(Eiswein)이 원조다.

맛! *Keller*

산도 ●–●–●–●–○
타닌 ●–○–○–○–○
단맛 ●–○–○–○–○
도수 ●–●–●–●–○
가격 ●–●–●–●–○

다를 듯 같은 매력

와인명 | 크리스트만 IDIG
구분 | 화이트
맛 | 드라이
주품종 | 리슬링
원산지 | 팔츠 쾨닉스바흐
국가 | 독일
소비자가격 | 미수입

산도 적음 — 많음
당도 적음 — 많음

와인명 | 프리츠 하악
구분 | 화이트
맛 | 약간 스위트
주품종 | 리슬링
원산지 | 모젤
국가 | 독일
소비자가격 | 5만 원대

산도 적음 — 많음
당도 적음 — 많음

4. 기다림 끝에 행복을 찾다 343

애타는 심정을 달래 주는
요하네스베르거 슈페트레제

누군가를 애타게 기다리는가. 외로움을 타는 이에게, 학수고대하고 있는 이에게 요하네스베르거 슈페트레제를 추천한다. 슈페트레제는 애타게 기다린 끝에 탄생한 와인이다. 리슬링 포도로 만드는 이 화이트 와인이야말로 수많은 와인 중에서 가장 보편적인 맛이 아닐까.

요한의 언덕에 심은 리슬링 나무

때는 1130년. 독일 라인가우 지방의 한 마을에서 와인을 만드는 노동을 통해 수련과 영성 훈련을 끊임없이 반복하던 베네틱트 수도

사들이 한자리에 모였다. 이날은 수도원을 세례 요한에게 봉헌하는 날이었다. 일찍이 고행을 통해 선지자로서 인류 역사를 이끌었던 그를 기리는 행사이다. 오늘날 이러한 전통을 근거로 하여 지명이 요하네스베르그가 된 것이다. 요하네스베르그란 '요한의 언덕'이란 뜻이다. 세월이 흘러 이곳의 이름이 쉴로스 요하네스베르그, 곧 요하네스베르그 성으로 바뀌었다. 이제는 더 이상 수도원이 아니다. 수도원의 모든 시설은 이미 양조장으로 변모하였다. 지역에서 가장 높은 곳에 건축된 성에 오르면 라인 강이 한눈에 들어온다. 이곳을 다스렸던 하인리히 폰 비브라는 풀다 지역의 왕이자 수도원장이었다. 정교가 합치되던 시절의 그는 라인가우 일대의 최고 실력자였다. 1720년에는 리슬링 포도나무를 294,000그루 심은 기록이 남아있다. 그 당시 리슬링 이외에는 어떤 포도나무도 심을 수 없었다.

🍷 곰팡이로 인해 생겨난 와인

1775년 가을의 일이다. 포도 수확은 언제나 수도원장의 명령이 떨어져야 시작할 수 있었다. 포도밭이 딸린 토지는 대부분 귀족이나 교회의 소유였기 때문에 백성들은 그저 노동력을 제공하기만 했다. 요하네스베르그의 포도밭도 예외가 아니었다. 이 일대가 모두 하인리히의 소유였다. 포도 향기가 만발하는 이맘 때면 그의 사자가 말을 타고 달려와 명을 받으라고 소리쳐야 한다. 그 명령은 다름 아닌 수확을 시작하란 명령이다.

예년과 달리 사자가 당도하지 않았다. 밭에서는 익을 대로 익은 포도가 특유의 달콤하고 진한 향기를 뿜어내고 있다. 일꾼 중에는

요한의 언덕에 건축된 쉴로스 요하네스베르그

이러다가 때를 놓치면 어쩌냐며 안달하는 이도 있다. 기다리고 기다리던 사자는 올 줄을 몰랐다. 함흥차사의 독일판인 셈이다. 밭에서는 이미 농익은 포도가 그 모양이 점점 흉물스럽게 바뀌어 갔다. 곰팡이의 일종인 보트리티스 시네레아가 퍼져 탱글탱글한 포도 알의 윤곽이 허물어지고 있었다. 이런 적이 없었기에 농부들은 어찌할 바를 몰라 했다.

전혀 예상하지 못한 변화를 겪고 있을 무렵에 기다리고 기다리던 사자가 도착했다. 일꾼들은 부리나케 수확을 시작했고 예년보다 당

수도원장의 명을 받들고 달려온 사자가 외쳤다. "이제 포도를 따세요!". 독일판 함흥차사를 동상으로 세웠다.

분이 높은 포도즙을 얻었다. 곰팡이의 영향으로 껍질에서 수분이 빠져나가 당분이 많아진 것이다. 포도즙을 발효시키니 그 맛이 일품이었다. 곰팡이의 영향으로 신비로운 아로마까지 더해졌다. 꿀맛과 비슷한 새로운 스타일의 리슬링이 탄생하였다. 이렇게 해서 슈페트레제(Spätlese, '늦수확'이라는 뜻)라는 와인이 탄생했다.

와인 세계에서 늦수확이란 용어는 나라마다 표현도 다르고 그 중요성도 다르다. 독일어를 쓰는 오스트리아에서는 독일 와인의 품계를 상당 부분 받아들였다. 프랑스 알자스 지방에서는 방당쥬 타르디브(Vendange Tardive)라고 하고 피노 그리, 리슬링 등을 늦게 수확하여 농도 짙은 스위트 와인을 만든다. 한편 영어권에서는 레이트 하비스트(Late Harvest)라고 부른다. 늦수확이라는 오랜 전통을 엄격한 규칙처럼 적용하는 독일이나 프랑스는 늦수확이란 용어 사용이 등급에서 나오는 권리이자 의무이지만, 호주나 미국, 칠레 등지에서는 그저 단맛 나는 와인을 만드는 단순한 방식이다. 즉 레이트 하비스트는 와인의 품질을 규정하진 않는다. 마트에서 파는 스위트 와인에는 대개 레이트 하비스트 표시가 되어 있다. 늦수확은 포도를 건조하는 것과는 엄연히 다르다. 늦수확은 포도나무에서 포도를 늦게 따는 것이지 딴 포도를 말리는 것이 아니다. 이런 점에서 독일의 아이스바인 역시 늦수확 와인이다.

🍷 독일 와인의 기준이 되다

슈페트레제는 사실 늦수확을 뛰어넘는 의미가 있다. 슈페트레제로 독일의 우수 와인이 태동되었다고 해도 과언이 아니다. 독일은 슈페트레제를 발판으로 삼아 와인의 등급을 정했다. 그 기준은 얼마나 포도가 익었느냐다. 이 내용을 얼핏 보면 그 엉성함에 기가 막히다고 할 것이다. 특히 햇빛 천국인 칠레나 호주에서 보면 이해가 되지 않는다. 독일은 내륙에 있고 위도가 높다. 일기가 불안정해서 비도 많고 일조량이 적어 포도 익히기가 쉽지 않다. 하지만 남향을 바라보는 언덕은 상대적으로 해가 잘 들어서 포도가 잘 익는다. 결국 밭의 위치가 좋고 토양이 뛰어난 곳은 포도 재배가 잘 된다. 독일 와인 등급은 이런 논리로 구축되었다. 등급의 구성을 보면 슈페트레제보다 덜 익은 와인은 카비네트(Kabinett)라고 한다. 와인이 좋아서 캐비닛에 넣어 둔다고 생각하라. 슈페트레제보다 더 익은 와인은 아우스레제(Auslese)이다. 뜻은 선별적인 수확이다. 늦수확 포도 중에서 일부를 골라낸다는 말이다. 그 위로는 베렌아우스레제(Beerenauslese)로서 포도송이가 아니라 알을 골라낸다는 의미고, 그 위

리슬링

에 등급 트로켄베렌아우스레제(Trockenbeerenauslese)는 말라 비틀어진 알을 골라낸다는 뜻이다. 정점의 와인은 알 속의 수분이 빠져 당분으로 가득한 알만으로 와인을 만든 경우이다. 그러나 독일 와인의 품계는 이게 전부가 아니다. 지금은 드라이 리슬링에 대한 여러 등급이 마련되어 있고 그 품질 또한 세계적으로 인정되고 있다.

🍷 '와' 한마디면 그만인 맛

요하네스베르그 슈페트레제의 맛은 어떨까. 그 맛과 향을 여러 미사여구로 표현하는 것도 좋지만 그냥 한마디로 '와'하는 감탄사로 끝내도 좋겠다. 복숭아, 망고, 살구 향기가 뿜어져 나오는 것 같다. 깨끗하고 순수한 느낌이 들며 신선하고 상쾌하다. 끝맛에서 올라오는 단맛은 피로를 풀어 준다. 와인 평론가 잰시스 로빈슨은 하루의 고된 일과를 마치고 부엌에서 정신없이 개봉해 마시는 리슬링 슈페트레제가 최고라고 고백한 적이 있다. "마음껏 주물러 원하는

1130년에 만든 지하 셀러

모양대로 다 빚을 수 있는 석고는 오크 통 숙성에 기대는 샤르도네 같고, 고통스럽게 깎고 또 다듬어야 겨우 모양을 갖추는 대리석은 오로지 포도 성분에만 의지해서 만드는 리슬링 같다"고 독일의 와인 가이드를 펴내는 조엘 페인(Joel Payne)은 주장한다. 리슬링은 토양의 상태를 와인으로 잘 표현하는 특성 때문에 토양을 들여다보는 돋보기라고도 한다. 잘 익은 리슬링은 그 자체가 하나의 완벽한 음식이다. 글라스에서는 상쾌함과 신선함은 물론이고 풍부한 과일 향기와 놀라운 숙성력 그리고 여러 맛이 한데 어울려 풍겨나는 복합적인 묘한 맛이 함께 흘러나온다.

사도 요한의 언덕 요하네스베르그는 오늘날 슈페트레제가 처음으로 수확된 곳이며 가장 오래된 리슬링으로 가득 찬 포도밭이다.

양조장 요하네스베르그의 셀러는 그야말로 와인의 박물관이다. 셀러의 빈티지는 1130년이다. 서기 1130년에 조성된 지하 공간에 들어선 셀러는 천혜의 저장고이다. 그 옛날 수도사들이 만든 와인을 놓던 바로 그 자리에 지금도 요하네스베르그 와인을 놓는다. 셀러에서 가장 오래 묵은 와인의 빈티지는 1748년이다. 오늘날 몇몇 신세계 와인들은 리슬링의 동의어로 요하네스베르그를 차용하기도 한다.

맛! *Johannis-berger Spätlese*

산도
타닌
단맛
도수
가격

다른 듯 같은 매력

와인명 | 다인하르트 그린 라벨
구분 | 화이트
맛 | 약간 스위트
주품종 | 리슬링
원산지 | 모젤
국가 | 독일
소비자가격 | 2만 원대

산도 적음─많음
당도 적음─많음

와인명 | 군데르록 디바
구분 | 화이트
맛 | 스위트
주품종 | 리슬링
원산지 | 라인헤센
국가 | 독일
소비자가격 | 6만 원대

산도 적음─많음
당도 적음─많음

고진감래를 믿는 이에게
로베르토 보에르초

고진감래를 믿는 이에게 권하는 와인이 있다. 로베르토 보에르초가 애써 가꾼 바롤로는 특별한 의미가 있다. 땀 흘리는 얼굴이 아름답다. 치열한 노동으로 이룩한 쾌거이기에 자신 있게 추천한다.

🍷 포도를 버려야 와인이 산다

로베르토 보에르초(Roberto Voerzio)는 아내와 함께 라 모라 마을에서 포도밭을 가꾼다. 세상은 그를 와인 양조에 도통한 사람이라고 여기지만 정작 자신은 포도 재배에 능한 사람일 뿐이라고 말한다. 그의 철칙은 "포도를 버려야 와인이 산다!"이며 자신이 하는

오래 묵은 바롤로 라 세라를 디캔팅하는 로베르토 보에르초

일이라곤 이른 봄에 가지치기와 여름에 열매솎기뿐이란다. 포도나무에 겨우 몇 송이만 달랑 달랑 달려 있게 만든 그는 바롤로의 신기원을 창조했다. 그의 소출은 동료들에 비하면 절반 아니 반의반에도 못 미친다. 영양이 충분하고 튼실한 포도를 얻어야 와인이 잘 된다고 믿는다. 기적은 양조장이 아니라 포도밭에서 일어난다고 굳게 믿고 있다. 그러니 무모할 정도로 온몸을 던져 힘들게 땀을 흘려야 생장기간 내에 포도를 다 돌볼 수 있다고 말한다. 이래야 명품 와인의 필수 원료인 완숙 포도를 얻을 수 있다. 그의 신념 역시 벽돌집처럼 확고하다. 보에르초의 바롤로 라 세라를 여러 연도에 걸쳐 시음했다. 거칠기로 소문난 바롤로를 깔끔하고 보드랍게 빚어냈다. 그렇다고 숙성력의 원천인 타닌을 버린 게 아니다. 부드러운 질감 속에 숨어 있게 만들었다. 장미꽃 잎 향기가 넘실거린다. 잔 속에서는 비둘기집 노래가 흘러나왔다. "장미꽃 넝쿨 우거진~."

🍷 세계에서 가장 남성적인 와인

바롤로는 벽돌집 같은 와인이다. 이솝 우화의 아기 돼지 삼형제와 늑대 이야기에 나오는 막내 돼지의 벽돌집처럼 튼튼하고 단단한 와인이다. 구조가 꽉 잡힌 진한 맛과 장미꽃 향이 만발하는 레드 와인이다. 이탈리아의 가장 남성적인 와인이었지만, 이제는 세계에서 가장 남성적인 와인으로 발돋움했다. 근육질의 강건한 바롤로는 아이러니하게도 프랑스에서 시집 온 여성에 의해 등장하였다. 팔레티 후작 부인은 1810년경에 네비올로로 발효한 와인을 최초로 출시하였다. 이것이 오늘날 바롤로의 효시이다.

이탈리아의 토속적인 바롤로가 요사이 다시 한 번 프랑스의 덕을 보고 있는데, 프랑스의 작은 오크 통을 만나 국제적인 입맛의 바롤로 탈바꿈한 것이다. 바롤로는 알프스의 아랫 자락에 있는 피에몬테 지방의 도시 쿠네오에 속한 여러 개의 마을에서 네비올로로 양조하는 레드 와인의 통칭이다. 그 마을 중에서 바롤로, 라 모라, 세라룽가 달바, 몬포르테 달바가 명산지로 알려져 있다. 네비올로는 토양에 민감하여 넓은 지역에 분포하지 못한다. 토양 조건이 부합하는 일부 구역에서만 자란다. 그러다보니 네비올로를 심기로 작정한 포도밭에는 오히려 생장력이 좋은 돌체토 품종이 더 많이 자라기도 한다. 껍질이 두껍기로 유명한 네비올로는 거기서 나오는 풍부한 타닌 성분으로 인해 숙성을 오래해야 비로소 좋은 맛과 향을 내는 대표적인 품종이다. 연도가 오래된 바롤로는 드물게 만나는 와인의 명품이다. 바롤로는 도무지 타협을 모르는 와인이었다. 갓 담근 바롤로는 거칠고 텁텁하여 도대체 무슨 맛인지 알 수 없었다. 땡감을 씹었을 때 나는 떫은 맛만 날 뿐이었다.

발효 통들이 꽉 들어찬 양조장

단일 포도밭 바롤로를 많이 생산하기에 오크 통을 자세히 보면 각각의 통들이 대부분 다른 와인들이다. 종류당 생산량이 아주 적은 것이다.

    오직 세월만이 해결할 수 있는 이 문제를 풀 열쇠를 쥔 일단의 무리들이 있으니 이른바 바롤로의 현대주의자이 그들이다. 이들은 숙성이 덜 되었을 때에도 마실 만한 와인 양조에 승부를 걸었다. 소출을 최소한으로 줄여 포도의 완숙을 기하고 부드러운 타닌을 확보하여 마시기 편한 바롤로를 탄생시켰다. 그들은 전통주의자의 비아냥을 이겨내며 드디어 새로운 스타일의 바롤로를 당당히 와인 세계에 등장시켰다. 그들은 보통 두 그루의 나무에서 1리터 정도만을 얻고 있다. 전통과 현대를 구분할 때 흔히 전통적인 바롤로는 발효 기간

로베르토의 바롤로 라벨은 집안에 걸어 놓은 회화 작품에서 따온다.

이 더 길고, 현대적인 바롤로는 작은 프랑스제 새 오크 통을 사용한다는 것이다. 무엇이 절대적으로 옳다고 볼 수 없다. 둘 다 옳은 것이다. 다만 네비올로의 특성과 지역 특유의 테루아를 무시하는 자는 인정할 수 없다.

🍷 바롤로의 현대주의자

바롤로의 현대주의자들의 공통점은 크게 두 가지다. 하나는 포도밭에서 엄격한 열매솎기를 통해 포도를 최대한 익히는 것이고, 나머지 하나는 양조장에서 만든 와인을 큰 오크 통뿐 아니라 작은 오크 통에서도 숙성하는 것이다. 바롤로라고 다 같은 바롤로가 아니다. 지난 40년간 재배 면적이 2배 이상으로 커졌기 때문에 생산자의 실력을 잘 살펴봐야 한다. 현대주의자들 중에서도 가장 선두에 있는 사람은 로베르토 보에르초다.

가지치기와 열매솎기를 통해 수확한 소량의 잘 익은 네비올로는 양조장에서 충실하게 양조 과정을 따르기만 하면 걸작으로 탄생하게 된다. 보에르초가 소유한 라 세라는 해발 320미터의 사면에 위치하며 고작 1.5헥타르(사방 120미터)의 면적이다. 그는 이 포도밭을 손금 보듯 훤히 꿰고 있다. 유기농으로만 재배하는 그는 우박 피해가 극심했던 2002년에는 여섯 종류의 바롤로를 죄다 포기할 정도로 품질 관리에 심혈을 기울이고 있다. 그 결과 가격을 한층 더 끌어 올릴 수 있었다.

2007년 늦가을 그에게 물어보니 이제 모두 7개의 바롤로 밭을 소유하고 있었다. 1986년에 자신의 와인을 만들고 싶어 유산으로 받은 손바닥만한 포도밭으로 시작하여 오늘날 모두가 따르고 싶어하는 모범이 된 로베르토 보에르초. 그는 열심히 일하면 일한 만큼 대가를 받는다고 믿고 있다. 그가 지닌 신념 중에 가장 빛나는 대목은 역시 '포도를 버려야 와인이 산다'는 것이다.

고집불통을 위한 와인
몬포르티노

고집불통을 위한 와인을 고른다면 그것처럼 쉬운 일이 또 있으랴. 와인을 만드는 사람마다 모두가 다 자기 와인이 최고라고 하니 그저 눈감고 아무거나 골라도 될 성싶다. 타협할 줄 모르고 불도저처럼 밀어부치는 고집 센 분들은 알고 보면 깊은 속내를 지닌 순수한 사람이다. 우리는 그걸 뒤끝이 없다고 호평하기도 한다.

와인의 왕이라 불리는 바롤로 중에서도 몬포르티노(Monfortino)는 의심의 여지없이 최고의 바롤로다. 몬포르티노는 양조장 쟈코모 콘테르노(Giacomo Conterno)에서 나온다. 보통의 바롤로보다 2년 이상을 더 숙성하여 출시하니 바롤로 리제르바에 속한다.

몬포르테 달바 마을

🍷 작은 선술집 와인의 변신

우리로 치면 평안북도에 해당하는 이탈리아의 피에몬테 지방에 자그마한 마을 몬포르테 달바가 있다. 이곳에서 1908년에 작은 선술집을 차린 뒤 식당에서 쓸 와인을 양조하기 위해 본격적으로 와인을 만들기 시작한 콘테르노 가문은 오늘날 바롤로의 전형을 확립했다는 평가를 받는다. 지금의 양조장 주인 로베르토 콘테르노(Roberto Conterno)는 형과 누나들이 모두 도시로 나가 의사 등 전

몬포르티노를 만드는 네비올로는 아주 비탈진 카쉬나 프란차 포도밭에서 나온다.

오래 묵은 몬포르티노

문직에 종사하기 때문에 혼자 고향에 남아 양조장을 지키고 있다. 양조장은 그의 조부 이름을 따 쟈코모 콘테르노라 지었다.

쟈코모(Giacomo, 1895~1971)는 어려서부터 아버지를 도와 양조 일을 익혔다. 그 당시에는 포도밭을 소유하지 못해서 좋은 포도를 사서 와인을 만들었다. 그는 네비올로 품종에 관해 훤히 꿰뚫고 있었다. 텁텁한 타닌을 단맛이 나도록 버무려 만드는 기존의 방식에서 탈피하여 오랫동안 발효하여 잔당을 없애고 입안에서 쫙 퍼지는 진한 타닌의 와인을 만들어 냈다. 그는 마을에서 이름난 레 코스테(Le Coste) 포도밭의 포도를 구매하였다. 1920년은 빈티지가 특히 좋아 와인을 종전보다 더 오래 숙성시켜 바롤로를 출시하였으며 그 이름을 몬포르티노라고 정했다. 긴 발효 기간은 당시에는 혁명적인 일이었다. 네비올로의 두꺼운 포도 껍질 속에 담긴 타닌을 잘 빼내어 오랫동안 숙성을 하면 최고의 와인이 나온다는 사실을 그는 깨달았던 것이다. 이것이 몬포르티노의 최초 빈티지로 알려져 있다. 이후 많은 양조장에서는 몬포르티노의 품질을 교훈 삼아 양조하기 시작했다. 쟈코모 콘테르노는 바롤로의 앙리 자이에(1922~2006, 포도밭 관리를 위해 화학 비료를 멀리 하였고 저온 침용법을 통해 피노 누와의 특질을 잘 표현하였다. 많은 부르고뉴 양조장들이 그의 방침을 따랐다.) 같은 인물이다.

🍷 포도가 뛰어난 해에만 만드는 와인

몬포르티노는 고향 마을 몬포르테 달바에서 따온 이름이다. 강하고 인상적인 그 맛은 당시에 큰 인기를 얻어 선술집에는 늘 손님이 붐볐다고 한다. 그렇다고 쟈코모가 몬포르티노를 매년 출시한 것은 아니다. 포도 품질이 뛰어난 해에만 만들었다. 그렇지 못하면 그냥 일반 바롤로만을 담갔다. 그는 아버지를 여읜 1934년부터 1971년 숨을 거둘 때까지 37년간 21개 빈티지의 몬포르티노만을 생산했다.

쟈코모는 품질에 관한 한 전혀 타협이 없었다. 그는 아버지를 설득하여 더 이상 유리로 된 드미쟈니에다 와인을 담아 팔지 않았다. 대신 전통적인 긴 나무통 카라(carra)에 담아 마차에 싣고 가가호호를 방문하여 판매했으며 멀리 제노바와 토리노까지 직접 찾아가서 납품을 하였다. 드미쟈니에 담긴 와인은 바로 마실 목적의 짧은 수명이었지만, 그는 나무통에 담아 오래 묵혀도 되는 와인을 만들었다. 고객을 찾아 다니며 품질 좋은 와인을 알린 쟈코모의 행동은 작고한 페트뤼스의 장-피에르 무엑스(1913~2003, 샤토 페트뤼스의 신화를 맨손으로 일군 중개상으로 젊은 시절 직접 와인을 싣고 마을의 여기 저기 고객을 찾아다니며 와인 판매의 신기원을 이룩하였다. 페트뤼스는 현재 그의 아들 크리스티앙이 그 뒤를 잇고 있다)를 연상시킨다.

오스트리아산 대용량 오크 통만으로 고집스럽게 숙성하는 로베르토 콘테르노

🍷 꼿꼿하게 전통을 숭상한 인물

2004년에 작고한 로베르토의 부친 조반니는 생전에 "나는 단 한 가지 방법으로 바롤로를 만든다. 구식이지만 내가 아는 유일한 방법이다. 나는 그 방법을 아버지에게서 배웠다"고 말했다. 로베르토 역시 아버지에게서 배운 방식밖에는 달리 특별한 비법이 없다고 말하지만 말 속에는 자부심과 고집이 담겨 있다. 이러한 방식으로도 충분하고도 믿는 조반니도 스테인리스 스틸 발효 통만은 받아들였다. 이전에 조반니는 와인을 만드는 과정에서 수도 없이 발생하는 순간적인 와인 상태의 변화 시점을 놓칠까봐 추운 양조장에서 밤을 새는 일도 많았다고 한다. 그 모든 결정은 오직 자신의 직관에만 의지한 것이었다. 그러나 스테인리스 스틸 통을 도입한 후에는 이러한 고통이 사라졌다. 온도를 잡아주고 와인 상태를 지켜주는 스테인리스 스틸 통 덕분에 부족한 잠을 보충할 수 있었다. 조반니는 와인 찌꺼기를 일체 거르지 않으며 정제하지도 않았고 지금도 그렇게

대용량 오크 발효조로 몬포르티노를 발효한다.

만든다. 포도를 따서 담는 들통도 아직까지 나무통을 사용한다. 이 유를 물으니 포도 냄새가 배지 않아 다른 품종이 섞여도 괜찮고 세척할 필요도 없다고 한다. 콘테르노의 수확은 그래서 플라스틱 통이 사용되지 않는다.

🍷 로버트 파커가 평한 잊을 수 없는 맛

1974년에는 로베르토 콘테르노 가문이 그토록 바라던 자기 포도밭을 얻었다. 지금은 14헥타르의 면적에 네비올로, 바르베라 등을 가꾸고 있다. 이 밭에서 거둔 1978 빈티지가 그의 밭에서 난 최초 빈티지다. 이 와인은 현재까지 출시한 몬포르티노 가운데 최고로 꼽힌다. 파커의 《와인 애드보킷》에 의해 1978 빈티지는 100점을 받은 적도 있고 현재는 98점을 유지하고 있다. 그 당시 시음 후기를 보면 "잊을 수 없는 와인"이라고 기록되어 있다.

콘테르노의 포도밭 9헥타르에는 네비올로를, 나머지 5헥타르에는 바르베라를 재배한다. 몬포르티노는 9헥타르 중 2헥타르에 해당하는 최고의 구역에서 수확한 포도로만 만든다. 이곳의 이름은 카쉬나 프란차(Cascina Francia)이다. 생산량은 칠천 병에서 만 병 정도 된다.

2000년 빈티지의 몬포르티노는 붉은 과일의 집중된 아로마가 풍긴다. 무척 자연스러워 과일을 씹은 듯한 상쾌한 향이 난다. 질감이 풍족하고 여운도 길어 일반 바롤로의 풍미가 사방으로 퍼진다. 그 맛이 참 순수하다. 한 점의 티끌도 없을 만큼 맑고 깨끗하다.

이탈리아의 와인 가이드 중 하나인 《에스프레스 와인 가이드》는 최근 2008년판 출간 기념으로 경매를 마련했는데 거기서 가장 비싸게 팔린 와인이 몬포르티노. 1990년 빈티지가 출품되었는데 입찰 개시를 하자마자 많은 경쟁자들이 달려들어 결국 추정 가격에서 85퍼센트에 상승한 병당 가격 432유로에 낙찰되었다. 이 값은 동일 빈티지 안젤로 가야의 바롤로 스페르스 194유로보다 높으며, 1988년 빈티지 사씨카이야의 177유로보다 훨씬 높은 가격이다. 또한 최고의 부르넬로 디 몬탈치노 와인인 솔데라나 볼게리의 최고급 와인 마세토보다도 높다.

훌쩍 자란 자녀 생년의 와인을 찾고 있는가. 그것도 이탈리아 와인을 찾고 있다면 선택권이 별로 없다. 몬포르티노 아니면 비욘디 산티 정도가 있을 뿐이다. 정년 퇴직한 아버지 혹은 칠순이나 팔순을 기념하기 위한 와인을 찾는가. 어른 연세만큼 나이든 와인을 찾는다면 몬포르티노를 추천하고 싶다. 몬포르티노를 만드는 로베르토는 2004년 아버지를 여의고나서도 고집을 부린다. 상당히 자신

만만하고 도도하다. 아버지 외에는 달리 배울 길이 없었던 막내 로베르토는 할아버지를 닮은 아버지로부터 가문 대대로 내려오는 방식의 바롤로를 오늘도 만들고 있다. 그의 고집이야말로 와인의 품질을 보증할 만하다.

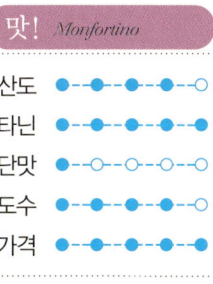

와인 名家

무통 vs 라피트
양보할 수 없는 대결

Mouton
Rothschild

　혹독한 시련과 갈등을 겪은 후에도 여전히 고난은 있다. 겨울은 길다. 그러니 철저히 대비해야 한다. 골이 깊으면 산이 높은 법이니 제대로 준비해야 한다. 사촌이 땅을 사면 배가 아프다는 말이 메독에서 비롯한 것이 아닐까 할 정도로 두 양조장은 경합을 벌여 왔다. 바로 무통 로쉴드와 라피트 로쉴드 얘기다. 둘 간에는 질투와 반목으로 얼룩진 시기도 있었고, 냉소적인 시선으로 서로를 바라보던 시절도 있었다. 하지만 시대가 바뀌고 사람이 바뀌면서 사정은 변하였다. 무통 로쉴드는 집안의 오랜 숙원이던 등급 상향을 120여 년 만에 이룩해 내었다.

담쟁이 덩굴로 뒤덮인 샤토 무통 로쉴드

🍷 양조장을 지키는 청지기

　영국의 와인 잡지 《디캔터》의 2009 신년호에는 유례가 없는 글이 등장했다. 두 양조장의 주인장을 공동으로 취재한 기사가 실린 것이다. 같은 할아버지의 6대손들인 라피트와 무통 양조장의 주인들이 나란히 앉아 인터뷰에 응했다. 메독의 포이약 마을 북단에 위치한 라피트와 무통의 경계 지점을 조명한 사진은 많은 것을 내포한다. 두 사람이 그 경계 지점에 위치한 좁다란 밭길을 걷는다. 유쾌하게 웃으며 나누는 대화로 이들의 대립적인 구도가 친밀한 관계로 변화됨을 보여 준다.
　150여 년 전에 기존의 샤토를 매입하여 이름을 바꾸고 새바람을 불어넣으며 보르도 최고 와인을 양조하고 있는 라피트와 무통의 승계자들은 이제 백발 노인이 다 되었다. 하지만 포도밭과 양조장은 여전히 싱그럽다. "난 그저 짧은 인생 동안에 양조장을 지키는 청지기에 불과해요"라고 고백한 로마네 콩티 오너 오베르 드 빌렌느(Aubert de Villaine)의 말이 생각난다. 오랜 세월 동안 유럽의 금융 시장과 세계 와인 시장을 쥐락펴락하는 로쉴드 가문의 와인 이야기이다.

나는 무통이다

1853년 로쉴드 가문의 한 사람 나타니엘 로쉴드 남작이 샤토를 구입했다. 샤토의 이름은 브랑 무통이었다. 그는 곧바로 자신의 성씨를 집어넣어 이름을 무통 로쉴드로 바꾸었다. 그래서 샤토 무통 로쉴드가 탄생했다. 한강과 비슷한 큰 지롱드 강 하류에 위치한 포이약 마을은 중세부터 와인의 요충지였다. 오늘날 와인 세계에서 포이약은 메독에서 가장 유명한 고장이다. 왜냐하면 메독의 1등급 와인이 겨우 다섯인데, 그중 포이약에만 무려 세 개가 있기 때문이다. 오랜 시간 동안 침식과 분열을 반복하며 강 하류에 쌓인 광물 자원의 퇴적이 포도나무 생육에 탁월한 조건을 제공한 곳, 포이약은 석회암층 위에 이회토층, 그리고 그 위에 형성된 자갈 토양으로 인해 미묘한 맛을 뿌리에 전달하며 그 뿌리의 배수에도 특별한 기운을 보탠다. 이런 탁월한 테루아를 지닌 포이약에서 라피트와 무통은 단연 그 품질이 돋보인다.

1855년 파리에서 연락이 왔다. 대통령 나폴레옹 3세는 곧 벌어질

마실 때마다 복잡 미묘함을 주는 1986 빈티지는 내가 환갑이 되어도 여전히 단단한 타닌을 보일 것이다. 파커의 평가는 점수를 더 줄 수 없는 100점 만점에 100점!

만국 박람회의 성공을 위해 와인의 품계를 정하겠다는 전갈을 보르도에 보냈다. 행정적인 일인데도 빠른 속도로 결정되었다. 곧 무통에게도 그 결과가 당도했다. 요지는 이런 것이었다.

'메독에 속한 수많은 양조장 가운데에서 품질과 명성 그리고 가격을 기준으로 우수한 양조장의 등급을 정하기로 한다. 이 등급은 최고 등급 1등급부터 5등급까지로 구분한다. 무통은 2등급에 속하며, 1등급에는 라피트(당시에는 양조장 이름이 그냥 샤토 라피트였다), 마고, 라투르, 오브리옹이 해당한다.'

20세기 최고의 와인으로 꼽히는 무통 1945

무통의 주인장 나타니엘 로쉴드는 충격에 빠졌다. 독일 땅을 빠져 나와 영국에 자리를 잡고, 그곳에서 은행업으로 큰 성공을 거둔 유태인인 그는 자신의 와인이 당연히 1등급이 될 거라 믿었던 터라 뜻밖의 결과에 말문이 막혔다. 1855 등급 제정 문서에 보면 첫 줄에는 1등급에 라피트가, 2등급에는 무통이 첫 줄에 쓰여 있다. 허망한 마음을 담은 그의 시 한 편은 이 양조장의 파란만장한 에피소드 중에 단연 톱으로 꼽힌다.

"나는 1등이 아닐지 모른다. 하지만 2등은 되지 않겠다. 나는 무통이다."

1등급이 아니란 말에 상심이 컸던 무통 양조장의 분위기는 오솔길 하나를 사이에 둔 라피트와 완전히 달랐다. 바로 옆에 자리잡은 샤토 라피트는 1등급의 평가를 받고 연회를 준비하느라 축제 분위기로 떠들썩했다.

절치부심하는 무통과 자족하는 라피트에게도 시간은 똑같이 흘렀다. 양조장과 포도원은 그대로지만 책임자는 바뀌었다. 주인장도 바뀌었다. 시대가 바뀌었고 새로운 주인의 새로운 스타일이 등장했다.

단층으로만 오크 통을 배열해도 넉넉한 무통 로쉴드의 지하 셀러

🍷 끝나지 않은 경쟁

여남작 필리핀 드 로쉴드

오랜 시간 동안 무통의 1등급 진입을 반대해 온 라피트로 인해 분쟁은 끊임없었다. 하지만 1961년에는 잠깐 휴전하기도 했다. 현재 무통의 주인장 필립 드 로쉴드가 결혼하던 날이었다. 파리에서 열차를 전세 내어 가족 80명과 친지들이 모였다. 그리고 대망의 1973년, 라피트의 반대 철회로 등급 상향 결정이 이루어졌다. 자신이 가문에서 막내이다보니 무통 카데라고 브랜드 와인 이름을 짓기도 한 필립은 1등급 결정을 이룩한 뒤에 이런 시를 읊었다.

"나는 1등급이다. 나는 2등급이었지. 무통은 변하지 않는다!"

그의 할아버지가 읊조렸던 실망의 시와는 다른 자신감이 넘치는 시이다.

1973년 이후로 사촌 모두 1등급이 되고부터는 등급 전쟁은 막을 내린다. 그러나 여기서 경쟁이 그치면 로쉴드가 아니다. 이후에는 주로 출시 가격 싸움으로 경쟁하였고, 나중엔 글로벌 경쟁이었다. 품질 경쟁은 이때 비로소 시작된다. 지금부터는 브랜드의 품질 경쟁이다.

1999년 12월 31일 밤에 무통 주인장 필리핀 여남작이 라피트 주인장 에릭 남작을 불렀다. 그녀는 그에게 1899년을 대접했다. 세기말의 와인이었다. 그러자 그 다음날 이번에는 에릭이 1799년을 대접했다. 아직도 그들의 경쟁은 진행 중이다.

불황으로 힘들어 하는 가운데 여러 언론에서 취재한 내용을 보면 오늘날 로쉴드 가족 간의 세찬 경쟁이 세계 시장에서 살아남게 하는 원동력이라는 결말에 도달할 수 있다. 갈등이 힘의 원천이고 그 힘이 성공을 불러일으킨다는 해석일 것이다.

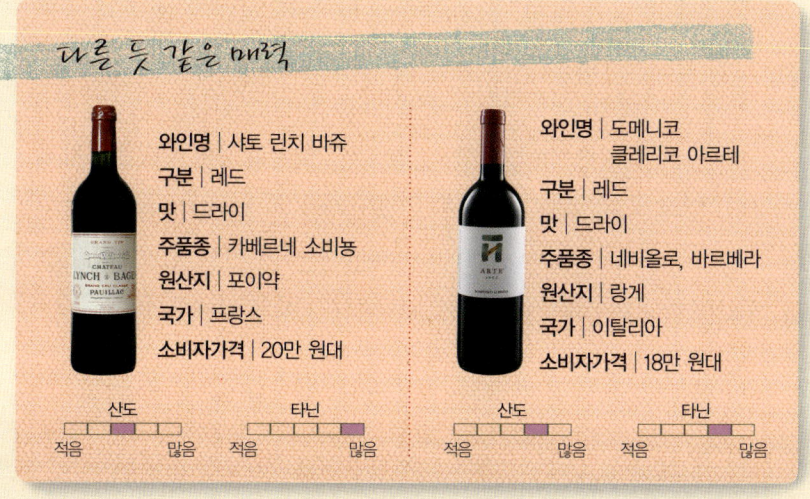

불친절한 상태 그대로
솔데라

"비욘디 산티, 체르바이올라, 체르바이오나 등은 다 있어요. 그런데 손님께서 찾으시는 건 없네요. 죄송합니다. 그건 좀 구하기 힘들어요."

가게 주인장이 못내 아쉬워한다.

여기는 이탈리아의 몬탈치노. 일주일 전 피렌체에서도 마찬가지였다. 연초에 벌어지는 시음회에 참여하러 몇 년째 이곳을 방문하고 있다. 이 와인이 무엇이라고 생각하시는가? 몬탈치노에서 비욘디 산티보다 더 구하기 힘든 게 하나 있다. 바로 솔데라이다.

🍷 보험 중개사에서 와인 메이커로

지안프랑코 솔데라(Gianfranco Soldera)는 밀라노에서 보험 중개업을 하다 문득 자기 이름의 와인이 만들고 싶어졌다. 성공한 사업가들이 그러하듯 그는 점찍어 둔 몬탈치노에 양조장을 차렸다. 그리고 브루넬로(Brunello)

멜빵 바지를 즐겨 입는 지안프랑코 솔데라

에 남은 인생을 걸었다. 브루넬로는 산지오베제의 변종으로 몬탈치노가 고향인 검은 포도의 일종이다.

그는 타벨넬레(Tavelnelle) 지구의 황량한 풀밭을 1972년에 매입하여 삼십여 년 만에 몬탈치노의 간판 양조장으로 변화시켰다. 카제 바쎄(Case Basse)라 불리는 양조장의 전체 면적은 25헥타르이지만 포도밭은 9헥타르 정도다. 포도밭 전체가 숲이나 개울로 둘러싸여 있다. 지극히 자연에 가까운 포도밭이다. 개울을 건너면 안젤로 가야의 양조장이 있다.

"포도나무 버팀목 위의 저 상자들은 무엇인가요? 많기도 하네요."

"아, 그거요? 새집이에요. 포도가 자연스럽게 성장하고 해충을 막기 위해 수백 개의 새집을 설치했어요. 대학의 연구팀이 매년 새의 생태를 연구하기도 합니다. 모든 새집에는 실제로 새가 살고 있지요."

수백 개의 새집이 포도밭에 있다.

🍷 자연 친화적인 양조 방식

카제 바쎄에는 새집 설치 이외에도 퇴비를 직접 만들고 장미를 곳곳에 재배하며 양봉도 한다. 한쪽에 지은 주택 근처에는 아기자기하게 단장된 정원이 있다. 주변을 돌아보면 온통 식물천지다. 포도나무가 끝도 없이 줄 서 있는 대규모의 반피(Castello di Banfi,

몬탈치노에서 가장 큰 양조장으로 '브루넬로 디 몬탈치노'를 생산함)와는 사뭇 비교되는 광경이 아닐 수 없다. 원예학적으로 아름답게 꾸민 프랑스 포이약의 피숑 라랑드나 쏘테른의 레이몬드 라퐁에 비할 만하다. 지안프랑코의 딸 모니카의 안내를 받아 포도밭을 돌아보던 중에 그녀는 흙을 한줌 쥐어 보였다. 물기를 흠뻑 머금은 흙덩이를 손가락으로 세차게 문지르니 금세 가늘게 부서졌다.

"이곳의 토양은 미네랄이 풍부합니다. 대부분 덩어리를 이루고 있으며 수분도 잘 흡수하죠. 기후는 점점 더워지지만 이런 토양 덕분에 매년 훌륭한 포도를 수확할 수 있습니다. 특히 가뭄에 땅이 메마를 적에도 이곳만큼은 안심할 수 있습니다."

그녀는 의기양양해하며 솔데라의 개성을 설명했다. 이 지역의 토양은 태곳적 바다가 융기하여 조성된 지반으로 토양의 구성 요소가 포도 재배에 적합하다.

솔데라의 자연 친화적인 포도밭 관리는 양조장 운영 방침과도 맥이 통한다. 현대적 스타일로 치닫는 많은 이웃들과는 대조적으로 솔데라는 바리끄(barrique, 225리터 들이 프랑스산 오크 통)를 전혀

지안프랑코의 딸 모니카

쓰지 않는다. 그 대신 150헥토리터(1헥토리터는 100리터) 혹은 75헥토리터 용량의 캐스크에서 와인을 묵힌다. 캐스크(와인을 담는 큰 나무통)는 온도 조절도 하지 않는 극히 자연스런 방식을 취한다. 4년 후에는 일반 브루넬로로, 5년 후에는 리제르바로 탄생하며 9개월간의 병 숙성 후에 출시된다. 시장에서 지금 팔리는 빈티지는 2000이다. 습기가 많고 서늘하다 못해 춥기까지 한 지하 셀러에서 통 속에 든 다섯 가지 빈티지를 차례로 시음했다. 시음하는 동안 쟈코모 콘테르노의 몬포르티노가 떠오른 것은 우연일까? 그녀에게 그 느낌을 얘기했더니 그 집안과 친하다며 반가워했다. 오크 캐스크 역시 몬포르티노와 같은 것을 사용한다.

2월에는 포도밭의 지력 향상을 위해 자연 퇴비를 뿌린다.(왼쪽) 오크 캐스크의 부분 (오른쪽)

🍷 백합처럼 순수하고 정갈한 맛

솔데라는 백합이란 뜻이다. 와인 맛을 보면 그 뜻이 더 잘 통한다. 그 맛은 한마디로 순수 자체이다. 백합처럼 순수하고 단순한 맛. 포도즙 외에 일체의 것을 더하지 않은 순진무구함과 간결함이 넘친다. 거칠고 단단한 브루넬로 포도로 이런 깔끔하고 자연스런 와인을 얻으려면 어떻게 해야 할까? 우선 포도가 완벽하게 익어야 하고 그 포도의 타닌과 산도를 양조장에서 잘 다스려야 한다. 색은 투명한 붉은 색이며 맑고 정결하다. 이런 수준의 와인은 몬탈치노에서 찾기 힘들다. 오직 자연에만 매달려야 이러한 자연스러움을 와인에 담을 수 있다.

솔데라는 비욘디 산티를 벤치마킹한 게 분명하다. 왜냐하면 비욘디 산티는 지난 120년간 브루넬로의 종가로서 자연스런 브루넬로의 맛을 연구해 왔기 때문이다. 솔데라의 깊고도 간결한 맛은 외서 『앗 뜨거워』의 한 구절을 떠올리게 한다.

흔히 단순하다는 말은 쉽다는 뜻으로 해석되지만, 주방장이 그 말을 할 땐 한평생 걸려 터득된 것이다.

지안프랑코는 성격이 불같이 급하다. 단신에 동글동글한 외모는 작은 고추가 맵다는 말을 떠올리게 한다. 그는 자신의 비위를 조금만 건드려도 금방 성을 낸다. 그 밑에서 일해 보았다는 한 젊은이는 특히 양조장 내에서는 조심해야 한다고 했다. 위생을 중시하는 그의 기준에 털끝이라도 잘못되면 불호령이 떨어진다고 했다.

솔데라를 시기하는 사람들이 많은 것 같다. 여기에는 주인의 괴팍한 성격도 한몫 했겠지만 그 와인이 단순함의 극치에 이르렀기 때문이 아닐까? 30년도 채 안 되는 기간에 브루넬로의 최고라는 평가를 얻었으니 말이다. 평가의 결과는 판매 가격으로 증명된다. 이미 안젤로 가야의 부르넬로를 능가하며 심지어 비욘디 산티보다도 비싸게 팔리기도 한다. 뉴욕 경매장에서 이탈리아 와인의 단골 메뉴이기도 하다.

한 가지 조심할 것은 시음 중에는 절대 뱉을 수 없다는 것이다. 오직 와인이 상했을 때에만 뱉는 것이 솔데라의 규칙이다. 양조장이 별로 친절하지 않다고 해서 사실 문제될 것은 없다. 오히려 와인을 평가하는 데는 도움이 될 수 있다. 와인 자체에만 집중하면 된다.

지안 프랑코는 수 년 전에 밀라노 회사를 매각하고 몬탈치노에 완전히 정착했다. 쌍둥이 딸들을 포함하여 4녀를 두고 있는 딸 모니카의 가족과 함께 그는 오늘도 멜빵 맨 바지를 입고 자연으로 나아간다.

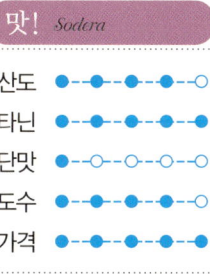

맛! *Sodera*

산도
타닌
단맛
도수
가격

다를 듯 같은 매력

와인명 | 라 세레나
구분 | 레드
맛 | 드라이
주품종 | 브루넬로
원산지 | 브루넬로 디 몬탈치노
국가 | 이탈리아
소비자가격 | 15만 원대

산도 적음 — 많음
타닌 적음 — 많음

와인명 | 폴리짜노
구분 | 레드
맛 | 드라이
주품종 | 산지오베제
원산지 | 비노 노빌레 디 몬테풀치아노
국가 | 이탈리아
소비자가격 | 15만 원대

산도 적음 — 많음
타닌 적음 — 많음

불굴의 투지로 무장한 리더십
비욘디 산티

    와인 한 잔을 통해 우리는 많은 것을 배울 수 있다. 사계절 내내 수확과 양조를 위해 바치는 노동뿐 아니라 그 한 잔을 나누어 마시며 나누는 대화 속에서도 큰 힘을 얻는다. 몬탈치노 마을로 가면 위기 상황에 굴하지 않고 전력을 다해 맞선 이가 있다. 그가 한 행동 중에 가장 뛰어난 것은 브루넬로의 숙성력을 모두에게 알린 것이다. 아무도 믿지 않고 아무도 관심 갖지 않던 시절에 그는 혼을 불사르며 브루넬로에 매달렸다.

    2차 대전의 상흔이 가시지 않은 몬탈치노 포도밭으로 돌아온 그는 기필코 제대로 된 와인을 만들고야 말겠다고 다짐했다. 지역 양조장들이 여러 포도를 혼합하여 금방 마실 수 있는 와인에만 골몰하고 있을 때에도 오직 숙성력 강한 와인을 통해 이탈리아 와인도

비욘디 산티 양조장 입구의 간판

오래 묵힐 수 있다는 평가를 얻고 싶었다. 그의 이름은 프랑코 비욘디 산티(Franco Biondi-Santi).

🍷 명품의 비밀을 나누다

비욘디 산티(Biondi-Santi) 가문의 와인은 의심할 여지없이 이탈리아의 국보급 양조장이다. 그 가문은 대를 이어가며 와인 양조에 매진하여 토스카나의 자그마한 마을 몬탈치노를 오늘날 이탈리아 와인의 중심으로 올려놓았다. 그의 할아버지 페루치오(Ferruccio)가 육종에 성공한 브루넬로는 산지오베제의 변종으로서 위대한 와

몬탈치노에서 가장 고풍스런 풍광을 지닌 비욘디 산티의 양조장 입구.
키 높은 싸이프러스 나무들 사이로 진입로가 있다.

인, 브루넬로 디 몬탈치노(Brunello di Montalcino)를 만드는 품종이다. 브루넬로 품종은 비욘디 산티 가문이 창조하였다. 하지만 가문은 브루넬로의 비밀을 독점하지 않았다. 주변 농부들에게 품종을 나누었다. 양조 시범도 선보였다. 평범한 와인이 아니라 특별한 와인을 만들도록 일일이 돌보았다. 가문이 처음으로 병에 담은 1888년도 와인은 브루넬로 디 몬탈치노의 최초 빈티지가 되었다. 마을 사람들은 그 가문의 장손인 프랑코 비욘디 산티를 존경한다. 나라에서 제일 큰 와인 행사 비니탈리에 그가 나타나기만 하면 이탈리아인들이 삽시간에 인산인해를 이루며 그에게 다가가 예를 표한다.

비욘디 산티의 이름은 여러 세대에 걸쳐 축적된 것이지만, 프랑코 없이 오늘날의 높은 명성이 가능했을까? 몇 년 후면 아흔을 바라보는 그는 가끔은 자신의 빈티지를 잊을 정도로 일에 열중한단다. 그는 페루치오가 양조한 브루넬로의 최초 빈티지 1888을 여지껏 잘 저장하고 있다. 그는 단순히 선대의 유산만을 잘 지켜낸 보수적인 인물이 아니다. 불굴의 투지로 무장하여 불의에 대항하며 대의를 위해 희생하는 마을의 대표이기도 했다.

🍷 불의에 대항한 수장의 용기

상상해 보라. 오늘날 전원적이고 목가적인 몬탈치노 마을에 대규모 쓰레기 소각장이 들어섰다면, 굴뚝에서 시커먼 연기가 뿜어져 나오고 있다면, 매일같이 대형 덤프 트럭이 마을의 좁다란 길을 타고 수십 대가 열을 지어 들어오고 나가고 한다면, 과연 몬탈치노가 이탈리아 와인의 중심지가 될 수 있었겠는가. 프랑코는 정치인들의

몬탈치노의 신사, 프랑코 비욘디 산티(왼쪽) 지하 셀러 입구에 놓인 프랑코의 모자. 추운 지하에는 반드시 모자를 쓰고 들어가는 게 그의 습관이다.(아래)

연합에 과감히 맞서 결국 승리하였다. 회유 당하기도 하고 위협받기도 했지만, 자연 친화적인 포도밭이라야 와인의 생명이 보장된다는 점을 충분히 설득하여 소각장 설립 계획을 무산시켰다.

또한 폐쇄 위기에 몰린 산탄티모 수도원을 슬기롭게 구해냈다. 수도원은 몬탈치노 남쪽에 위치한 조그마한 마을 카스텔누오보 델라바테(Castelnuovo dell'Abate)에 위치한다. 멀리서 봐도 한눈에 알 수 있는 둥근 모양의 수도원은 바라보기만 해도 안식을 얻을 수

산탄티모 수도원은 움베르토 에코의 『장미의 이름』의 무대처럼 베네딕트파 수도사들이 수행하는 곳이다.

있을 정도이다. 몬탈치노 여행 중 이 수도원을 바라보면 저절로 영적 여행이 된다. 미사가 없더라도 의자에 앉아 그레고리안 성가를 듣노라면 여정의 고단함은 눈 녹듯 사라진다. 자신이 곧 맑게 정화되는 기분이 든다. 약 오백 년 이상이나 방치되어 종국에는 지역 박물관 정도가 될 운명이던 수도원을 프랑스 신부가 꼭 살려야 한다고 프랑코에게 알려 왔다. 신부는 지역인들뿐 아니라 성직자의 영성 훈련의 공간으로 반드시 지켜야 한다고 하면서 오백 년 전의 수도원 생활을 복원하고 싶다는 소망을 피력했다. 이 말을 전해 들은 프랑코는 결연한 의지를 보이며 앞으로 나아갔다. 그는 아무도 돌보지 않았던 그 수도원의 회복을 위하여 관공서를 제 집 드나들 듯하며 박물관 계획을 수포로 돌렸다. 1992년 마침내 이곳은 완전히 새로운 수도원으로 거듭났다. 그때까지 이 곳 저 곳을 떠돌아다니던 여러 성직자들은 그의 도움으로 자급자족하는 수도사 생활을 시작할 수 있었다.

🍷 1955 리제르바, 여왕의 와인

프랑코는 십수 년 전에 우리나라를 방문하기도 했다. 남대문의 기풍 당당함을 잘 기억하고 있었다. 비욘디 산티의 품질과 명성은 이미 오래 전부터 정평이 나 있었다. 1969년 4월, 런던 주재 이탈리아 대사관의 만찬에 제공된 1955 리제르바는 엘리자베스 여왕을 비롯한 많은 국빈들을 놀라게 했다. 이탈리아에도 이런 와인이 있다는 사실에 많은 와인 애호가들은 경탄해 마지 않았다. '여왕의 와인'이란 별칭까지 얻을 정도였으니 말이다. 유명세는 미국에서도 크게 일었다. 1999년 《와인스펙테이터》가 선정한 20세기 최고의 와인 12선에 이번에도 1955 리제르바가 선정되었다.

전 세계의 진기한 자연과 문화를 담아내는 《내셔널 지오그래픽》도 비욘디 산티를 주목했다. 때는 이탈리아 와인의 품질이 아직 세계에 알려지기 전이었던 1974년이다. 그 당시 《내셔널 지오그래픽》 11월호에는 비욘디 산티의 역사와 브루넬로 개발 그리고 긴 숙성력이 자세히 서술되어 있다. 몬탈치노 꼭대기에 우뚝 선 성루의 사진 속에서 프랑코는 앉은 자세로 브루넬로 1888년을 배경 삼아 1968년 빈티지를 시음하고 있었다.

브루넬로의 숙성력은 1994년에 열린 세기의 시음회를 통해 전 세계에 널리 알려졌다. 1888년부터 1988년까지 무려 백 년의 세월 속에서 잘 여문 열다섯 빈티지를 개봉하였다. 관심의 초점은 당연

"아직 살아 있다오" 하며 프랑코는 1888 빈티지를 불빛에 비추며 말했다. 측면 바닥에 달라 붙은 찌꺼기 위로 떠 있는 맑은 와인을 가리키며 그는 생명이 붙어 있음을 감사하고 있었다.(위) 딱 두 병 남은 1888 빈티지는 브루넬로의 역사상 최초의 작품이다.(아래)

히 1888과 1891이었다. 특히 1891 빈티지는 대단한 맛과 향을 지닌 것으로 기록되어 있다. 이탈리아 와인 전문가인 니콜라스 벨프리지는 "어떤 인간이 이 103살의 와인만큼 건강하리요?"라며 10점 만점에 10점을 부여했다.

🍷 비욘디 산티 맛의 비밀

비욘디 산티 브루넬로의 비밀은 그리 복잡하지 않다. 신맛과 타닌이 풍부한 브루넬로를 전통 있는 포도밭 일 그레포(Il Greppo)에서 재배한다. 이 밭은 필록세라(19세기 말에 유럽 포도밭을 초토화시킨 진드기의 일종으로 캘리포니아에서 건너왔다)로 황폐화된 후로 페루치오가 미국산 대목을 들여다 오직 산지오베제에다 접붙여 조성하였다. 남들이 여러 품종으로 혼합하여 당장 마시기 좋은 와인, 팔기 쉬운 와인에 매달릴 때에도 가문은 오로지 마을의 정체성이 담긴 산지오베제를 통해 숙성력이 좋고 오래 즐길 수 있는 최고의 와인을 양조하려고 애썼다. 청포도를 섞어 산지오베제의 타닌과 신맛을 잠재우기보다 그 속성들을 오히려 긴 숙성 기간을 통해 와인 내부로 스며들도록 하였다. 그러니 비욘디 산티는 양조 기간이 5~6년 이상 소요된다.

몬탈치노의 와인은 브루넬로 디 몬탈치노와 로쏘 디 몬탈치노(로쏘로 줄임)로 나뉜다. 후자와 전자는 포도밭이 같지만 후자의 포도나무 수령이 어리다. 후자의 숙성 기간은 전자보다 짧다. 2009년을 기준으로 하면 로쏘는 2007년 빈티지, 브루넬로는 2004년 빈티지가 출시된다. 그러나 비욘디 산티의 로쏘는 2006년이다. 지역 양조장보다 1년 더 숙성하여 출시한다.

비욘디 산티 양조장은 투명하다. 생산된 병 수를 다 공개한다. 이런 점은 소비자에게 신뢰를 준다고 생각한다. 대량 생산되는 양조장에서는 대량 생산 자체를 알리고 싶지 않기에 꺼리는 일이다. 비욘디 산티의 로쏘 2006은 14,827병이 생산되었고, 브루넬로 2004는 70,522병이 생산되었다. 로쏘는 루비 색깔을 띠며 딸기, 체리의 향기가 나고 아주 신선하고 산뜻하다. 타닌이 쉽게 느껴진다. 브루넬로는 산딸기, 검붉은 과일냄새가 나며, 타닌과 산도, 알코올 등의 균형감이 좋다. 우아한 여운을 주는데 버건디 스타일이 느껴진다. 프랑코는 마지막 질문에 대해 "2005년 빈티지는 별로였기에 브루넬로의 병수는 약 절반 이하로 줄일 겁니다. 잘 익은 포도만을 골라 만드는 게 우리의 신념입니다."라고 말했다.

프랑코가 후회하는 일이 하나 있다. 오크 통 최소 숙성 기간을 자신의 소신보다 단축한 것이다. 서둘러 판매하려는 지역 양조업자들에게 손을 들고 말았다. 그 결과 짧아진 숙성 기간 동안에 브루넬로의 타닌과 신맛을 다스리려니 기존의 큰 오크 통보다는 바리끄를 쓰게 되었다. 프랑스에서 흔한 바리끄가 국경을 넘어 몬탈치노에도 범람하게 되었다. 그리하여 전통의 맛이 사라지고 인위적인 오크 향이 짙어져 버렸다. 결국 브루넬로라고 해서 다 같은 브루넬로가 아니다. 생산자를 가려야 한다.

이제 아흔을 바라보는 프랑코의 얼굴은 지혜로운 노인 그 자체이다. 표정이 온화하고, 성품이 인자하며, 말씨가 부드럽다. 상대를 배려하여 원하는 것을 되도록 하게 한다. 이탈리아어를 몰라도 그의 얘기를 듣고 있으면 통하는 것 같다. 하지만 그는 브루넬로의 전통 스타일을 유지하는 일에는 여전히 단호하고 결연한 자세를 보인다. 젊음을 불사르며 브루넬로를 가꾸고 숙성하고, 투지를 보이며 지역 사회를 지켜낸 그의 와인은 이탈리아의 그랑 크뤼이다.

맛! *Biondi-Santi*

산도
타닌
단맛
도수
가격

다를 듯 같은 매력

와인명 | 아비뇨네지
구분 | 레드
맛 | 드라이
주품종 | 산지오베제
원산지 | 비노 노빌레 디 몬테풀치아노
국가 | 이탈리아
소비자가격 | 13만 원대

산도 — 적음 / 많음
타닌 — 적음 / 많음

와인명 | 카스텔라레
구분 | 레드
맛 | 드라이
주품종 | 산지오베제
원산지 | 키안티 클라시코
국가 | 이탈리아
소비자가격 | 4만 원대

산도 — 적음 / 많음
타닌 — 적음 / 많음

4. 기다림 끝에 행복을 찾다

칩거를 위한 와인
프리울라노

절치부심하며 칩거에 들어간 영혼을 위해 프리울라노를 권한다. 이탈리아 프리울리 지방에서 나오는 화이트 와인 품종이다. 알프스 산자락이 다져져 조성된 평탄한 포도밭에서 아몬드의 쓴맛 같은 느낌이 드는 화이트 와인이다. 소비뇽 블랑보다 방향은 약하나 질감은 더 풍부하다. 프리울라노 한 잔으로 기나긴 겨울 같은 불경기 시대를 이겨내 보자.

🍷 분쟁이 빚어낸 맛

프리울리 베네치아 줄리아(이하 '프리울리'로 약칭)는 이탈리아의

북부 이탈리아의 흔한 음식인 폴렌타를 빵처럼 후라이팬에 부쳤다.(위)
진하고 개성 있는 맛으로 알려진 브레싼 양조장 와인들(아래)

20개 지방 중 하나다. 반도의 북동쪽 끝단에 위치하며 북으로는 알프스, 남으로는 아드리아 해를 끼고 있고, 서로는 베네토 지방, 동으로는 국경이 그어져 있다. 주 이름에 포함된 베네치아는 사실 프리울리에 속해 있질 않다. 베네치아 도시는 베네토 지방에 속해 있다.

 프리울리의 북쪽으로 가면 알프스를 넘어 오스트리아가 나온다. 그리고 동쪽으로는 슬로베니아와 국경을 형성하여 이국적인 풍광을 띠고 있다. 다문화가 녹아 있는 문화의 용광로 같은 곳이다. 언어는 프리울리 방언, 베네치아 방언, 독일어, 슬로베니아어 등이 혼용된다. 한때 번성했던 베네치아 제국이 다스리던 적도 있고 오스트리아 합스부르크 제국이 다스린 적도 있다. 그리고 살을 맞대고 사는 슬로베니아와는 여러 차례 마찰이 있었다. 특히 파시스트가 집권했을 때에는 탄압에 못 이긴 슬로베니아인들이 이민을 떠나기도 했다.

 도시 고리치아는 용광로의 한복판이다. 이탈리아에는 고리치아가 있고, 슬로베니아에는 노바 고리카가 있다. 두 도시는 한때 하나였지만 이제는 데칼코마니처럼 양분된 쌍둥이 도시이다. 노바 고리카는 슬로베니아 말로 '새로운 고리치아'이다. 슬로베니아가 EU에 가입하기 전까지는 두 도시를 넘나드는 것이 엄격히 통제되었다. 우리가 중국이나 일본을 가는 것처럼 마음만 먹으면 한달음에 가 닿을 수 있는 거리지만 그때는 상황이 그렇지 못했다. 이제 두 나라 국민들은 자유롭게 국경을 건너다닌다. 점심을 먹으러 이탈리아인들이 슬로베니아에 가기도 한다. 개

고리치아 성에 올라 내려다 본 고리치아 시내

통이 된 직후에는 음식값이 싸서 건너갈 만했지만 지금은 물가가 비슷해졌다.

고리치아에는 여러 나라의 특징이 담긴 건축물이 많다. 중세 석조 건물인 고리치아 성에서부터 합스부르크 왕조의 유산들이 즐비하다. 태양왕 루이 14세의 사촌이기도 했던 헝가리 국왕이자 신성 로마 제국의 황제였던 레오폴드 1세를 기리는 17세기의 게이트도 남아 있다.

고리치아 성에 오르면 슬로베니아와 이탈리아를 다 내려다 볼 수 있다.

와인은 문화가 꽃을 피워 탄생시킨 것이라 할 수 있다. 프리울리에서는 여러 문화가 합쳐져 다양한 와인이 잉태된다. 그래서 프리울리는 다른 지방보다 훨씬 많은 품종의 와인을 만든다.

🍷 해풍과 육풍으로 영근 맛깔스런 와인

프리울리의 알프스는 포도를 재배하기 힘든 지형이기 때문에 양조장은 모두 알프스 이남에 위치한다. 알프스를 기대면서 깎아지른 절벽의 포도밭은 그래서 찾아보기 힘들다. 기대와는 달리 프리울리의 포도밭은 대체로 평탄하다. 평원에 대규모로 조성된 포도밭을 볼 수 있다. 하지만 콜리오(Collio)는 다르다. 콜리오는 그 말처럼 언덕으로 이루어진 밭들이 많다. 콜리오는 프리울리에서 품질이 가장 좋은 와인을 생산한다. 고리치아 도시를 중심으로 해서 슬로베니아와 접경을 이루는 일정 구역을 부르는 원산지 명칭으로 특히 화이트 와인이 유명하다. 알프스의 낮은 자락이 끝없이 변화하며 이어지는 낮은 언덕 사면에 포도밭이 발달해 있다. 남쪽에 위치한 아드리아 해 연안에서 불어오는 해풍의 영향과 북쪽 알프스에서 불어오는 육풍의 영향으로 발생하는 심한 일교차는 청포도를 완숙시키는 데 큰 역할을 한다. 서늘한 기후에서 오랫동안 익어가는 포도 속에는 당분과 산미가 잘 함유되어 맛깔스런 와인을 선사한다.

프리울리는 이탈리아 화이트 와인의 본산이다. 프리울라노와 피노 그리지오가 대표적인 화이트 와인 품종이다. 프리울라노는 소비뇽 블랑과 유사하지만 다른 품종이다. 1980년대 말까지 칠레에 심은 소비뇽 블랑은 사실 프리울라노이다. 포도나무 재배 업자들이 혼동하여 심은 것이다. 그 이후에는 제대로 된 소비뇽 블랑을 가꾸어 요즘은 진짜 소비뇽 블랑이 칠레에서 나온다.

겨울이 긴 프리울리 지방은 예로부터 저장 음식이 발달하였다. 파티에서 와인과 프로슈토면 충분한 요깃거리가 된다. 이렇게 한 시간쯤 서서 떠들어야 겨우 식탁으로 안내되어 저녁이 시작된다. 보통 9시가 넘은 시각이다.

프리울리는 또한 프로슈토(prosciutto)의 본산이기도 하다. 이곳 기후가 기나긴 겨울을 대비하도록 사람들의 일상을 바꾸어 놓았을 것이다. 마땅히 먹을 게 없는 겨울을 위해 언제 어디서든 에너지를 채울 목적으로 프로슈토 크루도가 발달한 것이다. 이 음식은 돼지 뒷다리로 만든 익히지 않은 생햄이다. 생고기를 염장하여 수 개월 이상 건조시켜 만든다. 바삭거리는 빵과 함께 한 입 베어 물면 고소하고 담백하다. 여기에 프리울라노를 곁들이면 더욱 맛있게 먹을 수 있다. 돼지 비계의 기름기를 중화해 입안이 개운해지기 때문이다. 잘 알려진 산 다니엘레는 이곳 프로슈토의 브랜드이다.

🍷 국경보다는 토양이 중요하다

콜리오의 일부 양조장은 유럽 연합의 규정 덕분에 슬로베니아 땅에서 재배한 포도에도 콜리오라는 원산지 명칭을 달 수 있다. 2차 대전 이후에 국경선을 긋는 과정에서 슬로베니아로 남게 된 개인의 포도밭은 콜리오가 아니라 슬로베니아의 원산지명을 따라야 하겠지만, 소유주가 같으니 국경선으로 나뉘더라도 그 소유권을 인정하여 원산지 역시 콜리오로 표시하게 하는 것이다. 콜리오에서는 슬로베니아 출신의 이탈리아인들이 양조장을 운영하는 사례가 흔하다. 비슷한 예는 독일에서도 찾아볼 수 있다. 특히 팔츠 지방에서 슈패트부르군더(피노 누와의 독일식 호칭)를 기가 막히게 양조하는 프리데리히 베커는 조상 대대로 지어 온 포도밭이 2차 대전 이후에 프랑스령이 돼버렸다. 국경선을 그었더니 독일이 아니라 프랑스 땅이 된 것이다. 종전 이후에 어느 정도 시간이 흘러서야 비로소 그

1 슬로베니아의 명양조장 모비아가 과거 스파클링 와인을 개봉하던 방식을 시연해 주었다.
2 옛날에는 효모 찌꺼기를 걸러 내지 않고 스파클링 와인의 주둥이를 막았다. 그래서 개봉을 하면 항상 어떻게 찌꺼기를 제거해 내느냐가 문제였다.

3 그 해결책 가운데 하나는 병을 거꾸로 들고 물 속에서 개봉하는 것이다. 물의 부력을 활용하여 찌꺼기를 용이하게 빼낼 수 있다.
4 모비아는 아직도 옛날 방식으로 스파클링 와인을 양조한다. 즉 개봉할 때 찌꺼기를 빼내는 와인이다.

밭에 드나들 수 있었고, 그 후 수확도 할 수 있게 되었다.

프랑스 땅에서 생산된 포도로 와인을 만드는데 독일 와인이 된다는 사실이 흥미롭지 않은가. 슬로베니아 땅에서 생산된 포도로 만든 와인이 이탈리아 와인이란 사실도 마찬가지다.

와인 세계에서는 국경보다는 토양의 특성이 중요하다. 포도가 재배되는 토양의 특성이나 포도밭의 모양 등을 실제로 가서 보면 국경은 그저 행정상의 구분일 뿐 밭 전체가 한 덩어리로 뭉쳐 있음을 알 수 있다.

최근 이탈리아는 프랑스와 함께 헝가리에게 크게 한방 먹었다. 지루했던 브랜드 다툼이 막을 내렸다. 디저트 와인의 대명사로 알려진 헝가리 와인 토카이(Tokaji)와 프리울리 지방 포도 토카이(Tocai)가 오랫동안 혼용되어 왔다. 그러다가 헝가리 측의 주장이 받아들여져 디저트 와인으로서의 토카이 이름을 보존하자는 유럽연합의 판결이 나왔다. 2008년부터는 프리울리 지방의 화이트 와인은 토카이라는 이름을 쓸 수 없다. 그래서 현재까지의 대안은 그냥 프리울라노로 표기하는 것이다.

프랑스 역시 마찬가지이다. 알자스 지방에서 오랫동안 양조하던 토카이 달자스(Tokay d'Alsace)를 이젠 피노 그리라고 불러야 한다. 이탈리아에서 말하는 피노 그리지오에 해당한다.

콜리오의 데칼코마니 반대쪽 그러니까 슬로베니아에 속한 언덕배기에는 어떤 와인이 있을까. 토양의 특성이 균일하니 여기서도 화이트 와인이 대세다. 이곳 슬로베니아에서 가장 이름난 양조장은 모비아(Movia)다. 주인장 알렉스는 대단히 보수적인 성격으로 콜리오에서도 인기리에 재배되는 품종 리볼라 잘라(Ribolla Gialla)를 가지고 고품질 화이트 와인을 생산한다. 슬로베니아에서는 프리울라노를 소비뇨아스(Sauvignonasse)라고 한다. 슬로베니아 화이트 와인은 우리에게 별로 알려져 있지 않지만 와인 품질은 우수하다.

와인 세계는 넓다. 생각하는 것보다 훨씬 다양한 와인이 존재한다. 그리고 시간이 흐르면 음지도 양지가 된다. 지금은 은둔자처럼 칩거 중이라 해도 언젠가 해뜰 날이 올 것이다.

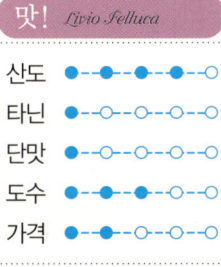

와인 바 및 레스토랑 베스트 12

기준 : 음식의 수준과 와인 전문성과의 조화

○ 누이누이 | 511-3260 | 논현동

하와이 방언으로 무지개란 뜻의 누이누이는 이탈리언 레스토랑 자르디아니가 개명한 것이다. 박찬일 셰프가 이끄는 누이누이는 이탈리언 향토음식을 지향한다. 고등어 파스타와 오징어 칼리마리, 쇠고기 라자냐, 트리파 등이 특히 맛있다. 장양수 소믈리에의 절도 있는 서비스가 있고, 직접 수입한 프랑스산 와인들이 애호가들의 지갑에 도전하는 곳이다.

○ 팔레 드 고몽 | 546-8877 | 청담동

분위기와 인테리어에서 확 당기는 묘력이 있다. 손바뀜이 잦은 청담동 한복판에 위치하지만 레스토랑다운 레스토랑을 고집하는 서현민 대표는 1999년부터 자리를 지키고 있다. 정중하게 모시고 싶은 분과 함께라면 최상의 선택일 것이다. 고몽에는 소믈리에 대회 1위 입상자 김진석 씨가 근무한다. 2층에 자리 잡은 셀러 안에는 투자 등급 와인들이 가득 차 있다. 자리를 옮겨 2차를 하고 싶다면 바로 옆 뚜또베네(02-546-1489)로 가 보라. 색다른 분위기의 이탈리아식 와인 바다.

○ 카사델비노 | 542-8003 | www.bestwine.co.kr | 청담동

와인 전문 인터넷 사이트 '베스트 와인'을 운영하는 와인 바로 알려진 곳이다. 가격이 저렴하고 와인이 다양해서 손님이 많다. 한일 월드컵 때에도 오픈 준비에 한창이었던 은광표 사장이 와인 바의 베스트를 만들었다. 음식 메뉴는 단출한 편이고 해물 라면이 인기다.

All That Wine

○ 뱅가 | 516-1761 | www.podoplaza.co.kr | 신사동

음악과 와인의 조화로운 화음이 투명하게 연출되는 곳이다. 지하라고 다 같은 지하가 아니다. 자연 채광을 최대한 많이 확보하여 자리에 앉으면 꼭 1층에 앉아 있는 것 같이 쾌적하다. 와인 바라고 하지만 음식이 레스토랑 수준이다.

○ 구루메 에오 | 3445-1926 | 청담동

레스토란테 에오에서 구루메 에로로 개명하고 장소도 인근으로 옮겼다. 1층과 테라스에서는 일품요리를 주문할 수 있고, 2층은 주방장 메뉴 하나만 내놓고 있다. 특히 2층은 옆 테이블로부터 완전 격리되어 보다 친밀한 대화가 가능하다. 이전보다 확장되었으며, 먹거리와 와인도 구매 가능하다. 몸에 좋고 맛도 좋은 음식을 만들어 내는 것을 천직으로 여기는 어윤권 오너셰프가 공들여 내놓는 음식들은 정통 이탈리아 레스토랑이란 이름에 손색이 없다.

○ 그래머시 키친 | 512-1046 | www.gramercykitchen.com | 신사동

조선 호텔에서 운영한다고 하지만 거기보다 훨씬 낫다는 평이다. 메뉴의 개발을 적극적으로 하기 때문에 자주 가 보고 싶다. 다양한 음식 재료를 잘 활용한다. 호텔 직영의 장점을 충분히 살리고 있어 음식의 맛이 아주 고른 편이다.

○ 알 파르코 | 483-7066 | www.alparco.co.kr | 성내동

이탈리아 와인의 다양성을 온몸으로 보여 준 고 홍경택 회장이 설립한 이탈리아식 레스토랑. 올림픽 공원 부근이라 이름도 공원이란 뜻으로 '알 파르코'라 지었다. 소 내장을 장만하여 만드는 '트리파'의 맛이 좋다. 여기에 곁들이는 와인으로는 산지오베제 계통이 좋다. 수입회사 비노비노와 관계사인지라 엄선된 이탈리아 와인 메뉴가 좋다.

○ 민가다헌 | 733-2966 | 인사동

도시 한가운데 박힌 구한말 목조 건물에 자리잡은 레스토랑. 복잡한 서울에서 여기 오면 꼭 피렌체에 당도한 기분이 든다. 정원도 단아하고 깨끗하며 실내에 있는 가구나 소품에서 한 세기 전의 숨결을 느낄 수 있다. 유쾌하고 즐거운 저녁을 길게 즐기고 싶은 분들에게 추천한다.

○ 더 레스토랑 | 735-8441 | www.the-restaurant.co.kr | 소격동

십여 년 전 국제 갤러리의 한쪽을 개조하여 설립한 레스토랑으로 화랑이 와인 사업으로 크게 성공한 모델이 되었다. 주변의 공무원, 법률가, 회사원에게 인기 있는 것은 빼어난 입지 때문이라고만 볼 수 없다. 레스토랑 군데군데 좋은 작품을 많이 배치하여 품격 있는 공간을 연출하고 있다.

○ 비나모르 | 324-5152 | 상수동

옛 안기부에 근무했던 우서환 대표가 2001년에 개업했다. 지금은 와인 타운이 된 이 점포의 주변을 설립 초기와 비교해 본다면 주인장의 비범함에 손뼉을 칠 것이다. 그는 줄기찬 와인에 대한 호기심과 다방면의 박학다식함으로 무장하여 비나모르의 입지를 확고하게 만들었다.

○ 베레종 | 552-8016 | 대치동

프랑스 가정식을 메뉴로 하고 구수한 와인 이야기를 안주 삼아 편안한 분위기를 즐기는 와인 바이다. 프랑스 유학파인 부부가 운영하고 있다. 정기적

All That Wine

으로 실시하는 시음회가 끝날 무렵 와인에 관한 인기도를 취합하여 그 결과를 발표하는데, 그 결과를 보면 때때로 와인의 품질과 가격 사이에는 별 상관관계가 없음을 알게 된다. 이상황 대표의 부르고뉴 와인에 대한 생생한 경험을 듣는 재미가 좋다.

○ 나오스노바 | 754-2202 | 후암동

힐튼 호텔 뒤 남산의 비탈길에 위치해서 입지가 불리하다고도 하겠지만, 소믈리에 대회 1위 입상자 고효석 소믈리에가 오랫동안 근무하고 있으며 내부의 인테리어는 어떤 현대 미술 전시관보다 현대적이라서 인기가 높다. 카나페 한 접시에 샴페인을 곁들이기에 좋은 곳이다. 옥상에서 마시면 더 좋다. 사방이 다 트여 있다.

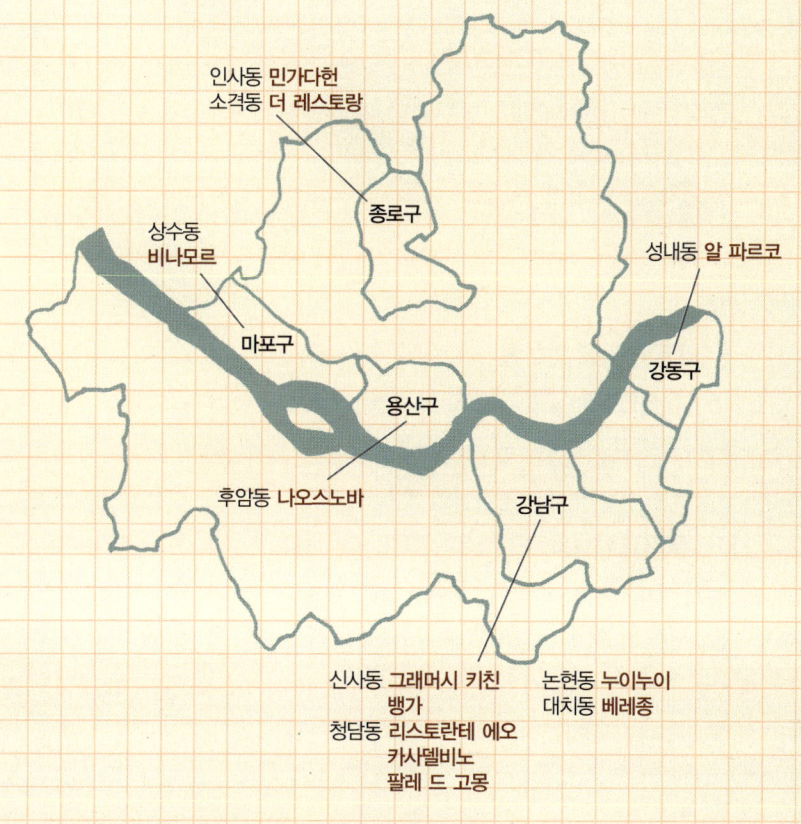

[🏠] 베스트 와인 숍 10

○ **젤** | 797-6846 | www.jellwine.com | 이태원동

이제춘 사장이 1992년에 설립한 젤은 와인 문화가 막 돋아나고 있는 우리나라에서 원조격 와인 사업체이다. 이보다 더 오랜 와인 숍은 한국에 없다. 하얏트 호텔 근처에 위치하며 델리 숍과 멤버십 와인 바도 운영한다. 고 정몽헌 회장이 김정일 국방위원장에게 선물할 때면 곧잘 젤에서 주문했다고 전해진다.

○ **에노테카** | 3449-4371 | http://dept.galleria.co.kr | 청담동 갤러리아백화점 명품관

일본 와인 체인 에노테카와 제휴하여 와인을 쉽게 조달한다. 보르도 와인의 구색이 가장 뛰어나며 매장 입구에 펼쳐 놓은 샴페인의 값이 상대적으로 저렴한 편이다. 가끔씩 열리는 토요시음회는 애호가라면 반드시 거쳐가는 코스. 핵심 인력이 빠져나갔지만 프랑스 와인을 구매하기에는 좋은 장소이다.

○ **현대백화점 목동점** | 2163-2233 | www.ehyundai.com

예닐곱 업체들이 한 점포에 있는 롯데백화점과는 달리 소수의 와인 수입상들이 직접 운영하는 와인 숍이라 번잡하지 않아 좋다. 백화점 와인 숍의 단점은 판매원들이 자주 바뀌어 고객 관리가 잘 안 되는 것인데 목동점이나 무역 센터의 매니저들은 관록이 있다.

○ **비노비노** | 475-3880 | www.vinovino.co.kr

수입 회사 비노비노가 직영하는 와인 숍이며 바로 옆에 레스토랑 알파르

코가 있다. 토스카나와 피에몬테의 와인을 이보다 더 잘 갖춘 곳은 없다. 특히 볼게리 슈퍼 토스칸과 바르베라 그리고 돌체토의 구색이 좋다. 로베르토 보에르초의 바롤로는 와인 심미주의자라면 반드시 맛보길.

○ 와인라인 | 564-4555 | www.wineline.co.kr

대치동이라는 좋은 위치에 있어 지역 주민들에게 인기가 많다. 주인장의 와인 실력이 상당하니 한번 문의해 보시길.

○ 와인나라 | 2175-0177 | www.winenara.com

수입부터 유통까지 수직 계열화를 이룬 기업이다. 전통 있는 수입 회사 대유와인과 아영FBC를 관계사로 두고 있어 와인 선택의 폭이 좁다는 평이 있긴 하지만, 온라인 마케팅과 아카데미를 통해 꾸준히 고객을 확보해 나가고 있다. 정기적으로 시행하는 창고 대잔치의 판매 리스트를 빨리 받을 수만 있다면 무척 저렴하게 살 수 있을 것이다.

○ 와인타임 압구정점 | 405-4300 | www.winetime.com

몬테스로 유명한 수입 회사 나라식품이 직영하는 와인 숍으로 몇 군데 지점을 두고 있다. 특히 신사동에 위치한 와인타임은 포도플라자 1층에 있는데, 이곳에 들르면 와인 바 뱅가나 요리 학원들을 동시에 만날 수 있다. 미국 와인의 구성이 다양하다.

○ 레뱅 잠실점 | 2127-2264 | www.lesvinsdemaeil.com

매일유업의 자회사 레뱅드매일이 직영한다. 스페인과 이탈리아의 구색이 좋으면서 국내에 이스라엘 와인을 맨 먼저 알렸다. 골란 에스테이트의 카베르네 소비뇽은 가격 대비 품질이 우수하다. 기가 막히게 맛있는 샤토 하야스도 궁금하다면 여기로 가야 한다.

○ 코스트코 양평점, 양재점 | 2630-2701 | www.costco.co.kr

미국에서 가장 와인을 많이 파는 코스트코의 한국 버전이다. 작심하고 내어 놓는 특급 와인의 값은 놀라울 정도로 싸다. 1만 원대에도 주말용 파티 와인이 꽤 고를 만하다. 일반 와인 숍과 겹치는 와인이 가끔 눈에 뜨이는데 그걸 살 것이냐 말 것이냐는 전적으로 할인 폭에 달려 있다.

○ 신동와인 한남점 | 797-9994 | www.shindongwine.co.kr

수입회사 신동와인이 직영한다. 한남점과 청담점이 있다. 판매하는 와인 대부분이 신동와인 수입품이란 게 단점이기는 하나 워낙 다양하고 좋은 와인들이 많아서 부족함이 별 문제가 되지 않는다. 매년 봄에 예약 주문으로 보르도 특급 와인을 저렴하게 구입할 수 있다. 직접 수입하는 셀러 빈텍은 초보 애호가들에게 저렴하게 장만할 기회다. 가게의 단골이 되면 언젠가 로마네 콩티의 예약자 명단에 올라갈 수 있을지 모른다.

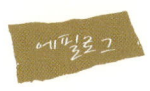

맛의 비밀은 어디에 있는가

　피카소의 고향 스페인의 말라가에서 2008년 4월 중순에 한 흥미로운 모임이 있었다. '와인 크리에이터'라는 국제 회의였는데, 와인에 관한 많은 쟁점들이 쏟아져 나왔다. 그런 와중에 전문가들이 한자리에 모여 좋은 와인을 만드는 비결에 대해서도 토론을 벌였다. 여기에는 세계적인 명양조장들도 참가하였으므로 자신들만의 양조 비결이 자연스럽게 공개되기도 했다. 명가 출신자들은 저널리스트들의 질문에도 적극적으로 대처했다. 스페인에서 가장 영향력이 있는 저널리스트 호세 페닌은 동일한 기술이 전세계 양조장에 보편적으로 활용되고 있기 때문에 차별화된 와인을 위해서는 포도밭이 참 중요하다고 역설했다. 평가 점수는 높지만 맛을 보면 따분한 와인들이 너무 많다고도 그는 주장했다.

　이어 스페인 와인 전문가인 영국인 존 래더포드는 소출을 줄이는 것이 바로 와인의 개성을 고양하는 일이라고 말했다. 그랬더니 스페인의 명가로 꼽히는 알바로 팔라시오스는 자신의 포도밭에서는 그 점, 즉 소출을 줄여 품질을 향상시키는 것을 실천하고 있다고 대답했다. 하지만 다른 의견도 자유롭게 개진되었다. 보르도 대학의 교수이자 쏘테른의 명가를 이끄는 드니 뒤부르디외가 나서며 항상 저수확이 좋은 것은 아니라고 말했다. 그는 레드에서는 저소출이 효력이 있지만, 화이트의 경우는 꼭 그렇지 않다고 말했다. 한편 스페인의 컬트라고 불리는 핑구스의 피터 시섹은 영국 와인지《디캔터》의 편집장 기 우드워드의 질문을 공박하기도 했다. 기는 양조가들이 평가 점수를 잘 받기 위한 와인 만들기에 여념이 없다고 하자 이에 대해 피터는 한번도 그런 생각을 해본 적이 없다고 단호하게 답했다. 패널들은 2박 3일간 내내 토론을 벌였지만, 어느 것 하나 제대로 확실하게 결론을 맺진 못했다. 언제나 그렇지만 위대한 맛의 비밀이 과연 어디에서 정확히 기인하는지를 알지 못하는 것처럼.

  우리는 와인에서 많은 기쁨을 얻고, 즐거움을 얻는다. 하지만 우리는 언제나 한 질문에 막힌다. 과연 맛의 비밀이 어디에 있을까라는 질문이다. 많은 사람들이 공통적으로 이해하고 있는 것은 그 비밀은 양조장은 아니라는 점이다. 비밀은 포도밭에 있다는 사실, 그 사실은 많은 이들이 이미 알고 있다. 우리는 여기까지는 잘 알고 있다. 그렇다면 한 걸음 더 나아가 과연 밭의 어떤 특성이 맛을 그렇게 만드는지에 다다르면 생각이 희미해지면서 의견이 분분해진다. 거기서부터는 사실 백지에 그림을 그리는 것과 다름없다. 저마다 자신의 논리를 주장하지만 자세히 보면 논리의 비약이나 감정이입 등이 주로 동원된다. 하지만 그렇다고 해서 와인 전문가들이 거기서 멈추지는 않는다. 인간의 지적 호기심이 거기서 고갈되었다면 오늘날 우리가 즐길 와인의 매력은 이미 다 소진되고 말았을 것이다. 와인 전문가들은 오히려 더욱 진지하게 탐색하려 든다. 이런 점에서 하나님은 와인 맛의 비밀을 지성적인 인간에게 선물로 주셨다고 믿는다.

명작의 비밀 즉 맛의 본질을 탐구하는 작업은 풀리지 않는 수수께끼와 같다. 많은 와인 전문가들은 그 사실을 깊이 인정하고 있지만, 와인의 매력 앞에 이미 포로가 되었으므로 줄기차게 그 비밀을 파헤치려 한다. 그래서 맛의 비밀을 찾아 명가로 떠나는 여행은 늘 마음을 설레게 한다. 다양성·복잡미묘함·복합성이란 단어만 결국 손에 쥐게 되는 데에도 불구하고 늘 여행 짐을 싼다. 비밀에 근접한다는 명분에 큰 만족을 느끼지만 사실 소소한 작은 일에서 큰 기쁨과 위로를 얻는다. 키얀티 판자노 마을의 한 골목길을 걷고 있을 때에는 콘카도르의 테루아보다는 소고기 구운 냄새에 더 쉽게 이끌린다. 너무나 고소해 근처 식당에 주저앉아 그 냄새에 키얀티 클라시코를 말아서 홀짝거리기도 했다.

우리네 강토의 풍광과도 흡사한 걸 마주칠 때면 타국에서도 애정을 느낀다. 몬포르테 달바에 있는 엘리오 그라쏘의 포도밭을 걷다가 비탈길의 축대가 무너진 걸 보았을 때에는 여름마다 터지는 우리 축대가 떠올라 남 일 같지 않았다. 몬포르티노가 나오는 카쉬나 프란차 포도밭마저도 타격을 입어 멀리서도 그 산사태의 흉측한 피해가 목도되었을 때에는 안타까웠다. 2009년 빈티지의 소출은 아마 타격을 입을 것이다.

최근 들어 맛의 비밀을 잉태한 새로운 지역이 나를 자극하고 있다. 오스트리아의 부르겐란트이다. 헝가리 토카이와 비슷한 환경을 지니고 있는 곳으로 실제로 국경을 맞대고 있으면서, 크고 작은 호수가에서 이는 물안개 덕분에 스위트 와인의 명산지로 알려져 있는 곳이다. 최근에는 블라우프란키쉬로 만든 레드가 각광을 받고 있는 곳으로 모릭, 프릴러, 크루츨러 등이 주도하는 이 단일품종 레드가 해를 따라 어떤 맛의 비밀을 보일지 궁금하다.

레드 와인은 감출 게 많아서일까, 복합적이고 미묘한 것 같아 맛을 알 듯 모를 듯하다. 속을 들여다볼 수 있다면 좀 알 것도 같은데, 불투명한 껍질에 쌓인 레드를 만날 때마다 긴장하며 그 맛에 다가가려 애를 쓴다. 반면 화이트 와인은 투명하다. 자기를 다 보여 준다. 순수한 화이트는 그래서 마실 때마다 상쾌해지고 유쾌해진다. 불투명한 베일에 쌓여 있는 레드와도 같은 와인의 세계에서, 이 책이 독자들에게 화이트의 담백함과 명료함이 되길 원한다. 조금이나마 독자들의 호기심을 해소해 주며, 나아가 독자들이 명작의 깊은 비밀을 오래도록 곱씹을 수 있는 기회가 되기를 희망해 본다.

끝으로 책을 진행한 해냄의 정진라 씨와 편집부에게 마음으로부터 깊은 감사를 드린다. 사진제공 및 기타 도움을 아끼지 않은 수입회사—까브드뱅, 나라식품, 대유, 동원와인플러스, 레뱅드매일, 롯데아사히, 루벵코리아, 비노비노, 비티스, 신동, 아영, 아이수마, 한독와인—관계자께도 감사를 드린다. 또한 Assivip, AWMB, Christie's, Sotheby's, Acker Merral & Condit, Gian Andrea Porro에도 사진 제공에 대한 심심한 감사를 드리며, 이외에도 브루넬로 디 몬탈치노 조합, 키얀티 클라시코 조합, 사그란티노 디 몬테팔코 조합, 바르바레스코 조합에도 사의를 표한다.

조정용

[참고 문헌]

Anderson, Burton, *Best Italian Wines*, Little, Brown and Company(2001)
Belfrage, Nicolas, *Brunello to Zibibbo: The Wines of Tuscany*, Central and Southern Italy, Mitchell Beazley(2004)
Balke, Paul, *Piedmonte-Wine and Travel Atlas*, Chateau Ostade(2008)
Belfrage, Nicholas, *Brunello arolo to Valpolicella*, Mitchell Beazley(2004)
Belfrage, Nicholas, *Brunello to Zibibbo*, Mitchell Beazley(2003)
Broadbent, Michael, *Vintage Wine*, Harcourt, INC.(2002)
Brook, Stephen, *Bordeaux Medoc and Graves*, Mitchell Beazley(2006)
Brook, Stephen et al., *A Century of Wine*, Mitchell Beazley(2000)
Consorzio del Vino Brunello di Montalcino, Brunello I Produttori(2008)
Dezzani, Angelo, *Asti-the Legenday Aroma*, Produttori Moscato d'Asti Associati
Dominé André et al., *Wine*, Barnes & Noble(2004)
Dovas, Michel, *Fine Wines*(2000)
Faith, Nicholas, *Burgundy and Its Wines*, Duncan Baird Publishers(2002)
Faith, Nicholas, *The Winemasters of Bordeaux*, Prion Books Limited(1999)
Fischer Christina & Swobada Ingo, *Riesling*, Hallwag(2007)
Gabler, James M., *Passions: The Wines and Travels of Thomas Jefferson*, Bacchus Press(1995)
Johnson, Hugh & Robinson, Jancis, *The World Atlas of Wine*, Mitchell Beazley(2001)
Johnson, Hugh, *Story of Wine*, Mitchell Beazley(1998)
Johnson, Hugh, *Wine: A Life uncorked*, Phoenix(2005)
Joly, Nicolas, *Wine: from Sky to Earth*, Acres U.S.A.(1999)
Jukes, Matthew, *Wine*, Headline Book Publishing(1999)
Kramer, Matt, *Making Sense of Wine*, William Morrow and Company(1989)
Liger-Belair, Gerard, *Uncorked-the Science of Champagne*, Princeton University Press(2004)
Loftus, Simon, *The Anatomy of the Wine Trade*, Harper & Row Publishers(1985)
Magrini, Guelfo, *Brunello di Montalcino*, Morganti Editori(2003)
McClean, Natalie, *Red, White, and Drunk All Over*, Bloomsbury(2006)
McCoy, Elin, *The Emperor of Wine*, HarperCollins Publishers(2005)
Morganti, Paolo & Sangiorgi Sandro, *Amarone della Valpolicella*, Morganti Editori(2003)

Moser, Peter, *The Ultimate Austrain Wine Guide*, Falstaff Publications (2009)
Oldman, Mark, *Oldman's Guide to Outsmarting Wine*, Penguin (2004)
Olney, Richard, *Romanee Conti*, Rizzoli (1995)
Payne, Joel & Diel, Armin, *The Guide to German Wines*, Gault Millau (2005)
Perdue, Lewis, *The Wrath of Grapes*, Avon Books, INC. (1999)
Peynaud, Emile, *The Taste of Wine*, The Wine Appreciation Guild LTD. (1987)
Prial, Frank J., *Decantations*, St. Martin's Press (2001)
Price, Freddy, *Riesling Renaissance*, Mitchell Beazley (2004)
Quarenghi, Angelo Tondini, *Betwict Nature and Passion*, Veronelli Editore (2006)
Ray, Cyril, *Lafite*, Stein and Day (1969)
Richards, Peter, *The Wines of Chile*, Mitchell Beazley (2006)
Robinson, Jancis et al., *The Oxford Companion to Wine*, Oxford University Press (1999)
Rosen, Jannifer, Waiter, *There's a Horse in My Wine*, Dauphin Press (2005)
Ross, Jamie, *Where Angels Tread*, Montes SA (2006)
Rosso, Maurizio & Meier, Chris, *The Mystique of Barolo*, Omega Arte (2000)
Shah, Michell, *Wines of Italy*, Mitchell Beazley (2006)
Sokolin, William, *Liquid Assets*, Macmillan Publishing Company (1987)
Sokolin, William, *The Complete Wine Investor*, Prima Publishing (1998)
Sokolin, William & Bruce, Alexander, *Investing in Liquid Assets*, Simon & Schuster (2008)
Spurrier, Steven & Ward, Joseph, *How to buy fine wines*, Stephen Greene Press (1987)
Steinberg, Edward, *The Vines of San Lorenzo*, L'Artistica Savigliano (2004)
Sutcliffe, Serena, *Wines of Burgundy*, Mitchell Beazley (2005)
Wallace, Benjamin, *The Billionare's Vinegar*, Crown (2008)
Zanfi, Andrea, *Journey among the Great Wines of Sicily*, Carlo Cambi Editore (2003)

[찾아보기]

| 와인, 양조장, 포도 |

가르가네가 91, 95~97
고벨스부르그 트러디션 201
귀달베르토 291
그뤼너 벨트리너 37, 39, 48, 49, 50, 51, 195, 197, 198, 199, 206
그르나슈 164
네로 다볼라 190~193
네비올로 23, 111, 112, 114, 320, 321, 354, 356, 362, 365, 366
니콜라이호프 47, 49
니콜라이호프 그뤼너 벨트뤼너 47
도메니코 클레리코 아르테 375
도멘 세렌 139
돈 빈첸쵸 159, 161
돌리아니 318, 320, 324~327
돌체토 319~327, 354
동 페리뇽 80~88, 164, 264, 265
동 페리뇽 로제 83, 263, 264
디스커버리 와인 67
라 그랑 담 164, 182, 186
라 스피네타 16~18, 24, 112
라 타슈 239, 280
라피트 로쉴드 103, 259, 262, 285~287, 368
레 보몽 300, 307
레 자뮤레즈 136, 138
레정드 291
레치오토 96, 252, 254, 255
로랑 페리에 그랑 씨에클 186
로마네 콩티 226, 228, 233, 237, 238, 280, 305, 370
로마노 달 포르노 257

로쏘 델 콘테 192
로이머 케이퍼베르그 201
로이벤베르그 198
리슬링 40, 49, 195, 197, 199, 336~338, 340, 342, 344, 345, 347, 349, 350, 351,
멈 코르동 루즈 89
메를로 57~59, 73, 104, 128, 144, 149, 162, 163, 170, 273, 331
모릭 네켄마르크트 51
모비아 404
모스카토 23
모스카토 다스티 16~18, 24, 25
몬산토 일 포지오 179
몬테벨로 148~155
몬테스 62, 67~69, 71~73
몬테스 알파 카베르네 소비뇽 69
몬포르티노 358, 362, 363, 365~367, 380
무브드르 164
무통 로쉴드 69, 162, 163, 259, 266, 287, 368~370
바롤로 라 세라 353, 356
바론 알리 165
바론 칼 165
바르베라 23
바인구트 니콜라이호프 49
반피 378
발도 125, 131
베르디키오 218, 220~225
베르타니 257
벨렌다 128
본 로마네 AF 그로 276, 277
볼랭저 RD 184, 186

브라이다 G 25
브루넬로 30, 142~146, 247, 377, 379,
   380~382, 384~395
브루넬로 디 몬탈치노 142, 366, 386
블라우프란키쉬 38
비온디 산티 366, 376, 382, 384~386, 391,
   393, 394
비졸 125, 126, 128
빌라 산디 131
사그란티노 26, 30~32
사그란티노 디 몬테팔코 26, 29, 30
산 주스토 아 렌텐나노 157, 160
산 페레올로 324, 326
산지오베제 157, 160, 175, 246, 247, 269,
   270, 273, 377, 385, 393
산타 안토니오 74, 79
샤르도네 69, 73, 83, 122, 134, 164, 169,
   184, 198, 222, 263, 337
샤토 디켐 338
샤토 라투르 153, 258, 259, 262
샤토 린치 바쥬 69, 266, 275
샤토 몬텔레나 169
샤토 무통 로쉴드 162, 163, 232, 266, 370
샤토 브라네르 328~335
샤토 슈발 블랑 53, 59
샤토 팔머 98~100
샤토 페트뤼스 56
샤토뇌프 뒤 파프 오마쥬 아 자크 페랭 164
샹볼 뮈지니 132~139, 280
소아베 90~97
솔데라 366, 376, 379, 381, 382
시라 73, 102~104, 144, 164
19세기 와인 98, 102, 104
아마 268~275
아마로네 250~256
아비뇨네지 395
아스티 17
안셀미 92
안젤리니 발디수가 147

알도 콘테르노 그랑 부시아 301
알마비바 64, 71
오브리옹 69
요하네스베르거 슈페트레제 344~351
유르취치 그뤼베 51
이나마 97
자르데토 122, 129
제이콥스 크릭 89
조닌 79
조르쥬 루미에 135
쥬세페 마스카렐로 몬프리바토 367
쯔바이겔트 39
체르바이오나 140, 142~144, 146, 376
카베르네 소비뇽 69, 72, 73, 104, 128, 144,
   149, 163, 164, 170, 247, 259, 331, 337
카베르네 프랑 57~60, 162
카사로스테 160, 160
카스텔라레 395
카테나 33
캄페 22~24
퀘르치아벨라 147
켈러 337, 338, 340
코노수르 리제르바 73
콘차 이 토로 64, 69
콜리 디 코넬리아노 128
쿠폴레 61
퀸타렐리 257
크라허 TBA #6 34, 51
크리스토프 135
키안티 클라시코 리제르바 246
키오네티 324, 326
테누타 디 트리노르 61
테데스키 252
테조르쥬 루미에 136
토카이(Tocai) 404
토카이(Tokaji) 404
토폴리 123
티렐 올드 와이너리 73
파토리아 델 체로 79

팔메이어 258, 265, 266
페르카를로 156, 157, 160
페르티카이아 27
페스퀘라 크리엔짜 33
페케니노 324
페트뤼스 69
펠시나 240, 241, 243, 244, 247
폰타롤로 246, 247, 248
폰토디 175, 177
폴로나리 179
푸르민트 38
프라거 199
프란체스코 보스키스 325
프로두토리 델 바르바레스코 106, 112
프로세코 122~126, 128, 131
프리올라노 396, 405
플라차넬로 172, 175, 178
피노 누와 46, 83, 111, 134, 229, 230, 263, 279, 282, 304, 363, 402
피에로판 97
피에르 앙드레 139
피오체자레 25
하미지 164
헹켈 트로켄 186

바론 앙리 162
베르나르 101, 102, 104
뵈브 클리코 퐁샤르댕 164, 181, 182
빌리 클린저 35
샤를르 슈발리에 288
아르날도 카프라이 30
아우렐리오 67
안젤로 가야 36, 112, 366, 377, 382
알도 바카 112
알프레도 67
에메리히 크놀 48, 198
에티엔느 그리보 302, 305~307, 309~311
움베르토 코즈모 128
잰시스 로빈슨 37, 74, 198, 285, 349
조르지오 리베티 17, 18
조엘 페인 305, 340, 350
지노 치니 125
지니 94, 95
지안카를로 비졸 126
지안프랑코 솔데라 377, 379, 383
프란츠 자버 피흘러 198
피에르 뤼통 58
피에르 페리뇽 80
휴 존슨 74

| 인명 |

니콜레타 보카 321, 325
더글러스 머레이 67
디에고 몰리나리 140, 145
레나토 라티 300
로버트 파커 30, 56, 85, 88, 333, 365, 366, 371, 406
로베르토 보에르초 352, 356
로베르토 안셀미 92
로베르토 콘테르노 359
루드비히 히들러 40
마르코 카프라이 30, 32
마르코 팔란티 270, 273
바론 나타니엘 163

| 주요 용어 |

거라쥐 와인 232, 233
귀부 포도 38
그랑 퀴베 181
그랑 크뤼 181
논 빈티지(NV) 84, 85
데고르쥬망 184
레치오토 스타일 96
로제 샴페인 83
리파쏘 255
마이크로옥시저네이션
모스카토 비앙코 18
벌크 와인 39, 190
병입 와인 190

부티크 와인 266
비니탈리 74, 75
비오디나미 농법 49, 125, 309, 324, 342
스파클링 와인 17, 24, 122, 125, 129, 131,
　　184, 220
싱글 빈야드 114, 115, 270, 273, 324
아파시멘토 252
에노테크 82, 83
컬트 와인 232
크뤼 111, 112
퀴베 187
테루아 85, 98, 101, 148, 151, 160, 170,
　　189, 191, 192, 246, 269, 279, 306, 338,
　　356, 370, 417
티라주 181
파씨토 30, 220
프레스티지 샴페인 180, 181, 184

| 지역 |

고리치아 151, 153, 169, 170, 233, 265
돌리아니 318, 320, 324~327
라 모라 298, 300, 352, 354
라인가우 294, 344~345
랑게 23
랭스 88, 184
마고 99, 101, 287, 330, 371
마르케 218~225
메독 56, 98, 99, 162, 170, 262, 285, 287,
　　288, 368, 369, 370, 371
모젤 42
몬탈치노 30, 141~143, 145~146, 247~248,
　　302, 376~377, 379, 381, 383~391,
　　393~394
몬테팔코 27, 28, 31
몬포르테 달바 354, 359, 363
바롤로 19, 21, 23, 24, 107, 109, 270, 294,
　　298, 300, 302
바르바레스코 21, 23, 24, 107, 109, 270,
　　294, 298, 300, 302

바인비에르텔 39
바하우 42, 46, 48, 195, 196, 197, 198,
　　200, 294,
발도비아데네 122, 125
발폴리첼라 251, 253~256
베네토 91, 122, 128~129, 254, 297~298
보르도 38, 43, 53, 59, 69, 71, 98, 100~102,
　　135, 153~154, 163, 169~170, 241, 232,
　　259, 275, 287~288, 290, 294, 306, 326,
　　328~330, 333, 338, 370~371
본 로마네 238, 297, 280, 282, 302,
　　304~305, 310
부르고뉴 48, 50, 51, 57, 88, 111, 132,
　　134~138, 227, 238, 276~279, 280, 282,
　　294, 300, 302, 306, 307, 342, 363
산타 크루즈 64, 151
산티아고 64~66
샹볼 뮈지니 132~139, 280
생테밀리옹 53, 56, 58
소노마 밸리 151, 167
소아베 90~97
아스티 17
안코나 221
알바 292, 294, 295, 296, 300
예지 223
코넬리아노 122, 128
캄프탈 51, 201
콜리오 400, 402, 404
콜차구아 밸리 69
쿠리코 밸리 69
키안티 클라시코 157, 160, 161, 173, 246,
　　248, 269, 270, 273, 274, 417
포이약 163, 259, 288, 330~331,
　　369~370
프리울리 396~398, 400~402
피렌체 42, 173, 175, 210, 240, 376
피에몬테 17, 19, 21, 292, 320, 325, 354, 359

올 댓 와인 Ⅱ

초판 1쇄 2009년 9월 7일
초판 3쇄 2014년 9월 15일

지은이 | 조정용
펴낸이 | 송영석

편집장 | 이진숙·이혜진
기획편집 | 차재호·김정옥·정진라
외서기획 | 박수진
디자인 | 박윤정·박새로미
마케팅 | 이종우·한명회·김유종
관리 | 송우석·황규성·전지연·황지현

펴낸곳 | (株)해냄출판사
등록번호 | 제10-229호
등록일자 | 1988년 5월 11일

서울시 마포구 잔다리로 30(서교동 368-4) 해냄빌딩 5·6층
대표전화 | 326-1600 **팩스** | 326-1624
홈페이지 | www.hainaim.com

ISBN 978-89-7337-702-2

파본은 본사나 구입하신 서점에서 교환하여 드립니다.